Jochen Fischer
Walter Siebert
Gottfried Stoppel

Schwäbische Küchenklassiker *fein gemacht*

Jochen Fischer
Walter Siebert
Gottfried Stoppel

Schwäbische Küchenklassiker
fein gemacht

Silberburg-Verlag

Der Koch:

Walter Siebert, geboren 1947 am Fuße der Schwäbischen Alb, hat das Kochhandwerk in einem Hotel in Ehingen/Donau gelernt. Sein Berufsleben als Koch hat in mehr als vier Jahrzehnten über viele Stationen geführt. Im März 1977 legte er in Brenner's Parkhotel, Baden-Baden, die Meisterprüfung ab. Höhepunkt seiner Laufbahn war ein Michelin-Stern, den er sich 1978 in der »Traube« in Stuttgart-Plieningen erkochte. Heute betreibt der Koch und Kräuterexperte seine eigene Kochschule in Welzheim, wo er sein schier unerschöpfliches Küchenwissen an Hobbyköche und -köchinnen weitergibt.

Der Textautor:

Jochen Fischer, geboren 1964, lebt im Rems-Murr-Kreis, ist gelernter Journalist, war unter anderem viele Jahre bei der Regionalzeitung »Sonntag Aktuell«. Der freiberufliche Autor kann sich bis heute nicht entscheiden, ob ihm das Kochen oder das Essen die größere Freude bereitet, und er findet das Land zwischen Schwarzwald und Hohenlohe, links und rechts des Neckars, das Unter- und das Oberland vielfältig und spannend – nicht nur der Küche wegen.

Der Fotograf:

Gottfried Stoppel, geboren 1966, lebt im Rems-Murr-Kreis und arbeitet als Fotograf für die »Stuttgarter Zeitung«. Die schwäbische Kulinarik beschäftigt den Mann mit dem Gespür für das besondere Bild, der im württembergischen Allgäu aufgewachsen ist, nicht zum ersten Mal: Im täglichen Zeitungsgeschäft setzt er Remstäler Wein und gutes Essen immer wieder neu in Szene, außerdem hat er einen Bildband über urige schwäbische Wirtschaften veröffentlicht.

1. Auflage 2010

Schönbuchstraße 48, D-72074 Tübingen.

Umschlaggestaltung: Christoph Wöhler, Tübingen, unter Verwendung einer Fotografie von Gottfried Stoppel.
Druck: Grammlich, Pliezhausen.
Printed in Germany.

ISBN 978-3-87407-886-3

Inhalt

Suppen *9*

Vesper *45*

Fleisch und Fisch *75*

Beilagen 137

Fonds und Brühen 171

Süsses und Desserts 187

Vorwort

Dass derzeit das Regionale in der Küche wiederentdeckt wird, mutet in einer Phase nie dagewesener kulinarischer Vielfalt zunächst paradox an. Nie dagewesene Vielfalt meint, dass heute alle Arten von Lebensmitteln beinahe rund ums Jahr und bald rund um die Uhr angeboten werden. In Großstädten lassen sich Reisen durch die Esskulturen der Welt unternehmen, ohne dass man dazu die Grenzen der Stadt hinter sich lassen müsste. Und beinahe jedermann hat die Möglichkeit, an weit entfernten Urlaubsorten ganz neue kulinarische Eindrücke zu sammeln. Doch vielleicht hat ja gerade die Neugierde, unter die Deckel der Töpfe anderer Esskulturen zu schauen, den Sinn dafür geschärft, sich auf die eigene Esskultur zurückzubesinnen.

Dass die schwäbische Küche unter den deutschen Regionalküchen kaum mehr als ein Schattendasein fristet, hat Tradition. Das Völkchen zwischen Schwarzwald und Hohenlohe, links und rechts des Neckars und im Unter- und Oberland, gilt nicht eben als sinnenfroh und schon gar nicht als genuss-

süchtig. Auch die landestypische Tugend des Mehr-sein-als-scheinen-Wollens hat ihren Anteil daran, dass die schwäbische Kochkunst ihr Licht notorisch unter den Scheffel stellt. Außerhalb Württembergs werden Maultaschen oder Spätzle als liebenswerte Kuriositäten zwar durchaus wahrgenommen, doch Begehrlichkeiten wecken sie kaum. Um wie viel faszinierender sind italienische Pasta, Tortellini und Ravioli und die Art, wie die italienische Küche sich selbst inszeniert. Schaut man auf die Substanz, sind sich Spätzle und Pasta, Maultaschen und Ravioli aber erstaunlich ähnlich. Nicht nur diesem Vergleich hält die schwäbische Küche stand. In ihrer Gesamtheit und der in diesem Buch vorgestellten Vielfalt muss sie sich hinter keiner der populären Regionalküchen verstecken.

Dieses Buch will mit einer Mischung aus Bekanntem und Neuem, Alteingesessenem und Zugewandertem, Klassischem und Modernem zeigen, was die schwäbische Küche kann und wie heute in den Küchen Württembergs gekocht wird. Vieles von dem, was wir vorstellen, nimmt Bezug auf die ländliche, oft ärmliche Herkunft des hiesigen Kochstils, so, wie das im Grunde genommen alle Regionalküchen tun. Manches stammt aus der gutbürgerlichen Küche, die ebenfalls derzeit neue Aufmerksamkeit findet, und anderes in diesem Buch nimmt Anleihen bei der Haute Cuisine, die selbstverständlich auch im Schwäbischen zu Hause ist.

Die Bebilderung verzichtet ganz bewusst auf inszenierte Hochglanzfotografie: Alles, was auf den Bildern zu sehen ist, war zum Verzehr bestimmt und wurde anschließend dieser Bestimmung auch zugeführt. Zutaten und Kochtechniken sind traditionell, so dass jeder Mann und jede Frau, der/die Freude am Kochen hat, zu Ergebnissen kommen kann, die so aussehen wie auf den Bildern und die so schmecken, wie man es sich wünscht.

Zu guten Ergebnissen kommt man dann am wahrscheinlichsten, wenn man gut vorbereitet ist. Das beginnt bereits beim Einkauf. Viele unserer Rezepte verwenden saisonale Produkte. Und die sind nun mal am besten, wenn sie frisch auf den Tisch kommen. Wenn sie also nicht zur Unzeit im Supermarktregal stehen oder eine weite Reise hinter sich haben. Ein guter Gemüsehändler, der Freude an seiner Ware hat und vielleicht noch das eine oder andere aus eigenem Anbau verkauft, sowie ein guter Metzger, am besten einer mit eigener Schlachtung, sind wichtige Gewährsleute für gute Ergebnisse in der Küche. Kennt man dann noch einen guten Lieferanten für Fisch und einen für Eier und Geflügel, dann liegt es am Koch selbst, was er aus diesen Voraussetzungen macht. Das gilt in der Gastronomie wie auch am eigenen Herd. Vielleicht hat man zu Hause sogar manchmal die besseren Voraussetzungen für tolle Resultate, denn man kalkuliert seinen Wareneinsatz nicht betriebswirtschaftlich, sondern am erhofften Genuss.

Gut vorbereitet sollte man auch in der Küche ans Werk gehen. Bitte lesen Sie jedes Rezept erst einmal gründlich durch, bevor Sie sich ans Werk machen. Machen Sie sich ein Bild davon, welche Töpfe, Pfannen und sonstigen Gerätschaften Sie zum Kochen brauchen werden. Wir haben bei den Rezepten ganz bewusst auf separate Angaben zu Vorbereitungs- oder Zubereitungszeit verzichtet, denn erfahrungsgemäß fallen dann viele Rezepte unter den Tisch, deren Zubereitung aufwändig ist (oder scheint). Wir wollen mit diesem Buch zuerst den Appetit auf ein Gericht wecken und Sie dann entscheiden lassen, ob Sie Ihr Interesse in die Tat umsetzen. Zumal die individuellen Voraussetzungen ambitionierter Hobbyköche sehr unterschiedlich sind.

Wenn Sie sich dann ans Werk machen, dann tun Sie es bitte wie die Profis. Deren Zauberformel heißt »Mise en place«: Alle benötigten Zutaten stehen vorbereitet und griffbereit am Platz, bevor der Herd angeheizt wird. Die Gemüse stehen geschnitten bereit, das Fleisch ist zugeschnitten, Flüssigkeiten und sonstige Zutaten stehen in Griffweite vom Herd und sind, wenn möglich und sinnvoll, bereits portioniert. Das vermeidet unnötige Hektik während des Kochens, denn wenn gute Produkte auf den Punkt zubereitet werden sollen, bleibt nicht viel Zeit für Improvisation.

Wir, die Autoren, hoffen, dass die Leser mit diesem Buch so viel Freude haben werden, wie wir sie hatten, als wir es anrichteten. Unseren besonderen Dank schulden wir Hans Jaudas, Bernd Krötz und Wolfgang Kuss, ohne deren tätige Mithilfe beim Kochen dieses Buch nicht zustande gekommen wäre.

Suppen

9

Die Suppe ist eine deutsche Erfindung, die in Europa Karriere gemacht hat. Zumindest sprachlich, denn das Wort stammt aus dem Germanischen. Die englische soup, die französische soupe und die italienische zuppa fußen auf dem germanischen Wort. Suppe bezeichnete ursprünglich breiige Speisen, die für lange Zeiten das Hauptnahrungsmittel der Menschen waren. Suppen wurden – wie heute noch in Asien – sehr oft schon zum Frühstück gegessen oder geschlürft. Im Grunde genommen sind sie ein ideales Nahrungsmittel für Menschen, die körperlich arbeiten. Ihr Salz und die aus den Suppenknochen gelösten Mineralien gleichen aus, was beim Schwitzen verloren geht. Bei kalter Witterung wärmen sie von innen, und als Vorspeise zu einer Mahlzeit regen sie den Magen an. Schwaben gelten als leidenschaftliche Suppenesser, was möglicherweise daher rührt, dass die Suppe oft aus einfachen Dingen gekocht wird, die nicht viel Geld kosten. Denn die Landbevölkerung war meist arm, und in einer Suppe konnte man aus wenig viel machen, auch wenn das Viele überwiegend heißes Wasser war. Die heutige Vielfalt an Suppen ist historisch relativ jung, viele von ihnen sind in der französischen Küche entstanden, die für lange Zeit den Geschmack in Europa geprägt hat. Abgeschmeckt wird in unseren Rezepten fast durchweg mit Salz, frisch gemahlenem weißem Pfeffer und frisch geriebener Muskatnuss.

Allgäuer Käsesuppe

Ganz im Südosten des schwäbischen Küchenkosmos wird das Ländle ein wenig alpin, und in diesem Landstrich wird ein anerkannt guter Käse hergestellt. Die Käseproduktion im Allgäu ist historisch betrachtet relativ jung. Bis weit ins 19. Jahrhundert hinein hat man in den Tälern des Voralpenlands Flachs für die Textilherstellung angebaut, so dass es dort keinen Platz für Milchviehweiden gab. Erst als der weltweite Handel mit Baumwolle die importierten Fasern billiger machte als den heimischen Flachs, wurden die frei werdenden Flächen zu Weideland, und man musste sehen, was man aus der Milch macht. Die Anregungen zur Käseherstellung holten sich die Allgäuer in der Schweiz – auf diese Weise entstand der Allgäuer Emmentaler – und in Belgien, wo man sich einen sehr pikanten Weichkäse abschaute, der den Namen Romadur trägt. Hier zu Lande heißt er wegen seiner Form und seiner Rindenfarbe auch Backsteinkäse. Ein original Allgäuer Käsefondue hat sich zwar nie etabliert, doch auch eine Käsesuppe ist in der kälteren Jahreszeit eine herzhafte Art, sich geschmolzenen Käse schmecken zu lassen.

Für 4 Teller benötigen Sie
150 bis 200 g (je nach gewünschter Dicke der Suppe) Allgäuer Emmentaler oder Bergkäse,
2 Frühlingszwiebeln,
1 Stange Lauch,
1 Knoblauchzehe,
3 EL Butter,
2 EL Mehl,
1 l warme Fleischbrühe (oder 750 ml Fleischbrühe und 250 ml nicht zu trockenen Riesling),
2 Scheiben Toastbrot,
2 Stängel Petersilie,
Salz, weißen Pfeffer, Muskat.

Zubereitung: 2 EL Butter in einem Topf schmelzen lassen, 2 EL Mehl zugeben, gut vermengen und leicht anschwitzen, bis das Mehl zu duften beginnt. ☛ Mit der Fleischbrühe beziehungsweise mit Fleischbrühe und dem größten Teil des Rieslings aufgießen und die Suppe unter ständigem Rühren zum Kochen bringen. Gründlich glattrühren und etwa 15 bis 20 Minuten bei geringer Hitze köcheln lassen, dabei gelegentlich rühren. ☛ In der Zwischenzeit den Knoblauch schälen und fein hacken, Lauch und Frühlingszwiebeln putzen und die weißen Teile in feine Scheiben schneiden. Vom Frühlingszwiebelgrün einige Röllchen schneiden und für die Garnitur zurückbehalten, die Petersilienblätter waschen, von den Stängeln zupfen und hacken. Den Käse reiben oder fein würfeln. ☛ In einer Pfanne ½ EL Butter schmelzen lassen und Knoblauch, Lauch und Frühlingszwiebeln darin glasig dünsten. Den Pfanneninhalt zur Suppe geben und weitere 10 Minuten mitköcheln lassen. ☛ Dann den geriebenen Käse in die Suppe geben und ihn darin schmelzen lassen. Mit dem Schneebesen kräftig glattrühren, bis die Suppe eine homogene Konsistenz hat. ☛ Die Toastbrotscheiben würfeln und in einer Pfanne in ½ EL Butter (je nach Gusto zusammen mit einigen Knoblauchscheibchen) goldbraun rösten. Die Suppe mit Salz, Pfeffer, Muskat und ggf. dem Rest des Rieslings abschmecken. Mit Brotwürfeln, Frühlingszwiebelgrün und Petersilie garniert servieren.

12

Bärlauch-Basilikumsuppe mit Käseschöberl oder panierten Schnecken

Für 4 Teller benötigen Sie
2 Schalotten,
1 Knoblauchzehe,
1 Bund Basilikum,
1 Bund Bärlauch,
30 g Blattspinat,
2 EL Butter,
2 EL Mehl,
700 ml Fleisch- oder Gemüsebrühe,
300 ml Sahne,
Salz, weißen Pfeffer, Muskat.

Der Bärlauch ist in den vergangenen Jahren zu einem Modekraut geworden. In die schwäbische Küche passt er zweifellos gut, denn man hat früher auf dem Land verschiedenste Kräuter gesammelt, um sie in der Küche zu verwenden. Traditionell war der Bärlauch, der im März austreibt, das erste Gewächs aus der Familie der Zwiebeln, das man nach einem langen Winter frisch in der Küche verwenden konnte. Heute, wo Zwiebeln, Knoblauch und Schnittlauch ganzjährig erntefrisch verfügbar sind, wartet man nicht mehr so sehnsüchtig auf seine frische Schärfe. Sein Aroma und seine sattgrüne Farbe sichern ihm aber weiterhin seinen Platz in der Frühlingsküche.

Basilikum wird vor allem in der mediterranen Küche viel verwendet, ist aber seit dem Mittelalter auch in Deutschland, zuerst in den Klostergärten, heimisch geworden. Basilikum braucht viel Sonne, um sein volles Aroma zu entfalten, weshalb für die Kombination mit Bärlauch eigentlich nur Gewächshausware in Frage kommt. Basilikum gilt auch als Heilkraut, das dem Verdauungstrakt guttut. Diese Wirkung passt zum Bärlauch, dem eine desinfizierende und blutreinigende Wirkung nachgesagt wird.

Damit die Suppe eine sattgrüne Farbe erhält und der Basilikum sein Aroma nicht verliert, werden die Kräuter nur kurz blanchiert, dann püriert und erst ganz zum Schluss in die nicht mehr kochende Suppe gerührt. Die Beigabe von etwas Spinat dient der Farbverstärkung. In den Sommermonaten lässt sich diese Suppe ausschließlich mit Basilikum zubereiten, indem man den Bund Bärlauch durch einen zweiten Bund Basilikum ersetzt.

Zubereitung: Die Schalotten und den Knoblauch schälen und fein hacken, Basilikum und Bärlauch waschen und die Blätter von den Stielen zupfen, Spinat waschen und grob hacken. ☛ Schalotten und Knoblauch in einem Topf in der Butter glasig anschwitzen. Mit dem Mehl bestäuben, das Mehl kurz unter Rühren miterhitzen, die Brühe und die Hälfte der Sahne angießen. Die Suppe mit dem Schneebesen glattrühren, aufkochen lassen und etwa 20 Minuten weiterkochen. Dabei wird die Flüssigkeit etwas einreduziert und die Suppe wird sämig. Regelmäßig gründlich umrühren. Dann mit Salz, Pfeffer und Muskat würzig abschmecken und beiseite stellen. ☛ Bärlauch-, Basilikum- und Spinatblätter in kochendem Salzwasser ganz kurz blanchieren und rasch in Eiswasser abschrecken. Dann zusammen mit der restlichen Sahne und einem Stückchen Butter im Mixer oder in einem geeigneten Gefäß pürieren und in die noch heiße Suppe rühren. Die Suppe mit dem Pürierstab schaumig aufschlagen und sofort servieren.

Soll es zur Kräutersuppe eine Einlage geben, eignen sich herzhafte Käseschöberl oder, speziell im Frühjahr, panierte Schnecken.

Käseschöberl

Für ihre Zubereitung benötigen Sie
1 EL zimmerwarme Butter,
2 Eier,
2 EL Mehl,
3 EL Sahne,
40 g geriebenen Allgäuer Bergkäse,
Salz, gemahlenen schwarzen Pfeffer.

Zubereitung: Zunächst den Backofen auf 180 Grad vorheizen. Die Eier trennen und das Eigelb zusammen mit Butter, Sahne, Salz und Pfeffer schaumig schlagen. Das Eiweiß steif schlagen und zusammen mit dem Mehl unter den Schöberlteig heben. ☛ Ein kaltes Backblech mit Backpapier auslegen und den Schöberlteig zu einem gut fingerdicken Quadrat verstreichen. Mit dem Käse bestreuen und im Ofen in etwa 20 Minuten goldgelb backen. Etwas abkühlen lassen, in hübsche Rauten schneiden. ☛ Zum Servieren auf jede Suppenportion einen Klacks geschlagene Sahne geben und die Rauten darauf setzen. Übrig gebliebene Schöberl sind eine kleine Nascherei für nebenher.

Panierte Schnecken

Raffinesse bekommt die Bärlauchsuppe, wenn man sie mit panierten Weinbergschnecken serviert. Wenn im zeitigen Frühjahr der Bärlauch reift, beginnt nämlich auch die Saison der Schnecken, die aus der Winterruhe erwachen und sich wieder aus ihren Häusern wagen. Ebenso gut lassen sich Schnecken aus der Dose verwenden, die man vor der Weiterverarbeitung gut abtropfen lässt.

Pro Suppenportion verwendet man
3 oder 4 Schnecken (hier also 12 oder 16),
4 Knoblauchzehen,
1 Bund glatte oder krause Petersilie,
2 EL Mehl,
1 Ei,
5 EL Paniermehl,
Salz, gemahlenen schwarzen Pfeffer.

Zubereitung: Für die Panade die Knoblauchzehen fein hacken und mit etwas Salz und der flachen Seite eines Küchenmessers zerreiben. Die Petersilie waschen, trockenschütteln, fein hacken und mit der Knoblauchpaste vermengen. ☛ Zum Panieren die küchenfertigen Schnecken erst in der Kräutermischung, dann in Mehl, dann im verquirlten Ei (das mit Salz und Pfeffer abgeschmeckt wurde) und dann im Paniermehl wenden. Jede Schnecke zweimal auf diese Weise panieren und dann in reichlich Fett bei großer Hitze in der Pfanne rasch goldgelb ausbacken. ☛ Vor dem Servieren auf Küchenkrepp abtropfen lassen und entweder separat zur Suppe reichen oder kurz vor dem Servieren auf die Suppe in den Tellern geben.

Brotsuppe nach Grossmutters Art, Riebelessuppe

In der so genannten guten alten Zeit hatten Lebensmittel einen anderen Stellenwert als heute. Dass eines Tages beinahe alles und das fast rund um die Uhr zu bekommen wäre, konnte man sich nicht vorstellen. Entsprechend schätzte man, was man hatte, und wäre nie auf die Idee gekommen, Lebensmittel wegzuwerfen. Alles wurde verwertet, und wenn das Brot so hart geworden war, dass man es nicht mehr beißen konnte, machte man es eben zur Suppeneinlage. Waren frische Gartenkräuter oder Blattgemüse verfügbar, gaben sie wie in unserem Rezept der Suppe zusätzlichen Gehalt.

Hartes Brot muss man auch heute nicht wegwerfen. Weißgebäckreste lassen sich zu Paniermehl mahlen, und Graubrot kann wie hier zur Suppe oder aber fein gewürfelt, in einer Pfanne mit wenig Fett, Knoblauch und Kräutern der Saison vorsichtig geröstet, zu Croutons verarbeitet werden – als Salatgarnitur oder als selbst gemachte Knabberei.

Vom Wesen her noch einfacher ist die Riebelessuppe, für die nur wenige Zutaten benötigt werden. Die Brühen waren früher sicherlich weniger gehaltvoll als diejenigen in unseren Rezepten, und die wenigen übrigen Zutaten gab es aus der Landwirtschaft. Eier kamen oft von eigenen Hühnern, und Mehl brauchte man ohnehin für alle Grundnahrungsmittel. Hatte man Butter oder Schmalz zur Hand, röstete man die Riebele darin an, bevor man sie in die Suppe gab.

Brotsuppe

Für 4 Teller Brotsuppe benötigen Sie 2 mittelgroße Zwiebeln, 1 Knoblauchzehe, 100 g Blattspinat, 100 g saisonale Blattgemüse wie Mangold, Bärlauch, Sauerampfer, Brennnessel, je 1 Stängel Majoran, Thymian und Oregano sowie 1 Lorbeerblatt zu einem Kräutersträußchen zusammengebunden, 200 g altbackenes Brot, einige Stängel Schnittlauch, 1 l Fleisch- oder Gemüsebrühe, 200 ml Sahne, 2 EL Crème fraîche, etwa 1 EL Butter, Salz, weißen Pfeffer, Muskat.

Zubereitung: Zunächst Knoblauch und Zwiebeln schälen und fein hacken und das Brot zerkrümeln. Die Butter in einem genügend großen Topf schmelzen lassen, Knoblauch und Zwiebeln darin glasig dünsten, das Brot zugeben und mit der Brühe aufgießen. Das Kräutersträußchen zur Suppe geben und alles 30 Minuten sanft köcheln lassen. ☛ Währenddessen die Blattgemüse blanchieren. Dazu reichlich leicht gesalzenes Wasser zum Kochen bringen und eiskaltes Wasser bereitstellen. Die Blätter im heißen Wasser für 1 Minute blanchieren und im kalten Wasser abschrecken. Anschließend grob zerkleinern. ☛ Das Kräutersträußchen aus der Suppe nehmen und die Suppe mit dem Mixstab pürieren. Die Crème fraîche vorsichtig einrühren, die Suppe nochmals aufkochen und warmhalten. ☛ Die blanchierten Blätter zusammen mit der Sahne pürieren und unter die warme, aber nicht mehr kochende Suppe rühren, damit die Kräuter ihr frisches Aussehen behalten. Mit Salz, Pfeffer und Muskat abschmecken. ☛ Mit Schnittlauchröllchen garnieren und servieren.

Riebelessuppe

Zubereitung: Mehl, Eier, Eigelb und 1 Prise Salz zu einem sehr festen Nudelteig vermengen und etwa 20 Minuten ruhen und antrocknen lassen. Dann mit einer groben Reibe zu etwa erbsengroßen Riebele schaben und auf einem Backpapier oder einem Tuch trocknen lassen. ☛ Die Brühe aufkochen lassen und die Riebele entweder in einer beschichteten Pfanne in Fett leicht bräunen oder sie direkt in die Brühe geben und etwa 10 Minuten sieden lassen. ☛ Mit Salz, Pfeffer und Muskat abschmecken.

Für 4 Teller Riebelessuppe benötigen Sie
200 g Mehl,
2 Eier,
1 Eigelb,
1 l Fleisch-, Geflügel- oder Gemüsebrühe,
Salz, weißen Pfeffer, Muskat.

Feiner Gaisburger Marsch mit Kalbfleisch

Die Geschichte, wie der Gaisburger Marsch zu seinem Namen kam, ist schon oft aufgeschrieben worden und wird in vielen Varianten erzählt. Im Kern richtig dürfte sein, dass es einst im Stuttgarter Stadtteil Gaisburg eine Kaserne gab und dass die dort kasernierten Soldaten und Offiziersanwärter häufig mit Suppe versorgt wurden. Dass diese Suppe so reichhaltig war wie ein Gaisburger Marsch von heute, ist allerdings in höchstem Maße unwahrscheinlich. Das populäre Suppen- oder Eintopfgericht ist der Schmelztiegel gleich mehrerer schwäbischer Vorlieben: Es ist eine kräftige Suppe, es beinhaltet Spätzle, und auf einem richtigen Gaisburger Marsch schwimmt eine ordentliche Portion Röstzwiebeln. Wir machen den Klassiker an dieser Stelle besonders fein mit Kalbsbrühe und Kalbfleisch – und entfernen uns damit ein weiteres Stück vom Ursprung, der eine Suppe gewesen sein wird, deren Einlagen vor allem eines nicht sein durften: teuer.

Für 4 reichhaltige Portionen benötigen Sie
500 g Kalbfleisch aus dem dicken Bug oder der Schulter,
300 g Kalbsknochen, vorzugsweise Markknochen,
1 mittelgroße Zwiebel,
2 mittelgroße Karotten,
¼ Sellerieknolle,
2 bis 4 Stängel glatte Petersilie,
1 Stängel Liebstöckel,
1 Lorbeerblatt,
2 Gewürznelken,
250 g festkochende Kartoffeln,
250 g gekochte Spätzle,
Salz, weißen Pfeffer, Muskat.

Zubereitung: Zunächst eine Fleischbrühe kochen. Dazu Fleisch und Knochen gründlich unter fließendem Wasser waschen oder, wie für die Fleischbrühe auf Seite 173 beschrieben, blanchieren. Anschließend in 2 l leicht gesalzenem Wasser kalt aufsetzen, wobei das Fleisch komplett vom Wasser bedeckt sein muss. ☛ Die Zwiebel schälen und halbieren. Die eine Hälfte mit dem Lorbeerblatt und den Gewürznelken spicken und zur Brühe geben. Die andere Zwiebelhälfte beiseite stellen. ☛ Karotten und Sellerie gründlich waschen und schälen. Die Schalen zur Brühe geben, die geschälten Gemüse beiseite stellen. ☛ Den Topfinhalt bei aufgelegtem Deckel aufkochen lassen und den beim Kochen aufwallenden Schaum nach einer Weile, sobald er sich ein wenig verfestigt hat, mit einer Schaumkelle abschöpfen. Ggf. mehrfach wiederholen. Den Deckel abnehmen und die Brühe etwa 2 Stunden lang sanft köcheln lassen. Etwa 15 Minuten vor Ende der Kochzeit den Liebstöckel zugeben. ☛ Das Fleisch herausnehmen, etwas abkühlen lassen und in mundgerechte Würfel schneiden. Dabei ggf. Fettreste und Sehnen entfernen. ☛ Die Brühe durch ein Sieb in einen anderen Topf gießen. Karotten und Sellerie in gleichmäßige, gleich große Würfel schneiden und zur Brühe geben. Die Brühe erhitzen, bis sie sanft köchelt, und 15 Minuten köcheln lassen. ☛ Dann die Kartoffeln waschen, schälen und würfeln und in die Brühe geben. Schön sieht es aus, wenn die Kartoffel- (und die Fleisch)würfel etwa gleich groß und doppelt so groß sind wie die Gemüsewürfel. Weitere 20 Minuten köcheln lassen. ☛ Währenddessen die halbe Zwiebel fein hacken und in Butterschmalz goldbraun rösten, die Petersilie waschen, die

Blätter von den Stängeln zupfen und grob hacken. ☛ Etwa 5 Minuten vor Ende der Kochzeit die Fleischwürfel und etwa 1 Minute vor dem Servieren die gekochten Spätzle zur Suppe geben und erwärmen. Den Gaisburger Marsch mit Salz, Pfeffer und Muskat abschmecken, in die vorgewärmten Teller geben und mit Röstzwiebeln und Petersilie bestreut servieren.

Filderspitzkrautsuppe mit Schinkenravioli

Für 4 Teller benötigen Sie
½ kleinen Spitzkrautkopf (etwa 300 g schwer),
½ mittelgroße Zwiebel,
1 Stange Lauch,
1 l Fleisch- oder Geflügelbrühe,
125 ml Riesling,
1 Bund Schnittlauch,
1 EL Butter,
Kümmel,
Salz, weißen Pfeffer.

Für die Schinkenravioli benötigen Sie
3 gekochte und 3 rohe Kartoffeln,
½ mittelgroße Zwiebel,
120 g Mehl,
60 g gekochten Schinken,
100 g Butter,
1 Eigelb,
etwas Majoran (frisch oder getrocknet),
etwas Petersilie,
Salz, gemahlenen schwarzen Pfeffer, Muskat.

Das schwäbische Filderkraut hat seine besten Zeiten leider hinter sich. Die Fildern, jene fruchtbare Hochebene südlich von Stuttgart, sind längst nicht mehr der Gemüsegarten der Landeshauptstadt, weil die Flächen für andere Nutzungen lukrativer wurden: Autobahn, Flughafen, Messe und natürlich ein Flickenteppich von Siedlungen und Gewerbegebieten, die in alle Richtungen wuchern. Einst war das Filderkraut mit seiner charakteristischen spitzen Form eine lokale Eigenheit. Etliche Filderbauern kultivieren es bis heute, und es gibt vor Ort noch immer kleine Betriebe, die es zu Sauerkraut verarbeiten. Das Rezept für die Krautsuppe funktioniert selbstverständlich auch mit einem runden Weißkohl. Die schwäbischen Ravioli bestehen aus einem Kartoffelteig mit Schinkenfüllung.

Zubereitung: Die Kohlblätter einzeln vom Strunk abziehen und von der Mittelrippe befreien. Dann die Blätter in etwa 1 cm große, möglichst gleichmäßige Rauten schneiden. ☛ Die Zwiebel fein würfeln, von der Lauchstange nur das Weiße verwenden, der Länge nach halbieren und in feine Scheiben schneiden. ☛ Die Butter in einem Topf erhitzen, die Krautrauten zugeben, durchrühren und etwas Farbe nehmen lassen. Zwiebelwürfel und Lauchstreifen dazugeben und mit anschwitzen. Mit dem Riesling ablöschen und die Flüssigkeit etwas einreduzieren lassen. ☛ Dann die Brühe zugeben und die Suppe 20 Minuten lang sanft köcheln lassen. ☛ Mit Salz und Pfeffer abschmecken und mit Kümmel – wer keinen ganzen Kümmel mag, kann ihn gemahlen verwenden – würzen. Auf den Kümmel sollten Sie nicht verzichten, er macht das Kraut leichter verdaulich.

Für die Füllung der Schinkenravioli die halbe Zwiebel und den Schinken fein würfeln, Petersilie und Majoran fein hacken. Die Zwiebelwürfel in einer kleinen Pfanne in 20 g Butter glasig anschwitzen, den Schinken zugeben, kurz durchschwenken, Petersilie und Majoran dazugeben, nochmals durchschwenken, vom Herd nehmen und abkühlen

lassen. ☛ Für den Teig die Kartoffeln schälen. Die gekochten Kartoffeln durch eine Spätzle- oder Kartoffelpresse drücken oder durch ein grobes Sieb streichen. Die rohen Kartoffeln fein reiben und in einem Sieb über einer Schüssel abtropfen lassen. Die abtropfende Flüssigkeit bis auf die Kartoffelstärke, die sich am Boden abgesetzt hat, abgießen. ☛ Die rohen und die gekochten Kartoffeln in die Schüssel geben, mit etwa 2 EL Mehl vermengen und mit Salz, Pfeffer und Muskat würzen. Eventuell braucht es etwas mehr Mehl, damit ein geschmeidiger Teig entsteht, der sich auf einer bemehlten Arbeitsplatte ausrollen lässt. ☛ Aus dem Teig 12 Kreise von etwa 6 cm Durchmesser ausstechen. Deren Rand mit dem Eigelb, das mit etwas lauwarmem Wasser geschmeidig gemacht wurde, bestreichen. Auf die Mitte eines jeden Teigstücks mit einem Kaffeelöffel ein kleines Häufchen der Füllung setzen. Die eine Hälfte des Teigrunds auf die andere klappen und den Rand mit den Zinken einer Gabel andrücken. ☛ Die Teigtaschen in siedendem, leicht gesalzenem Wasser 4 Minuten lang ziehen lassen. Herausnehmen und gut abtropfen lassen. Je drei Schinkenravioli in einen Suppenteller legen, mit der heißen Krautsuppe übergießen und mit Schnittlauchröllchen garnieren.

Flädlessuppe, Flädlesstrudelsuppe

Die Flädlessuppe kommt dem schwäbischen Charakter entgegen: Sie kostet nicht viel und sie ist schnell gemacht, hält also den Schwaben nicht lange vom Schaffen ab. Flädle sollten möglichst so sein wie die französischen Crêpes, nämlich hauchdünn. Auch außerhalb der Suppenterrine kommen Flädle saisonal zum Einsatz: als Beilage zu Spargel, meistens aromatisiert mit frischen Kräutern wie Petersilie, Liebstöckel, Kerbel oder Basilikum. Selbstverständlich können auch die Suppenflädle mit frischen Kräutern aufgemotzt werden. Oder man wickelt sie zum Flädlesstrudel auf, der eine festliche Suppeneinlage ist.

Flädlessuppe

Für 4 Teller benötigen Sie
150 g Mehl,
250 ml Milch,
125 ml kohlensäurehaltiges Mineralwasser,
2 Eier,
50 g zerlassene Butter,
1 l Fleisch-, Geflügel- oder Gemüsebrühe,
Salz, weißen Pfeffer, Muskat,
Butterschmalz zum Ausbacken,
Schnittlauch zum Garnieren.

Zubereitung: Das Mehl in eine Rührschüssel geben, mit Milch, Wasser, einer Prise Salz und etwas frisch geriebener Muskatnuss zu einem glatten Teig verrühren und 20 Minuten quellen lassen. Dann die Eier und die zerlassene Butter zugeben und zu einem dünnflüssigen Teig verarbeiten. ☛ In einem kleinen Gefäß 2 EL Butterschmalz verflüssigen und eine beschichtete Pfanne damit einpinseln. Mit einer kleinen Schöpfkelle so viel Teig in die Pfanne geben, dass er, mit einer kreisenden Bewegung in der Pfanne verteilt, einen hauchdünnen Pfannkuchen ergibt. Bei mittlerer Hitze auf beiden Seiten goldgelb backen. Vor jedem Backvorgang erneut etwas frisches Butterschmalz in der Pfanne verstreichen. ☛ Zum Abkühlen die Flädle auf einen umgedrehten Suppenteller legen. Nach dem Abkühlen die Flädle halbieren, quer aufrollen und in dünne Streifen schneiden. ☛ Zum Servieren die Brühe kurz aufkochen und mit Salz, Pfeffer und Muskat abschmecken. Die Suppenteller oder -tassen erwärmen, Flädle hineingeben, mit der heißen Brühe übergießen und mit Schnittlauchröllchen bestreut servieren.

Flädlesstrudelsuppe

Für 4 Teller Suppe benötigen Sie
4 ungeschnittene Flädle (siehe voriges Rezept),
200 g Kalbs- oder Bratwurstbrät,
1 mittelgroße Karotte,
1 Stange Lauch,
1 Bund Schnittlauch,
125 ml Sahne,
1 l Fleisch-, Geflügel- oder Gemüsebrühe,
Butter.

Zubereitung: Die geschälte Karotte und das Weiße vom Lauch sehr fein würfeln, den Schnittlauch in Röllchen schneiden. Alles zusammen in einem kleinen Sieb in kochendem Salzwasser kurz blanchieren und im selben Sieb in kaltem Wasser abschrecken. Dann im Sieb gut abtropfen lassen. ☛ Brät und Sahne glattrühren, Gemüsewürfel und Schnittlauch unterheben. Die Flädle mit der Brätmasse bestreichen, etwa in doppelter Dicke der Flädle, und gleichmäßig aufrollen. ☛ Pro Rolle ein ausreichend großes Stück Alufolie mit etwas zerlassener Butter gründlich fetten und das aufgerollte Flädle darin stramm einwickeln. Die Alufolie an beiden Enden nach Art eines Bonbons vorsichtig gut festdrehen. ☛ Dann die Flädlesstrudel in siedendem Wasser 10 bis 15 Minuten garen, was am besten gelingt, indem ein ausreichend tiefes Backblech 1 cm hoch mit Wasser gefüllt und das Wasser im Backofen zum Sieden gebracht wird. Dann die Temperatur auf 110 Grad reduzieren, die Rollen mit der Nahtstelle der Folie nach oben einlegen und auch die verzwirbelten Enden nach oben drehen, damit kein Wasser eindringen kann. ☛ Nach dem Garen die Rollen auspacken und diagonal in Scheiben schneiden. Zum Servieren wie bei der Flädlessuppe verfahren.

Kulinarisch geadelt werden die Flädlesstrudel, wenn man sie mit Kalbsbries verfeinert. Dazu würfelt man 80 bis 100 g gekochtes Kalbsbries (siehe Seite 66) fein und hebt es unter die Brätmasse.

Gebundene Ochsenschwanzsuppe

Für 8 bis 10 Portionen benötigen Sie
knapp 2 kg Ochsenschwanzstücke,
3 mittelgroße Zwiebeln,
2 mittelgroße Karotten,
1 Stange Lauch,
200 g Schältomaten (aus der Dose),
125 g Champignons,
1 Knoblauchzehe,
3 bis 4 Stängel Petersilie,
je 1 kleinen Zweig Estragon und Thymian,
150 g Butter,
100 g Mehl,
2 Lorbeerblätter,
1 TL weiße Pfefferkörner,
1,5 l Fleischbrühe (siehe Seite 173),
250 ml Lemberger oder Zweigelt,
125 ml Portwein oder Madeira,
Salz, weißen Pfeffer,
Cayennepfeffer.

Die gebundene Ochsenschwanzsuppe braucht zwar kaum weniger Zeit zur Zubereitung als eine klare, ist aber etwas einfacher in der Herstellung. Wenn man sich die Mühe mit dieser großartigen Suppe macht, dann am besten gleich in einer größeren Menge: Sie lässt sich gut portionsweise einfrieren. Ochsenschwanzsuppe war früher die Visitenkarte besserer Häuser und wurde bei größeren Gesellschaften gerne auch als Mitternachtssuppe gereicht. Heute übernimmt diese Rolle – wenn überhaupt noch eine späte Suppenmahlzeit auf dem Plan steht – in der Regel die einfachere Gulaschsuppe. Auch die Ochsenschwanzsuppe, englisch Oxtail, lässt sich mit Cayennepfeffer pikant interpretieren. Der kräftige Rindfleischgeschmack des Ochsenschwanzes wird von keiner anderen Fleischsuppe auch nur annähernd erreicht, weshalb dieser Suppenklassiker, der bis vor wenigen Jahren zumindest noch als Dosensuppe gängig war, es verdient hat, mit diesem Rezept vor dem Vergessen bewahrt zu werden. Am besten bereitet man die Suppe am Vortag zu, denn ihre Brühe lässt sich am einfachsten entfetten, wenn sie über Nacht auskühlt.

Zubereitung: Den Backofen auf 220 Grad vorheizen, die Ochsenschwanzstücke unter fließendem Wasser abspülen und abtropfen lassen. Ein tiefes Backblech oder eine Saftpfanne einfetten und die Ochsenschwanzstücke darauf verteilen. Die Hitze auf 200 Grad reduzieren und die Stücke auf der mittleren Einschubleiste 35 bis 40 Minuten lang bräunen, dabei einmal wenden. ☛ Währenddessen Zwiebeln schälen, Pilze putzen und beides in Scheiben schneiden. Karotten und das Weiße vom Lauch waschen und grob zerkleinern, Knoblauch schälen und längs halbieren, Tomaten in einem Sieb abtropfen lassen. 50 g Butter in einem Topf schmelzen lassen und die Gemüse darin gründlich anschwitzen. Die abgetropften Tomaten zugeben und mitdünsten, dabei gut unterrühren. Beiseite stellen. ☛ Sind die Ochsenschwanzstücke kräftig braun, gibt man sie vom Blech in einen großen Suppentopf auf dem Herd, löst den Bratensatz vom Blech mit etwas Brühe und gibt ihn ebenfalls in den Topf. Die gedünsteten Gemüse dazugeben und alles mit der restlichen Rindfleischbrühe sowie ½ l Wasser aufgießen. Die Ochsenschwanzstücke müssen gut mit Flüssigkeit bedeckt sein. Aufkochen und etwa 2 Stunden bei aufgelegtem Deckel sanft köcheln lassen, bei dünnen Stücken bereits nach 90 Minuten testen, ob sie weich sind. Eine halbe Stunde vor Ende der Garzeit Petersilie, Estragon, Thymian, Lorbeerblätter und Pfefferkörner zugeben. ☛ Nach Ende der Garzeit die Ochsenschwanzstücke aus der Brühe nehmen und abkühlen lassen. Die Brühe durch ein feines Sieb in einen anderen Topf passieren. Das Fleisch, das nun butterweich sein sollte, von den Knochen lösen, von Fett und Knorpeln befreien und in nicht zu

große Würfel schneiden. Die Brühe gründlich abkühlen lassen, am besten über Nacht im Kühlschrank. So lässt sie sich leicht entfetten, indem man das fest gewordene Fett von oben abnimmt. ☛ Zum Fertigstellen der Suppe die Brühe erneut erwärmen. In einem Topf 100 g Butter schmelzen lassen und 100 g Mehl gut mit der schäumenden Butter verrühren. Das Mehl je nach Gusto leicht bis kräftig bräunen und mit der heißen Brühe schubweise aufgießen. Die Flüssigkeit mit dem Schneebesen stets kräftig glattrühren und dabei auch die Topfecken (am besten mit einem Löffel) auskratzen, damit sich dort kein Mehl absetzt und einbrennt. ☛ Wenn die gesamte Brühe im Topf und glattgerührt ist, den Wein und den Portwein/Madeira jeweils bis auf einen Rest, der zum Abschmecken dient, zugeben und die Suppe etwa 20 Minuten ohne Deckel kochen und dabei einreduzieren lassen. Immer wieder gründlich und kräftig um- und glattrühren. Die Fleischstücke zugeben und die Suppe weitere 10 Minuten sanft köcheln lassen. Schließlich mit Salz, Pfeffer, einigen Prisen Cayennepfeffer, Rotwein und Port/Madeira abschmecken und servieren.

Gratinierte Zwiebelsuppe

Dass die Zwiebel in der Schwäbischen Küche besondere Wertschätzung genießt, muss nicht lange ausgeführt werden. Es reicht der Verweis auf den Zwiebelkuchen und darauf, dass Rostbraten, geschmälzte Maultaschen und Gaisburger Marsch ohne Röstzwiebeln nur halb so gut wären. Es ist also kein Zufall, dass eine der besten deutschen Zwiebelsorten den Namen der Landeshauptstadt trägt: die Stuttgarter Riesen. Allerdings ist diese Zwiebelsorte aus der Mode gekommen, vor allem wegen ihres Körperbaus: Die mittel- bis herzhaft scharfen Zwiebeln bilden je nach Saatgut sehr flache, breite Körper aus und passen damit nicht ins rundliche Zwiebelbild, das sich der Durchschnittskonsument gemacht hat. Auch die Lebensmittelindustrie lässt die Stuttgarter Riesen links liegen, weil sie sich der maschinellen Verarbeitbarkeit entziehen. Für unsere Zwiebelsuppe sind sie bestens geeignet, doch selbstverständlich funktioniert das Rezept auch mit anderen Sorten. Dass die Suppe vor dem Servieren gratiniert wird, dürfte ein Einfluss unserer westlichen Nachbarn in Baden oder dem Elsass sein.

Für 4 Portionen benötigen Sie
4 mittelgroße Zwiebeln von zusammen etwa 500 g Gewicht,
100 g Allgäuer Emmentaler,
3 Knoblauchzehen,
2 EL Butter,
1 EL Mehl,
4 Scheiben Toastbrot,
1 Zweig frischen Thymian oder ½ TL getrocknete Thymianblätter,
1 l Fleisch- oder Geflügelbrühe (siehe Seiten 173/174),
Salz, weißen Pfeffer,
nach Belieben 125 ml Riesling oder etwas Sherry.
Außerdem 4 feuerfeste Suppenschalen von mindestens 400 ml Fassungsvermögen.

Zubereitung: Die Zwiebeln schälen, halbieren und in sehr feine Scheiben schneiden, den Knoblauch schälen, grob hacken und mit etwas Salz fein zerreiben. ☛ Die Butter in einem ausreichend großen Topf schmelzen und die Zwiebeln in der schäumenden Butter glasig anschwitzen. Einen Deckel auflegen und die Zwiebeln bei geringer Hitze unter gelegentlichem Rühren dünsten, bis sie weich und leicht gebräunt sind. ☛ Den Knoblauch zugeben, kurz anschwitzen, dann den Topfinhalt mit dem Mehl bestäuben. Gut vermischen, das Mehl ein wenig Farbe nehmen lassen und mit der Brühe (sowie, falls gewünscht, dem Riesling) ablöschen. ☛ Temperatur erhöhen, unter Rühren zum Kochen bringen und glattrühren. Den Thymian zugeben und die Suppe etwa 20 Minuten sanft köcheln lassen. Mit Salz und Pfeffer, ggf. einigen Spritzern Sherry abschmecken. ☛ In der Zwischenzeit den Käse reiben. Kurz vor Ende der Kochzeit den Backofengrill auf 180 Grad vorheizen und 4 Weißbrotscheiben toasten. Den Toast auf den Durchmesser der Suppenschalen zuschneiden oder ausstechen. ☛ Die Suppenschalen auf ein Backblech stellen, bis knapp unter den Rand mit Suppe füllen und mit je einer Scheibe Toast bedecken. Eine Umdrehung frischen weißen Pfeffer auf jede Scheibe mahlen und die Toastscheiben mit geriebenem Käse bestreuen, so dass sie lückenlos bedeckt sind. ☛ Das Blech mit den Suppenschalen unter den Grill schieben und 2 bis 3 Minuten überbacken, bis der Käse komplett zerlaufen und an der Oberfläche goldbraun ist. Heiß servieren.

Hühnerbrühe mit Hefeklösschen

Für 4 Teller benötigen Sie
125 g Mehl,
20 g Butter,
10 g Hefe,
1 Ei,
½ TL Salz (3 g),
1 Prise Zucker,
60 ml lauwarmes Wasser,
1 l Hühnerbrühe (siehe Seite 174),
nach Belieben 200 g Hühnchenfleisch vom Kochen der Brühe, die entsprechende Menge Hähnchenbrust oder 2 Hähnchenkeulen,
Salz, Muskat,
2 EL Schnittlauchröllchen.

Diese Suppe bietet sich als kleine Mahlzeit aus einer frisch gekochten Hühnerbrühe an und besteht aus einfachen Dingen: Brühe, Mehl und ein paar Zutaten für den Teig. Uns mutet die Zubereitung des Teigs für die Klößchen heute aufwändig an: Rühren, ruhen lassen, kneten, ruhen lassen, formen, ruhen lassen, zubereiten. Das zeigt, wie sich die Maßstäbe gewandelt haben: Früher waren die Zutaten zu einem guten Essen kostbar, Zeit zum Zubereiten hatte man reichlich. Heute ist es oft umgekehrt. Die einfache Suppe lässt sich durch Zugabe von Hühnerfleisch vom Kochen der Brühe anreichern. Früher holten sich Hausfrauen gelegentlich beim Metzger zur Mittagszeit die Kochbrühe von Schälripple oder Kasseler Hals, um darin ihre Hefeklößchen zu garen.

Zubereitung: Für die Hefeklößchen das Mehl in eine Schüssel sieben und eine Mulde in die Mitte des Mehlkegels drücken. In einer Tasse die Hefe und eine Prise Zucker im lauwarmen Wasser auflösen, in die Mulde gießen und etwas verrühren. Den Teigansatz mit einem Tuch abdecken und an einem warmen Ort etwa 30 Minuten gehen lassen. ☛ Dann das Ei, das Salz und die mit einer Gabel zerdrückte Butter zugeben und alles zu einem glatten Teig verarbeiten. Den Teig bedecken und erneut 1 Stunde gehen lassen. Nochmals gründlich durchkneten und zu einer gleichmäßigen Rolle von etwa 2 cm Durchmesser formen. ☛ Von dieser Teigrolle 2 cm lange Stücke abschneiden, zu kleinen Kugeln rollen und auf einen bemehlten Teller legen. Wenn alle Kugeln fertig sind, nochmals abdecken und kurz gehen lassen. Die Hefeklößchen in siedendem Salzwasser 20 Minuten garziehen lassen, währenddessen die Brühe erhitzen und die fertig gegarten Hefeklößchen hineingeben. Als Fleischeinlage eignet sich Suppenfleisch vom Kochen der Brühe. ☛ Feiner ist eine Einlage aus zwei frischen Hähnchenkeulen, die man beim Zubereiten der Brühe etwa 30 Minuten lang mitköchelt. Enthäutet, von den Knochen gelöst und in schöne Stücke geschnitten, werden sie zusammen mit den Hefeklößchen nochmals in der heißen Brühe erwärmt. ☛ Ohne lange Kochzeit kommen 1 bis 2 cm große Würfel von Hähnchenbrust aus, die man in der köchelnden Brühe einige Minuten gart, bevor man die Hefeklößchen zugibt und erwärmt. ☛ Die Suppe mit Salz und Muskat abschmecken, mit den Schnittlauchröllchen garnieren und servieren.

Kartoffelsuppe

Eine Kartoffelsuppe findet man in jeder deutschen Regionalküche, gehören die Deutschen doch zu den fleißigsten Kartoffelessern Europas. Das schwäbische Element unserer Kartoffelsuppe sind die Saitenwürstchen. Eine allgemeine Bemerkung zum Erhitzen von Würstchen, egal ob Saiten, Weißwurst oder Bockwurst: Das Wurstwasser muss immer leicht gesalzen werden, etwa entsprechend dem Salzgehalt der Wurst. Denn die Salzgehalte gleichen sich beim Erhitzen chemisch aus. Ungesalzenes Wasser entzieht den Würstchen Salz und Aroma, zu viel Salz im Wasser versalzt auch die Wurst.

Wichtig für das Gelingen einer Kartoffelsuppe ist, die Menge von Karotte, Lauch und Petersilienwurzel im Verhältnis zu den Kartoffeln nicht zu überschreiten, sonst überdeckt das Gemüse den Kartoffelgeschmack. Bei den Einlagen zur Kartoffelsuppe gibt es etliche Alternativen. Außer Saitenwürstchen und gerösteten Weißbrotwürfeln passt auch fein gewürfelter und in der Pfanne ausgelassener Speck. Oder eine fein gewürfelte Schalotte, die mit etwas frischem, gehacktem Majoran in Butter glasig gedünstet und zur Suppe gegeben wird. Aromatisch sind Champignons oder Steinpilze, die in feine Scheiben geschnitten und in Butter angebraten auf die Suppe gegeben werden. Luxuriös sind fein über die Suppe gehobelte Trüffelscheiben.

Für 4 Teller benötigen Sie
250 g mehlig kochende Kartoffeln,
1 kleine Zwiebel,
1 kleine Karotte,
1 kleine Lauchstange,
1 kleine Petersilienwurzel,
½ Knoblauchzehe,
2 EL fein gehackte Petersilie,
2 EL Mehl,
125 ml Riesling,
125 ml Sahne,
800 ml Fleisch-, Geflügel- oder Gemüsebrühe (siehe Seite 173 ff.),
Öl oder Butterschmalz,
Salz, weißen Pfeffer, Muskat,
2 Paar Saitenwürstchen.

Zubereitung: Die Kartoffeln waschen, schälen und grob würfeln. Die Wurzelgemüse waschen, schälen und fein würfeln. Das Weiße der Lauchstange ebenfalls fein würfeln. ☛ Etwa 2 EL Butterschmalz oder Olivenöl in einem ausreichend großen Topf erhitzen und der Reihe nach Zwiebel, Knoblauch, Karotte, Lauch und Petersilienwurzel anschwitzen. ☛ Die Kartoffelwürfel dazugeben, kurz durchschwenken, mit dem Mehl bestäuben und nochmals gut unterrühren. Dann Riesling, Brühe und Sahne angießen und gut durchrühren. ☛ Die Suppe 25 bis 30 Minuten leise köcheln lassen, dann mit einem Stabmixer oder im Mixer nach Belieben stückiger oder sämiger aufmixen. Sollte die Suppe zu flüssig sein, mit in Wasser oder Riesling gelöster Kartoffelstärke binden, ist sie etwas zu dick, mit Brühe auf die passende Konsistenz bringen. ☛ Mit Salz, Pfeffer und Muskat abschmecken. Die in leicht gesalzenem Wasser erhitzten Saitenwürstchen in feine Scheiben schneiden, in die Suppe geben und alles mit fein gehackter Petersilie garnieren.

Klare Suppe von heimischen Fischen und Gemüsen

Für 4 Teller benötigen Sie
400 g gemischte Fischfilets ohne Haut und Gräten von Saibling, Bachforelle oder Zander,
2 Schalotten,
1 Karotte,
2 kleine Stangen Staudensellerie,
1 kleine Stange Lauch,
2 kleine Tomaten,
1 Knoblauchzehe,
etwas Fenchelknolle mit Grün,
2 Zweige Thymian,
1 Zweig Dill,
500 ml Fischfond (siehe Seite 179),
500 ml Gemüsebrühe (siehe Seite 175),
125 ml Riesling,
trockenen Wermut der Marke Noilly Prat,
1 Lorbeerblatt,
Butterschmalz,
einige Safranfäden,
Salz, weißen Pfeffer,
Butter.

Eine Fischsuppe gehört nicht unbedingt zu den schwäbischen Standardrezepten. Schade eigentlich, denn in unseren Flüssen und Bächen gedeihen schöne Fische, die optisch und geschmacklich in einer zartduftigen Suppe gut zur Entfaltung kommen. Im Handel findet man in erster Linie Saiblinge, Forellen und Zander aus Zuchtbeständen. Hat man Zugang zu einem Züchter oder in einem gut sortierten Fachgeschäft die Wahl, sollte man sich unter den Forellen für eine Bachforelle entscheiden. Bachforellen sind kleiner, festfleischiger und aromatischer als die großen Regenbogenforellen, die häufig schnell zur Schlachtreife herangemästet werden. Auch Waller, Lachsforelle oder der äußerst seltene geangelte Wildlachs aus Süßwasser eignen sich für diese Suppe.

Zubereitung: Fischfond und Gemüsebrühe in einen Topf geben, aufkochen und auf etwa 800 ml Flüssigkeit einreduzieren. Dabei Lorbeerblatt, Thymian und etwas Fenchelknolle, von der man zuvor das Grün entfernt hat, mitkochen, zum Schluss die Safranfäden dazugeben. Den Fond warmstellen. ☛ Karotte, Staudensellerie und Lauch waschen. Karotte schälen, vom Staudensellerie die zähen Fäden entfernen, vom Lauch nur das Weiße verwenden. Die Gemüse in feine Streifen schneiden und Sorte für Sorte in einem Sieb in kochendem Salzwasser kurz blanchieren. Im Sieb in eiskaltem Wasser abschrecken und gut abtropfen lassen. ☛ Die Tomaten oben kreuzweise einritzen und ins kochende Blanchierwasser geben, bis die Haut beginnt, sich zu lösen. Herausnehmen, abschrecken, abkühlen lassen, häuten, die Tomaten halbieren und mit einem Löffel die Kerne und das Kerngehäuse herauskratzen. Dann die Tomatenfilets in Würfel schneiden. 1 Schalotte fein würfeln, die Knoblauchzehe grob zerkleinern und mit etwas Salz zu einer Paste verreiben. ☛ In einer Kasserolle 2 EL Butterschmalz erhitzen, Schalotte und Knoblauch kurz anschwitzen, Gemüsestreifen zugeben und mitdünsten, die Tomatenwürfel zugeben, mit Salz und frisch gemahlenem Pfeffer abschmecken und die Gemüse gut vermengen. Etwas vom Fond angießen und die Gemüse warm halten. ☛ Die zweite Schalotte fein würfeln, die Fischfilets in Streifen von etwa 2 cm Breite und 3 bis 4 cm Länge schneiden. In einer Pfanne 1 EL Butter aufschäumen lassen, die Schalottenwürfel in der Pfanne verteilen und die Fischfiletstreifen nebeneinander in die Pfanne geben. Kurz andünsten, mit Salz und Pfeffer würzen, mit gut der Hälfte des Rieslings übergießen, die Flüssigkeit rasch verdampfen lassen und die Pfanne

beiseite stellen. ☛ Lorbeer, Thymianzweig und Fenchel aus dem Suppenfond entfernen, die Gemüsestreifen zugeben und die Suppe einmal kurz aufkochen. Mit Salz, frisch gemahlenem weißem Pfeffer, Wermut und Riesling abschmecken. Die Fischstücke in vorgewärmte Teller verteilen, mit der heißen Suppe übergießen und mit etwas fein gehacktem Fenchelgrün und Dill garnieren.

Kürbissuppe

Man kann darüber streiten, ob dem Kürbis ein Platz in einem schwäbischen Kochbuch zusteht. Dass er ein »Reigschmeckter« ist, steht außer Frage. Aber Kartoffel, Tomate oder Paprika stammen ja ebenfalls ursprünglich aus Südamerika. Der Unterschied liegt nur darin, dass die einen schon vor Jahrhunderten in Deutschland Fuß gefasst haben, während der Kürbis erst in jüngster Vergangenheit zu einem modischen Sommer- und Herbstgemüse wurde. Was den Kürbis kulinarisch spannend macht, sind seine orangegelbe Farbe und seine Süße, die sich sehr gut mit Schärfe und Säure verträgt. Wer die hier vorgestellte Suppe exotischer aromatisieren möchte, ersetzt den Sherry durch 1 EL geriebenen Ingwer, den Weißwein durch Kokosmilch und dosiert Curry und Cayennepfeffer etwas großzügiger.

Für 4 Teller benötigen Sie
600 g Fruchtfleisch mit Schale vom Muskat- oder Hokkaidokürbis,
1 kleine Zwiebel,
1 kleine Karotte,
1 Knoblauchzehe,
½ rote Paprikaschote,
3 Stängel Staudensellerie,
etwa ¼ TL Cayennepfeffer,
½ TL Currypulver,
½ TL Paprikapulver edelsüß,
50 g Butter,
1 l Geflügel- oder Gemüsebrühe (siehe Seiten 174/175),
100 ml Sahne,
100 ml Riesling,
50 ml trockenen Sherry,
Zucker, Salz, weißen Pfeffer,
Kürbiskernöl.

Zubereitung: Den Kürbis mit Schale grob würfeln, die Wurzelgemüse schälen und fein würfeln, die Paprika von den Kernen befreien und fein würfeln, vom Staudensellerie die zähen Fäden entfernen und ihn fein würfeln. ☛ In einem Topf die Butter erhitzen und Zwiebel, Karotte, Knoblauch, Paprika und Sellerie anschwitzen, ohne sie Farbe nehmen zu lassen. Curry, Paprikapulver und Kürbisfleisch zugeben, das Gemüse kurz weiter anschwitzen, dann die Brühe angießen und aufkochen. ☛ Cayennepfeffer bis zum gewünschten Schärfegrad vorsichtig zugeben und die Suppe 20 Minuten lang köcheln lassen. Dann Weißwein und Sahne zugeben (von der Sahne 3 bis 4 EL zum Garnieren zurückbehalten), weitere 15 Minuten köcheln lassen, dabei gelegentlich umrühren. ☛ Anschließend die Suppe mit dem Mixstab pürieren und mit Hilfe des Rückens einer Schöpfkelle durch ein feines Sieb passieren. Mit Salz, Pfeffer, ggf. noch etwas Cayennepfeffer und Zucker abschmecken und in vorgewärmten Tellern anrichten. ☛ Die zurückbehaltene Sahne leicht anschlagen und mit einer kreisförmigen Bewegung auf die Suppe drapieren. Je einen kleinen Spritzer Kürbiskernöl ebenfalls in einer kreisförmigen Bewegung auf die Suppe geben und servieren. Statt mit Kürbiskernöl kann die Suppe auch mit einigen in einer Pfanne ohne Fett angerösteten Kürbiskernen garniert werden.

Schwäbische Hirnsuppe mit Eierstich

Für 4 Teller benötigen Sie
400 g Kalbshirn,
3 Schalotten,
2 EL Butter,
2 EL Mehl,
etwas krause oder glatte Petersilie,
1 Ei,
5 Eigelb,
1 l lauwarme Fleischbrühe oder lauwarmen hellen Kalbsfond (siehe Seiten 173/176),
150 ml Sahne,
150 ml Milch,
Salz, weißen Pfeffer, Muskat.

Für den Sud zum Kochen des Hirns
125 ml Weißwein,
125 ml Wasser,
eine mit 2 Lorbeerblättern und 1 Gewürznelke gespickte Zwiebel,
Salz, Pfeffer.

Dies ist eine ganz feine Suppe für ganz besondere Tage. Sie stand früher bei Familienfesten wie Taufe, Konfirmation, Hochzeit oder Ehejubiläum oft auf dem Tisch. Eine fein abgeschmeckte Hirnsuppe schmeckt nur ganz dezent nach Innereien, und der Eierstich (den man auch weglassen kann, wenn man die Mühe scheut) perfektioniert mit seinem vornehm blassen Aussehen die schöne Anmutung dieser Cremesuppe. Eierstich trägt im Französischen den stolzen Namen »Royale« und wurde früher auch als Einlage für klare Brühen verwendet. Und weil sie so eine besondere Suppe ist, wird sie vor dem Servieren zusätzlich legiert. Darunter versteht man das Binden einer Suppe oder Sauce mit Eigelb und Sahne. Das Legieren gibt eine schöne rahmgelbe Farbe und macht die Suppe besonders cremig. Außerdem demonstrierte man seinen Gästen damit, dass man sich ein paar Eier mehr leisten konnte.

Zubereitung: Den Eierstich bereitet man am besten im Voraus zu. Dazu 1 Ei und 3 Eigelb mit 150 ml Milch gründlich verrühren und mit Salz, Pfeffer und Muskat abschmecken. ☛ Die Flüssigkeit in eine gut ausgebutterte feuerfeste kleine Form oder Tasse geben, um den Eierstich im Wasserbad zum Stocken zu bringen. Dazu stellt man die Form/die Tasse auf ein tiefes Backblech, das 1 bis 2 cm hoch mit Wasser gefüllt ist und gibt es für 20 Minuten bei 180 Grad in den Backofen, bis die Masse fest ist. ☛ Anschließend kühl bis kalt stellen, ggf. den Eierstich mit einem Messer vorsichtig aus der Form lösen und stürzen. ☛ Auch die Suppe erfordert etwas Vorbereitungszeit. Das Kalbshirn zunächst etwa 1 Stunde lang in kaltem Wasser wässern, dann die Hirnhaut abziehen und eventuelle blutige Stellen entfernen. ☛ Das Hirn grob würfeln und in 2 etwa gleich große Portionen teilen: die eine Portion aus den schöneren Stücken, die andere aus den weniger ansehnlichen Teilen. Letztere fein würfeln. ☛ Zum Zubereiten der Suppe die Schalotten fein würfeln. Die Butter in einem großen Topf erhitzen und die Schalottenwürfel glasig anschwitzen. ☛ Das fein gewürfelte Hirn aus der weniger ansehnlichen Portion zugeben und mitdünsten, mit dem Mehl bestäuben, das Mehl keine Farbe nehmen lassen. Die Brühe oder den Kalbsfond sowie gut die Hälfte der Sahne angießen, glattrühren, aufkochen und 20 Minuten köcheln lassen. ☛ In der Zwischenzeit den Kochsud aus Weißwein, Wasser und der gespickten Zwiebel ansetzen, aufkochen lassen und wie eine Brühe salzen. Die verbliebenen Hirnstücke darin 10 Minuten köcheln lassen. ☛ Dann herausnehmen, abkühlen lassen und in gleichmäßige, kleine Würfel schneiden. Den Sud zur Suppe gießen. Den Eierstich in Würfel oder Rauten schneiden. ☛ Zum Fertigstellen die Suppe durch ein feines Sieb in einen anderen Topf streichen, die restliche Sahne bis auf 3 bis 4 EL

zugeben, die Suppe mit Salz, Pfeffer und Muskat abschmecken und nochmals aufkochen. Dann vom Feuer ziehen, die Hirn- und Eierstichwürfel zugeben und vorsichtig unterrühren, damit sie beim Rühren nicht gequetscht werden. ☛ Die restlichen 2 Eigelb mit der übrigen Sahne verrühren. Beim Einrühren von Ei und Sahne darf die Suppe keinesfalls mehr kochen, sonst gerinnt das Eigelb. Nach dem Legieren die Suppe nochmals vorsichtig durchrühren, in vorgewärmte Teller schöpfen und mit etwas fein gehackter Petersilie garnieren.

Schwäbische Hochzeitssuppe

Noch so eine aufwändige Suppe für Festtage, die in größeren Mengen genossen beinahe so sättigend ist wie ein Hauptgericht. In vielen regionalen Küchen Deutschlands gibt es für besondere Gelegenheiten Suppen, die verschiedene Einlagen kombinieren. Sie nachzukochen, lohnt wirklich nur, wenn mehr als vier Esser am Tisch sitzen. Unser Rezept ist so gestaltet, dass jede einzelne Einlage vier Teller ergibt. Sollen es mehr Portionen werden oder wollen Sie verschiedene Einlagen kombinieren, passen Sie die Mengen bitte einfach entsprechend an.

Für sämtliche hier vorgestellten Klößchen gilt als Grundregel, dass man sie nicht direkt nach dem Formen ins Wasser gibt, sondern zunächst alle Klößchen herstellt und auf einem befeuchteten flachen Teller bereitlegt. Dann gibt man sie zur gleichen Zeit ins Wasser, was dieselbe Garzeit und dieselbe Konsistenz gewährleistet. Falls trotz Benetzens ein Teil der Suppeneinlagen am Teller kleben bleibt, nimmt man mit einer Schöpfkelle etwas siedendes Wasser aus dem Topf und gibt es über die Klößchen, die sich dann leicht vom Teller lösen. Pro Suppenportion sollten Sie 250 ml kräftige Fleischbrühe (siehe Seite 173) kalkulieren.

Brätklösschen

150 g Kalbsbrät,
2 EL Sahne,
1 Ei,
1 bis 2 EL Semmelbrösel,
etwas Zitronenabrieb,
Salz, weißen Pfeffer, Muskat.

Zubereitung: Brät und Sahne glattrühren, das Ei zugeben und die Masse mit Zitronenabrieb, Salz, Pfeffer und Muskat abschmecken. ☛ Semmelbrösel nach und nach zugeben, bis die Masse geschmeidig ist und sich leicht vom Löffel löst. In der Handfläche kleine Klößchen abdrehen oder mit zwei Esslöffeln Nocken formen. ☛ In leicht gesalzenem, siedendem Wasser garziehen, nicht kochen lassen. Die Klößchen sind fertig, wenn sie an die Oberfläche steigen.

Leberklösschen

150 g Kalbsleber, durch den Fleischwolf gedreht oder mit dem Messer fein gewiegt,
1 kleine Zwiebel,
2 Brötchen vom Vortag,
2 Eier,
1 TL Majoran frisch oder getrocknet,
1 TL fein gehackte Petersilie,
3 EL Butter,
Semmelbrösel,
Salz, weißen Pfeffer.

Zubereitung: Die Zwiebel fein würfeln, Majoran und Petersilie fein hacken. Die Brötchen in lauwarmem Wasser einweichen. 1 EL Butter in einer Pfanne schmelzen und Zwiebel, Majoran, Petersilie darin anschwitzen. Abkühlen lassen. ☛ 2 EL Butter schaumig rühren und Leber, Eier, die gut ausgedrückten eingeweichten Brötchen, Zwiebel, Majoran und Petersilie zugeben. Alles zu einer homogenen Masse verrühren. Ist die Masse zu dünnflüssig, vorsichtig mit Semmelbröseln binden. Mit Salz und Pfeffer abschmecken. ☛ Mit zwei Esslöffeln Nocken formen und in leicht gesalzenem, siedendem Salzwasser, ohne zu kochen, garen, bis die Klößchen oben schwimmen.

Griessklösschen

80 g Hartweizengrieß,
1 Ei,
2 EL Butter,
Salz, Muskat.

Zubereitung: Ei und Butter frühzeitig aus dem Kühlschrank nehmen, damit sie bei der Zubereitung Zimmertemeperatur haben. Das Ei verquirlen, die Butter schaumig rühren. Ei unter die Butter rühren, den Grieß zugeben. ☛ Die Masse mit Salz und frisch geriebener Muskatnuss abschmecken und etwa 30 Minuten quellen lassen. Nach dem Quellen nochmals durchrühren und mit zwei Kaffeelöffeln Nocken formen. ☛ Die Grießklößchen zunächst 3 Minuten lang in kochendem Salzwasser garen, dann die Hitze reduzieren, etwas kaltes Wasser angießen und die Klößchen 15 Minuten lang im siedenden Wasser garen.

Backerbsen oder Bachene Spatzen

130 g Mehl,
2 Eier,
125 ml Milch,
1 TL Öl,
Salz, Muskat,
500 ml Öl oder 500 g Schweineschmalz zum Ausbacken.

Zubereitung: Aus Mehl, Eiern, Milch und Öl einen dicklichen, glatten Teig rühren und mit Salz und Muskatnuss abschmecken. ☛ Das Öl oder Schmalz in einer Pfanne auf mittlere Hitze erwärmen. Mit Hilfe eines Spätzlehobels erbsengroße Teigkügelchen in die Pfanne drücken. Statt eines Spätzlehobels kann auch der Dämpfeinsatz eines Topfes oder ein Küchensieb mit großen runden Löchern verwendet werden. ☛ Die Erbsen goldgelb backen, mit einer Schaumkelle aus dem Fett nehmen und auf einem Blatt Küchenkrepp trocknen lassen.

Suppe vom Albschneck

Das Sammeln und Züchten von Schnecken war früher auf der Schwäbischen Alb ein florierender Nebenerwerb. Viele Schulkinder verdienten sich im Frühjahr und im Herbst ein paar Pfennige dazu, wenn sie auf den Wiesen und Feldern Weinbergschnecken sammelten. Es gab auch umzäunte Schneckengärten, in denen die Schnecken mit frischem und feinem Grünzeug gefüttert wurden – dass die Kriechtiere eine Vorliebe für zarteste Triebe haben, weiß jeder Gartenbesitzer aus leidvoller Erfahrung. Vermarktet wurden die Schnecken von Händlern, die – meist zu Fuß, aber auch donauabwärts per Schiff – die Schnecken zu ihren Abnehmern brachten.

Albschnecken wurden bis nach Paris und Wien exportiert. Dies geschah meist im Herbst, wenn die Tiere sich zur Winterruhe in ihr Haus zurückgezogen und den Eingang mit einem Kalkdeckelchen verschlossen hatten. Als besonders delikat galten die Schnecken auf der Alb aber im Frühjahr, wenn sie gerade aus der Winterruhe erwacht waren. Daher ist diese Schneckensuppe vor allem ein Frühlingsrezept. Oft gab es die Schnecken im Frühjahr in so rauen Mengen, dass man sie als Salat zubereitete. Frische Schnecken küchenfertig zu machen, ist nicht jedermanns Sache, denn man muss die Tiere kräftig mit Salz einreiben, um den Schleim zu entfernen, und auch das Gedärm muss heraus. Küchenfertige Schnecken aus der Dose sind leichter zu handhaben.

Für 4 Teller benötigen Sie
20 bis 24 frische Albschnecken oder Schnecken aus der Dose,
3 Schalotten,
1 Stange Staudensellerie,
1 Stange Lauch,
gut 1 Handvoll frische Kräuter der Saison (Petersilie, Basilikum, Kerbel oder Estragon),
1 Handvoll Blattspinat,
1 Knoblauchzehe,
2 EL Butter,
2 EL Mehl,
750 ml Geflügelbrühe (siehe Seite 174),
125 ml Grauburgunder oder anderen trockenen Weißwein,
125 ml Sahne,
etwas Anislikör,
Salz, weißen Pfeffer.

Zubereitung: Die Schnecken aus der Dose nehmen, dabei die Einlegeflüssigkeit auffangen. ☛ Die Schalotten und die Hälfte der Schnecken fein würfeln und in einem für die Suppe ausreichend großen Topf in der Butter glasig dünsten. Mit dem Mehl bestäuben und gut verrühren. ☛ Brühe, Schneckenflüssigkeit und den größten Teil des Weins angießen, aufkochen lassen, die Suppe gründlich glattrühren und 10 Minuten köcheln lassen. ☛ Vom Staudensellerie die zähen Fäden entfernen, den Staudensellerie und das Weiße der Lauchstange sehr fein würfeln. Die Knoblauchzehe schälen, grob hacken und mit etwas Salz zu einer Paste verreiben, die verbliebenen Schnecken in feine Streifen schneiden. Gemüse, Knoblauch und Schnecken in die Suppe geben, die Suppe salzen, aufkochen lassen und weitere 10 Minuten sanft köcheln. Dann beiseite stellen. ☛ Spinat und Kräuter in einem kleinen Sieb in kochendem Wasser blanchieren, in eiskaltem Wasser abschrecken und gut abtropfen lassen. Im Mixer zusammen mit der Sahne fein pürieren und zur heißen, aber nicht mehr kochenden Suppe geben. Wäre die Suppe zu heiß, ginge die frischgrüne Farbe der Kräutersahne ins Bräunliche über. ☛ Die Suppe mit Salz, Pfeffer, Anislikör und dem restlichen Wein abschmecken, in vorgewärmte Teller geben und mit etwas fein gehackter Petersilie garnieren.

42

Waldpilzsuppe

Für 4 Teller benötigen Sie
400 g Waldpilze,
1 mittelgroße Zwiebel,
1 Knoblauchzehe,
3 EL Butter,
1 gehäufter EL Mehl,
750 ml Fleischbrühe oder hellen Kalbsfond (siehe Seiten 173/176),
250 ml Sahne,
3 bis 4 Stängel glatte Petersilie,
Salz, weißen Pfeffer, Muskat,
nach Belieben etwas Balsamico.

Natürlich geht man auch zwischen Schwarzwald und Hohenlohe, zwischen Unterland und Bodensee zur Pilzzeit in den Wald, um den Speiseplan zu bereichern. Wer sich nicht auskennt, wird im Lebensmittelhandel bedient. Unser Rezept ist für alle Waldpilzarten geeignet, entweder sortenrein oder als Pilzmischung. Besonders edel ist die Suppe als Steinpilzsuppe, frühlingshaft und frühsommerlich ist sie als Pfifferlingsuppe. Ebenso gut gehen Wald- oder Steinchampignons, Maronen oder Stockschwammerln.

Kocht man die Suppe etwas dicker, das heißt mit weniger Fond und Sahne oder stärker gebunden, lässt sie sich zu einem Pilzragout umfunktionieren, das zu Nudeln oder Weckknödeln passt. Beim Anbraten von Pilzen soll man so verfahren wie beim Anbraten von geschnetzeltem Fleisch: Man heizt Topf oder Pfanne gut vor, gibt die Pilze hinein, verteilt sie ein wenig und lässt sie erst einmal auf einer Seite in Ruhe anbraten. Rührt man sie gleich nach der Gabe in Topf oder Pfanne durch, ziehen sie in den meisten Fällen Wasser, und der Topfinhalt beginnt zu kochen statt zu braten. Auf diese Weise kommen nicht die erwünschten Röstaromen zustande. Die Pilze sind dann reif zum Wenden, wenn sie an der Oberseite zu schwitzen beginnen. Um der Gefahr des Wasserziehens zu begegnen, salzt man erst nach dem Anbraten.

Falls Sie tiefgefrorene Pilze verwenden, was bei Steinpilzen außerhalb der Saison sinnvoll sein kann, sollten sie die aufgetauten Pilze vor dem Anbraten gut ausdrücken. Die austretende Flüssigkeit fangen Sie auf und geben sie nach dem Anbraten wieder zu den Pilzen oder gießen sie zusammen mit der Brühe zur Suppe.

ZUBEREITUNG: Die Pilze putzen, aber nicht waschen, denn tatsächlich lassen sich im Wasser gewaschene Pilze nicht gut anbraten: Mit einem Messer erdige Stellen abkratzen, unschöne Stellen sowie die untersten Enden der Stiele abschneiden, mit einem Pinsel Koniferennadeln und Verunreinigungen entfernen, zum Schluss mit Küchenkrepp abreiben. ☛ Die schönsten Pilze (etwa 1/3 bis die Hälfte, bei Pilzmischungen vor allem die Steinpilze und Pfifferlinge) beiseite legen und die übrigen Pilze mittelfein würfeln. Die Zwiebel und den Knoblauch ebenfalls fein würfeln. ☛ In einem genügend großen Topf 2 EL Butter aufschäumen lassen, Zwiebel und Knoblauch glasig dünsten, dann die Pilzwürfel zugeben und 5 bis 8 Minuten gründlich anschwitzen. Das Mehl darüberstäuben, gut mit dem Topfinhalt vermengen und ein klein wenig anrösten. ☛ Dann mit Brühe und Sahne ablöschen, unter ständigem Rühren aufkochen lassen, glattrühren und gut 15 Minuten lang köcheln lassen. Vom Feuer nehmen und im Mixer oder mit dem Mixstab pürieren. ☛ Die beiseite gelegten Pilze in nicht zu dicke Scheiben schneiden und in einer Pfanne in 1 EL Butter von beiden Seiten bei mittlerer Hitze anbraten. Nach dem Anbraten salzen. Die Petersilie waschen, die Blätter von den Stängeln zupfen und fein hacken. ☛ Die Suppe nochmals erwärmen, mit Salz, Pfeffer und Muskat, ggf. mit etwas Sahne und einigen Spritzern Balsamico abschmecken. Die gebratenen Pilze samt dem Bratensatz aus der Pfanne zur Suppe geben, unterrühren und die Suppe mit gehackter Petersilie bestreut servieren.

Vesper

Das Wort Vesper leitet sich vom Lateinischen »vespera« (Abend) ab. Ins Deutsche ist das Wort über das christliche Abendgebet gekommen, das den Namen Vesper, mit weiblichem Artikel, trug. Das Vesper war ursprünglich eine kleine Mahlzeit, die man um die Zeit der Vesper herum einnahm. Seither hat es im Schwäbischen seine Bedeutung gründlich gewandelt: Ein »Veschper« ist nach wie vor eine – in der Regel kalte – kleine Mahlzeit oder Zwischenmahlzeit, die aber auch morgens, vormittags oder am Nachmittag stattfinden kann. Wer sich für eine kürzere Reise proviantiert, nimmt im Schwäbischen ebenfalls ein Vesper mit. Entsprechend der Vieldeutigkeit des Worts finden sich in diesem Kapitel ganz verschiedene Dinge: kleine kalte Speisen, Zwischenmahlzeiten, aber auch ein paar klassische Vorspeisen mit Anspruch, für die wir in diesem Buch kein Extrakapitel vorgesehen haben.

Kartoffelsalat

Schwaben mit kulinarischer Ader können stundenlang über einen Kartoffelsalat philosophieren: Ob er lauwarm am besten ist oder zimmerwarm. Auf keinen Fall kalt. Welche Kartoffelsorte die beste für den Salat ist, ob rohe Zwiebeln hineingehören oder gedämpfte. Wie dick die Kartoffelscheiben sein dürfen. Fakt ist, dass der Kartoffelsalat am Ende der Zubereitung eine Konsistenz haben muss, die sich so treffend wie unübersetzbar ins Schriftdeutsche als »schlonzig« bezeichnen lässt: Die Kartoffelscheiben sollten zart im Biss, aber noch klar für das Auge erkenn- und im Mund spürbar sein. Sie sind umgeben von einem zähflussigen Medium, das sich aus Fleischbrühe, Essig, gelöster Kartoffelstärke und Öl komponiert hat.

Der Kartoffelsalat darf aber nicht zu flüssig, sondern soll zäh sein und schmatzende Geräusche von sich geben, wenn man ihn mit dem Salatbesteck vermengt. Und selbstverständlich darf der Geschmack der Gewürze, vor allem des Essigs, nicht das erdig-warme Aroma der Kartoffeln ver-

Für 4 Portionen benötigen Sie 800 g kleine bis mittelgroße Salatkartoffeln, am besten von den Sorten Sieglinde oder Linda, 1 kleine Zwiebel, 200 ml kräftig gewürzte Fleischbrühe (siehe Seite 173), 3 EL Weißweinessig, 3 EL Sonnenblumen- oder Keimöl, 1 TL mittelscharfen Senf, 1 EL Schnittlauchröllchen, Salz, Pfeffer.

stellen. Das Aussehen ist auch wichtig: Die Kartoffeln sollten schön gelb sein und nicht größer als mittelgroß, damit die Kartoffelrädchen beim Anmachen nicht auseinanderfallen. Eine komplizierte Sache also, und selbst den Küchenprofis gelingt der Kartoffelsalat nicht jedes Mal gleich gut.

Zubereitung: Die Kartoffeln waschen und ungeschält in einen Kochtopf geben. Den Topf halbhoch mit Wasser füllen und 1 TL Salz zugeben. Die Kartoffeln etwa 25 Minuten lang kochen; sie müssen bis zur Mitte gar, dürfen aber keinesfalls weichgekocht sein. Dies lässt sich mit einem Messerstich in eine der Kartoffeln kontrollieren. ☛ Nach dem Garen das Wasser abgießen und die Kartoffeln etwas abkühlen lassen. Wenn sie gerade so kühl sind, dass man sie mit der Hand anfassen kann, die Kartoffeln schälen und in gleichmäßig dicke Scheiben von etwa 3 mm schneiden oder hobeln (hobeln birgt die Gefahr, dass die Kartoffeln mehr gequetscht als geschnitten werden). ☛ Die Zwiebel in feine Würfel schneiden und einige Stängel Schnittlauch zu Röllchen schneiden. Die Brühe in einem kleinen Topf auf dem Herd erwärmen. Mit Essig, Salz, frisch gemahlenem weißem Pfeffer und Senf kräftig würzen und glattrühren. Die Zwiebelwürfel zugeben und einmal aufkochen lassen. ☛ Die Brühe vom Herd nehmen, etwas abkühlen lassen und über die Kartoffelscheiben gießen. Mindestens 10 Minuten ruhen lassen, damit die Kartoffeln die Flüssigkeit aufsaugen können. Dabei ein bis zweimal vorsichtig – damit die Kartoffelrädchen nicht zu Brei werden – mit einem Salatbesteck die Kartoffeln von unten nach oben vermischen, damit sich die Flüssigkeit gleichmäßig verteilt. ☛ Dann Geschmack testen, eventuell mit Essig und Salz nachwürzen und ganz zum Schluss das Öl zugeben. Noch einmal behutsam vermengen, mit Schnittlauchröllchen bestreuen und den Salat lau- bis zimmerwarm servieren.

Wurstknöpfle, Wurstspatzen

Bei den Wurstknöpfle oder Wurstspatzen offenbart die schwäbische Kulinarik ihre sämtlichen Charakteristika: Das Rezept ist einfach, die Zutaten nicht teuer, und man kann das gleiche Gericht auf unterschiedliche Art servieren. So lässt sich Resteverwertung betreiben, ohne dass es den Essern eintönig wird. Zu Wurstspatzen, die in der Pfanne ähnlich wie Maultaschen geschmälzt werden, passt Kartoffelsalat und grüner Salat; ein bisschen Bratensauce ist nie verkehrt. Oder man serviert sie in einer kräftigen Fleischbrühe mit angerösteten Zwiebeln. Im Herbst und Winter wird zusammen mit Sauerkraut eine kräftige Mahlzeit aus dem einfachen Gericht. Wir haben zwei Varianten aufgeschrieben, einmal als Knöpfle mit Weißbrotwürfeln, einmal als Spatzen mit Spätzleteig.

Wurstknöpfle

Zubereitung: Die Brötchen fein würfeln und die Milch aufkochen. Die Brötchenwürfel in einer ausreichend großen Schüssel mit der heißen Milch übergießen und etwa 10 Minuten ziehen lassen. ☛ In der Zwischenzeit die Zwiebel fein würfeln und die Petersilie fein hacken. In einer Pfanne die Butter schmelzen lassen, die Zwiebel darin glasig anschwitzen und die Petersilie kurz mitdünsten. Zur Brötchenmasse geben. ☛ Die Wurst fein würfeln und zusammen mit den Eiern, dem Grieß und dem Mehl ebenfalls zugeben. Alles gut vermengen und zu einem kompakten Teig ähnlich einer Knödelmasse verarbeiten. Mit Salz, Pfeffer und Muskat abschmecken und 30 Minuten ruhen lassen. ☛ In einem großen Topf Wasser zum Kochen bringen und leicht salzen. Währenddessen mit Hilfe zweier stets leicht angefeuchteter Esslöffel aus der Masse ovale Klößchen formen und auf einem befeuchteten Teller bereitstellen. Kocht das Wasser und sind alle Knöpfle vorbereitet, kommen sie zugleich ins kochende Salzwasser. ☛ Sollten einige der Knöpfle am Teller kleben, entnimmt man mit einer Schöpfkelle etwas Kochwasser, hält den Teller schräg über den Topf, lässt etwas Wasser über die Knöpfle laufen, die sich dann lösen. ☛ Einmal aufkochen, dann die Hitze reduzieren und die Knöpfle in siedendem Wasser etwa 20 Minuten garziehen lassen.

Für 4 Personen benötigen Sie
6 altbackene Brötchen,
1 mittelgroße Zwiebel,
3 Eier,
250 g Wurst (nach Belieben geräuchte Schinkenwurst, frische Schinkenwurst, grober Fleischkäse),
50 g Butter,
40 g Hartweizengrieß,
40 g Spätzlemehl,
300 ml Milch,
einige Zweige Petersilie,
Salz, weißen Pfeffer, Muskat.

Wurstspatzen

Für 4 Personen benötigen Sie
500 g Spätzlemehl,
300 g Wurst wie im obigen Rezept,
2 EL Butter,
5 Eier,
2 altbackene Brötchen,
1 Stange Lauch,
einige Zweige Petersilie,
Salz, weißen Pfeffer, Muskat.

Zubereitung: Aus Mehl, Eiern, einer Prise Salz und nach Bedarf Wasser einen zähen Spätzleteig rühren und ruhen lassen. ☛ Währenddessen den Lauch waschen und das Weiße sowie Hellgrüne in feine Streifen und dann in 1 bis 2 cm lange Stücke schneiden. Die Petersilie fein hacken, die Brötchen und die Wurst in kleine Würfel schneiden. ☛ Die Brötchenwürfel in einer Pfanne ohne Fett leicht rösten und zum Abkühlen auf einen Teller geben. Die Butter in der Pfanne schmelzen lassen, den Lauch anschwitzen, die Petersilie zugeben und kurz mitdünsten. Zu den Brotwürfeln zum Abkühlen geben. ☛ Dann Wurst, Brötchenwürfel, Lauch und Petersilie gut unter den Spätzleteig mischen. Mit Salz, Pfeffer, Muskat abschmecken. ☛ In einem großen Topf Wasser zum Kochen bringen und leicht salzen. Mit zwei Esslöffeln Klößchen formen und auf einen befeuchteten Teller geben. Am schönsten werden die Spatzen, wenn man mit dem einen Löffel Teig aus der Masse aufnimmt und ihn mit dem zweiten Löffel vom Stiel her auf den Teller abstreift, so dass ein möglichst rundes Spätzle entsteht. Alles übrige wie im obigen Rezept.

Rindfleischsalat

Für 4 Personen benötigen Sie
600 bis 800 g gekochtes Rindfleisch, zum Beispiel Rinderbrust oder Tafelspitz,
1 große Zwiebel,
je 1 rote, gelbe und grüne Paprikaschote,
1 EL Schnittlauchröllchen,
etwas Blattsalat zum Garnieren.
Für die Salatsauce benötigen Sie
1 Knoblauchzehe,
2 EL Rotweinessig,
2 EL Speiseöl,
1 Schuss Weißwein,
1 gehäufter TL mittelscharfer Senf,
1 Prise Zucker,
Salz, fein gemahlenen schwarzen Pfeffer.

Wenn man größere Mengen Brühe kocht, fällt immer auch Suppenfleisch an, für das dieser Salat eine passende Verwendung ist. Gleiches gilt für Reste von gekochtem Siedfleisch oder Tafelspitz. Selbstverständlich kann man auch andersherum vorgehen, das Fleisch eigens für diesen Salat kochen und die anfallende Brühe anderweitig verwenden.

Zubereitung: Das Rindfleisch zunächst in ½ cm dicke Scheiben schneiden, davon 1 cm breite Streifen und davon möglichst gleichmäßige Rauten schneiden. ☛ Die Zwiebel vierteln und in feine Scheiben schneiden, die Paprika halbieren, entkernen und in Rauten von etwa 1 cm Kantenlänge schneiden. Fleisch, Zwiebel und Paprika in eine Salatschüssel geben und gut vermengen. ☛ Für die Salatsauce die Knoblauchzehe schälen und grob in Stifte schneiden. Zusammen mit knapp 1 TL Salz mit der breiten Seite eines Messers zu einer Paste verreiben. ☛ Das Öl in einer Pfanne erwärmen, den Knoblauch kurz dünsten, bis er duftet, dann mit dem Weißwein ablöschen. Essig und Senf zugeben, das Dressing glattrühren und einmal kurz aufkochen. Von der Herdplatte nehmen und mit Salz,

Pfeffer und Zucker kräftig abschmecken. ☛ Etwas abkühlen lassen, dann das Öl mit einem Schneebesen einrühren und die noch warme Sauce gleichmäßig über den Salat gießen. Einmal unterheben und mindestens 30 Minuten durchziehen lassen. ☛ 4 Teller mit einigen Blättern Salat auslegen, den Rindfleischsalat darauf anrichten und mit den Schnittlauchröllchen bestreuen.

Salatsträusschen

Die verwendeten Zutaten werden rechts im Einleitungstext aufgezählt und erläutert.

Wer sagt denn, dass Salat immer nur auf einem Teller liegend serviert werden muss. Beim Sträußchen von frühlingsfrischen Salaten – als Vorspeise oder als Salatbeilage in einem Menü für mehrere Personen – isst auch das Auge mit. Die Salate sollten möglichst vielfältig sein, so, wie sie bei guten Gemüsehändlern ab dem Frühling als Misch- oder Zupfsalat zu kaufen sind. Es eignen sich Kopf-, Eichblatt- und Friséesalat, Lollo rosso und Chicorée; vom Friséesalat und Chicorée wegen ihres Gehalts an Bitterstoffen nicht zu viel nehmen. Ein paar Blätter Rucola kommen auch hinzu, und wer mag, zupft im Garten einige Blätter jungen Löwenzahn. Besonders schön wird der Strauß, wenn Sie pro Portion 2 Kapuzinerkresse- und 1 Ringelblumenblüte zur Hand haben. Außerdem werden eine Salatgurke und ein paar Zahnstocher gebraucht.

Zubereitung: Große Salatblätter entlang der Mittelrippe halbieren, kleinere sowie die Rucola- und Löwenzahnblätter ganz lassen. Die Salatgurke der Länge nach in dünne Streifen schneiden, am besten auf dem Gemüsehobel oder mit der möglichst dünn eingestellten Brotmaschine. Pro Portion Salat benötigen Sie einen solchen Gurkenstreifen. ☛ Sie formen das Salatsträußchen wie einen Blumenstrauß, nehmen also das Gebinde in die eine Hand und geben mit der anderen Hand ringsherum Blatt um Blatt hinzu. Die größeren Blätter kommen nach innen, die kleineren nach außen, die Sorten sollten möglichst bunt gemischt und auch die Blüten sollten hübsch verteilt sein. ☛ Zum Schluss wickeln Sie den Gurkenstreifen fest um das untere Drittel des Sträußchens und stecken ihn mit einem Zahnstocher fest. Dabei aber nicht durch die Mitte des Streifens stecken, weil dort die Kerne sitzen und der Zahnstocher keinen Halt findet. ☛ Damit das Bukett auf dem Teller stehen kann, legen Sie es nun vorsichtig auf ein Schneidbrett und schneiden es am unteren Ende der Gurkenscheibe quer ab. Auf einen geeigneten Teller stellen und Salatsauce (Seite 184) darüberträufeln.

Kalbskopfroulade

Früher hat man von geschlachteten Nutztieren alles verwertet, was verwertbar war, denn tierisches Eiweiß und Fett war kostbar. Dinge wie Kalbskopf oder Ochsenmaulsalat waren eine willkommene Ergänzung des Speiseplans – heute sind sie Geschmackssache. Beides besteht aus Muskelfleisch von den Backen und dem Gaumen sowie Bindegewebe aus dem Kopfbereich, der so genannten Maske, die über dem Schädelknochen liegt. Um es weich und genießbar zu machen, muss es sehr lange gekocht werden. Während Ochsenmaulsalat bereits gekocht und sauer angemacht häufig offen oder in Dosen angeboten wird, müssen Sie die Zutaten für die Kalbskopfroulade beim Metzger vorbestellen. Unser Rezept verbindet die rustikale Resteverwertung früherer Zeiten mit dem feinen Geschmack einer Kalbszunge, der ungewöhnlichen Textur der Roulade und dem Aroma einer Vinaigrette.

Für 4 Personen benötigen Sie
1 kg Kalbskopfmaske
1 Kalbszunge,
1 mittelgroße Zwiebel,
2 mittelgroße Karotten,
1 Stange Lauch,
¼ Knollensellerie,
250 ml Weißwein,
Saft von ½ Zitrone,
2 Lorbeerblätter,
2 Gewürznelken,
1 TL Pfefferkörner,
1 TL Wacholderbeeren,
Salz, weißen Pfeffer,
Salatdressing, Kartoffeldressing oder Remoulade (Seiten 184 bis 186).

Zubereitung: Die Kalbskopfmaske muss zunächst einige Stunden lang kalt gewässert werden. Dann zusammen mit der Zunge in einen genügend großen Topf geben und mit Wasser bedecken. ☛ Die Zwiebel halbieren, jede Hälfte mit 1 Lorbeerblatt und 1 Nelke spicken und zusammen mit etwas Salz, dem Wein und dem Zitronensaft in den Topf geben. ☛ Zum Kochen bringen und bei aufgelegtem Deckel etwa 2 Stunden lang sanft köcheln lassen. Nach 90 Minuten die gewaschenen und grob geschnittenen Gemüse und die restlichen Gewürze zugeben. ☛ Die Zunge hat eine etwas längere Garzeit als die Maske und wird nach dem Garen gehäutet (abgezogen). Dann die Kalbskopfmaske auf der Arbeitsfläche ausbreiten und die Zunge darin einwickeln. ☛ Die Roulade in eine geeignete Kastenform geben, mit einem Holzbrettchen bedecken, mit einem geeigneten Gegenstand beschweren und im Kühlschrank kalt stellen. Auf diese Weise wird die Roulade in Form gepresst, und das Bindegewebe erstarrt. ☛ Einige Stunden kühlen, dann in sehr feine (wie Carpaccio) oder feine Scheiben schneiden. Auf vorgewärmten Tellern serviert wird die Roulade geschmeidig in der Konsistenz und entwickelt ihr volles Fleischaroma. ☛ Mit grobem Salz und Pfeffer würzen und mit klassischem Salatdressing oder Kartoffeldressing beträufeln; auch Remoulade passt gut zur Kalbskopfroulade.

TELLERSÜLZE

Für 10 Portionen Sülze benötigen Sie
2 Schweinefüße
500 g Kalbsfuß zerkleinert,
1 kg Ohren und Schwänze vom Schwein,
1 kg Schweinehals,
1 kg Schweinenuss aus der Keule,
1 große Zwiebel,
1 mittelgoße Karotte,
½ Stange Lauch,
¼ Sellerieknolle,
1 Knoblauchzehe,
6 Blatt weiße Gelatine,
500 ml Weißwein,
250 ml Essig,
1 Stängel Liebstöckel,
2 Lorbeerblätter,
1 EL weiße Pfefferkörner,
1 EL Senfkörner,
5 Pimentkörner,
5 Wacholderbeeren,
4 Gewürznelken,
weißen Pfeffer, Salz.
Für die Garnitur
5 mittelgroße Gewürzgurken,
3 hartgekochte Eier,
2 Tomaten,
1 kleine Zwiebel,
5 Stängel Petersilie.

Sülzen sind typische Sommerspeisen und werden kühl serviert. Je nach Gusto kann man eine Tellersülze mit einem frischen Gartensalat, einer Scheibe Bauernbrot oder bei größerem Appetit mit goldbraunen Röstkartoffeln servieren. In diesem Rezept wird die Sülze auf klassische Art durch Auskochen gelatinehaltiger Stücke vom Schwein hergestellt. Damit sie mit Sicherheit genügend Festigkeit bekommt, wird dennoch mit einigen Blättern Gelatine nachgeholfen.

Weil der Sülzenansatz unseres Rezepts zweimal erkalten muss, bis die Tellersülze fertig ist, sollte man sie mindestens einen Tag im Voraus zubereiten. Wie bei manchen anderen Rezepten dieses Buchs würde eine Menge für vier Personen den Aufwand nicht lohnen. Deshalb ist die Menge auf 10 Portionen bemessen. Am schönsten sieht es aus, wenn man die Sülze direkt in jenem Teller zubereitet, in dem sie später serviert wird. Nun hat vielleicht nicht jedermann 10 Suppenteller übrig, um sie mit Sülze zu füllen. Eine passable Alternative ist in diesem Fall Einweggeschirr aus Kunststoff, das im Kühlschrank zudem etwas platzsparender unterzubringen ist.

ZUBEREITUNG: Die Zwiebel halbieren und jede Hälfte mit 1 Lorbeerblatt und 2 Gewürznelken spicken. Karotte, Lauch und Sellerie grob zerkleinern, die Knoblauchzehe schälen und andrücken. ☛ Kalbs- und Schweinefußstücke, Schweinsohren und -schwänze unter fließendem Wasser abwaschen und in 2,5 bis 3 l kaltem, leicht gesalzenem Wasser aufsetzen und zum Kochen bringen. Dann die Hitze reduzieren, bis der Topfinhalt nur noch köchelt. Aufsteigenden Schaum während des Kochvorgangs immer wieder abschöpfen und den Sud 2 Stunden sanft köcheln lassen. ☛ Dann die beiden Fleischstücke zugeben und den Topfinhalt eine weitere Stunde köcheln lassen, bis das Fleisch gar ist. 30 Minuten nach Zugabe der Fleischstücke die Suppengemüse, die gespickte Zwiebel und die Gewürze zugeben. Für die letzten 10 Minuten auch den Stängel Liebstöckel mitköcheln. ☛ Das Fleisch ist gar, wenn es sich beim Stich mit einer Fleischgabel durchgehend weich anfühlt. Dann herausnehmen, auf eine Platte legen und mit einem feuchten Tuch bedeckt auskühlen lassen. ☛ Die Brühe durch ein feines Sieb in einen Topf oder eine Schüssel abseihen und erkalten lassen. Am besten geht dies über Nacht im Kühlschrank oder Keller, damit man am nächsten Tag das erstarrte Fett bequem von oben entfernen kann. Das Fleisch währenddessen in Frischhaltefolie gepackt im Kühlschrank aufbewahren. Sollten in der Brühe noch Trübstoffe verblieben sein, setzen diese sich beim Erkalten am Boden ab. ☛ Zum Fertigstellen der Sülzen gut zwei Liter der leicht gelierten Brühe von oben in einen Topf abschöpfen, den Bodensatz nicht verwenden. Wenn Sie Suppenteller für die Sülze verwenden, diese nun im Kühlschrank erkalten lassen. Einweggefäße können im Gefrierfach

vorgekühlt werden. ☛ Die Gelatine etwa 10 Minuten in etwas kaltem Wasser einweichen, währenddessen die Brühe zusammen mit dem Essig und dem Weißwein erhitzen. Mit Salz kräftig abschmecken: Die Sülze wird kalt serviert, was ihr Aroma etwas reduziert, daher sollte sie würzig sein. ☛ Die gut ausgedrückte Gelatine in der noch heißen, aber keinesfalls mehr kochenden – sonst verliert die Gelatine ihre Bindekraft – Brühe auflösen. ☛ Die beiden Fleischstücke in 10 je gleich dicke Scheiben schneiden, die Gewürzgurken längs diagonal halbieren und zur Basis hin fächerförmig einschneiden. Die Tomaten in 10, die Eier in etwa 30 Scheiben schneiden, die kleine Zwiebel schälen und 10 feine Ringe abschneiden, von der Petersilie 10 feine Büschel abzupfen. ☛ Die 10 Gefäße für die Sülze bereitstellen. In jedes zunächst eine Schicht Brühe einfüllen und fest werden lassen. Darauf je eine Scheibe Nuss und Hals sowie zur Garnitur je einen Gurkenfächer, eine Scheibe Tomate, 3 Scheiben Ei, einen Zwiebelring und ein Petersilienbüschel dekorativ verteilen. ☛ Nun mit Brühe auffüllen, dass der Tellerinhalt komplett bedeckt ist und dabei darauf achten, dass sich keine Lufteinschlüsse bilden. Zum Gelieren in den Kühlschrank stellen und zum Servieren mit grob gemahlenem weißem Pfeffer bestreuen.

Spargelsalat

Spargel gehört zu den feinsten Genüssen des späten Frühjahrs. Traditionell ist in der heimischen Küche nur der weiße Spargel zu Hause; erst in den letzten Jahren hat man auch den grünen Spargel und seine unkomplizierte Verarbeitung schätzen gelernt. Der Spargelsalat eignet sich als Vorspeise vor hellem Fleisch oder Fisch oder als kleine feine Mahlzeit. Etwas für Experimentierfreudige ist die Zubereitung mit Erdbeeren, die etwa zur selben Zeit Saison haben wie Spargel und die in dieser Kombination süß-saure Qualitäten zeigen.

Gebratener Spargelsalat

Zubereitung: Die Schalotten fein würfeln. Den weißen Spargel schälen und das holzige Ende entfernen, vom grünen Spargel nur die unteren Enden entfernen. Die Spargelstangen mit diagonalen Schnitten in etwa 5 cm lange Stücke schneiden. ☛ Währenddessen in einem Topf etwa 2 l Wasser zum Kochen bringen, leicht salzen und zuckern und etwas Zitronensaft zugeben, damit der weiße Spargel seine Farbe behält. Die weißen Spargelstücke 6 Minuten lang blanchieren, die grünen Stücke 3 Minuten lang. Dann die Spargel in eiskaltem Wasser abschrecken und gut abtropfen lassen. ☛ In einer Pfanne 1 EL Butter aufschäumen lassen, die Spargelstücke darin anschwitzen, dann mit der Hälfte des Fonds/der Brühe sowie dem Weißwein ablöschen und in der Flüssigkeit bissfest garen. ☛ Währenddessen in einer kleinen Pfanne oder Sauteuse 1 EL Butter erhitzen, die Schalotten darin glasig dünsten. Mit dem restlichen Fond/der restlichen Brühe und dem Portwein ablöschen und 2 Minuten einreduzieren. Dann vom Feuer nehmen und die eiskalten Butterstücke zur Bindung unterziehen. ☛ Den Spargel zugeben und vorsichtig vermischen, eventuell noch etwas von der Garflüssigkeit des Spargels angießen. Mit Salz, Pfeffer, Zitronensaft und einer Prise Zucker abschmecken, auf Teller portionieren und mit Kresse oder Kerbel garnieren.

Für 4 Personen benötigen Sie
8 Stangen weißen Spargel,
8 Stangen grünen Spargel,
2 Schalotten,
2 EL Butter,
2 EL eiskalte Butter in kleinen Stücken,
250 ml hellen Kalbsfond oder kräftige Geflügelbrühe (siehe Seiten 174/176),
125 ml nicht zu trockenen Riesling oder Kerner,
20 ml weißen Portwein oder anderen hellen Dessertwein,
Zitronensaft,
Zucker,
Salz, weißen Pfeffer,
einige Kresse- oder Kerbelblättchen zur Garnitur.

Spargelsalat mit Erdbeeren

Die Kombination von Erdbeeren mit Spargel als Salat ist noch nicht klassisch, aber einen Versuch wert.

Für 4 Personen benötigen Sie
8 Stangen weißen Spargel,
8 Stangen grünen Spargel,
50 g Erdbeeren,
1 EL Zucker,
3 EL Himbeeressig oder weißen Balsamicoessig,
2 EL hochwertiges Salatöl,
Zitronensaft,
Salz, weißen Pfeffer,
etwas jungen Rucola zur Garnitur.

Zubereitung: Die Spargel vorbereiten und zuschneiden wie oben beschrieben. ☛ Wasser in einem Topf zum Kochen bringen, leicht salzen und zuckern und etwas Zitronensaft zugeben. Den weißen Spargel etwa 15 Minuten lang leicht bissfest garen, den grünen Spargel 5 Minuten später zugeben und 10 Minuten mitgaren. Spargelstücke in einem Sieb abtropfen lassen. ☛ Die Erdbeeren waschen und je nach Größe halbieren oder vierteln. ☛ Für die Vinaigrette den Zucker in einem Topf karamellisieren und, sobald er komplett geschmolzen ist, mit dem Essig und 2 bis 3 EL des Spargelsuds ablöschen. Den Karamell in der Flüssigkeit lösen und einmal aufkochen. Abkühlen lassen und im Topf mit Salz, Pfeffer, Zitronensaft und Zucker abschmecken. Mit einem Schneebesen das Öl unterschlagen. ☛ Den Spargel noch lauwarm in die Vinaigrette geben, die Erdbeeren dazugeben und etwa 30 Minuten durchziehen lassen. ☛ Zum Servieren Erdbeeren und Spargel auf Tellern dekorativ anrichten, Salatsauce darüberträufeln und mit einigen Blättern Rucola garnieren.

Ziegenfrischkäse mit Kräutern

Für 4 Portionen benötigen Sie
4 Rollen Ziegenfrischkäse á 120 g, am besten direkt vom Erzeuger,
3 Knoblauchzehen,
je 3 Zweige Thymian und Rosmarin,
2 EL glatte Petersilie,
2 EL Schnittlauchröllchen,
400 ml natives Olivenöl,
4 EL weißen Balsamico,
Salz, weißen Pfeffer,
ein genügend großes Glas mit Schraubdeckel oder ein Einmachglas.

Ziegen wurden auf dem Land oftmals dort gehalten, wo sich die Menschen keine Kuh leisten konnten oder eine Kuh nicht genug Futter gefunden hätte. Auch Eisenbahner, die als Strecken- und Schrankenwärter mit ihren Familien in kleinen Häuschen am Bahndamm wohnten, hielten sich gerne eine Ziege, die man scherzhaft »Bahnwärterskuh« nannte. Viel Käse wird man damals aber nicht gemacht haben, denn man brauchte die Milch meist direkt zum Trinken. Schafs- und Ziegenkäse in größeren Mengen ist erst mit Zuwanderern aus Südeuropa in unsere Lebensmittelläden gekommen, und so will unser Rezept für Ziegenfrischkäse mit Kräutern seine mediterrane Herkunft gar nicht verbergen. Den Käse dazu gibt es mittlerweile aber aus heimischer Herstellung – weil die Zahl der Kuhmilchallergiker in der Bevölkerung steigt, verdienen viele Bauernhöfe ihr Geld mit Ziegenmilch und stellen auch Ziegenkäse her.

Zubereitung: Den Ziegenkäse in etwa 3 cm dicke Scheiben schneiden, die Knoblauchzehen schälen und leicht andrücken. Den Knoblauch in das Glas geben und die Käsescheiben so darüberschichten, dass jede Scheibe später möglichst viel Kontakt mit der Marinade hat. Die Thymian- und Rosmarinzweige in der Hand leicht zerreiben, damit die ätherischen Öle frei werden, und an passender Stelle ins Glas geben. ☛ Essig und Öl in einer Schüssel gründlich verrühren und mit Salz und Pfeffer abschmecken. Die Marinade über den Käse gießen, der komplett von Flüssigkeit bedeckt sein muss. Das Glas verschließen und den Inhalt 3 bis 4 Tage durchziehen lassen. ☛ Zum Anrichten den Käse aus der Marinade nehmen, etwas abtropfen lassen und auf 4 Teller verteilen. Die Marinade durch ein Sieb gießen. Petersilie und Schnittlauch über den Käse streuen und mit Marinade beträufeln. Mit Bauernbrot oder Baguette und einem Glas Rotwein ist der marinierte Käse ein sommerliches Vesper.

Zwiebelkuchen

Dass der schwäbische Zwiebelkuchen gerne mit neuem Wein gereicht wird, hat nur am Rande damit zu tun, dass die beiden geschmacklich zusammengehören. Sie harmonieren in erster Linie zeitlich. Zur Zeit der Weinlese werden auf den Äckern nämlich auch die Zwiebeln reif, deren einheimische Sorten ab etwa Ende August und bis in den Oktober geerntet werden. Solch erntefrische Zwiebeln sind viel leichter verdaulich als Lagerzwiebeln, weshalb man sie in größeren Mengen verzehren kann. Menschen, die Kümmel mögen, haben mit der Verdaulichkeit der Zwiebeln ohnehin weniger Probleme. Der Kümmel, eines der ältesten Gewürze der Menschheit, hilft bei der Verdauung fetter und blähender Speisen, Kümmelfrüchte gelten in der Naturheilkunde zudem als schmerzlindernd. Vor allem, wenn Sie die Zwiebeln, wie es original schwäbisch ist, in Schweineschmalz dünsten, dürfen Sie gerne ein paar Kümmelsamen mehr dazugeben.

Für ein rundes Standard-Kuchenblech von 26 cm Durchmesser benötigen Sie für den Teig
300 g Mehl,
160 ml lauwarme Milch,
30 g Hefe,
gut 2 EL Butter,
1 TL Salz,
1 TL Zucker.

Für den Belag
8 bis 10 mittelgroße Zwiebeln,
200 ml Crème fraîche,
2 Eier,
30 g gerauchten Bauchspeck,
2 EL Schweineschmalz oder Butterschmalz,
1 EL Mehl,
Kümmel,
Salz, weißen Pfeffer.

Zubereitung: Die Zwiebeln schälen, längs halbieren und entweder in feine Scheiben schneiden oder mittelfein würfeln. In einem Topf das Schmalz auf mittlerer Hitze erhitzen und die Zwiebeln bei aufgelegtem Deckel weich dämpfen, ohne dass sie Farbe nehmen. Wer Kümmel mag, dünstet ½ TL davon mit den Zwiebeln. ☛ Etwas abkühlen lassen und währenddessen den Teig zubereiten: Das Mehl in eine Schüssel sieben, eine Kuhle hineindrücken, die Hefe in der lauwarmen Milch auflösen und zusammen mit dem Salz und dem Zucker in die Kuhle geben. Die Zutaten zu einem glatten, geschmeidigen Hefeteig kneten und zugedeckt an einem warmen Ort 30 Minuten gehen lassen. ☛ Den gegangenen Teig gründlich durchkneten, nochmals kurz aufgehen lassen und auf die Größe des Kuchenblechs auswellen. Den gerauchten Bauchspeck in Würfel oder 0,5 cm breite Scheibchen schneiden, dabei Knorpel und Schwarten entfernen. Den Backofen auf 200 Grad vorheizen. ☛ Die Eier trennen und das Eigelb mit Crème fraîche, dem Mehl und einer Prise Salz glattrühren. Das Eiweiß zu steifem Schnee schlagen und vorsichtig unter die Masse heben, dann die gedünsteten Zwiebeln unterrühren. Ggf. nochmals mit Salz und Pfeffer abschmecken und gleichmäßig auf dem Kuchenboden verstreichen. ☛ Mit Speck und – je nach Gusto mehr oder weniger – Kümmel bestreut 35 bis 40 Minuten auf der mittleren Schiene backen, bis der Belag oben leicht goldbraun zu werden beginnt. Eventuell in den letzten 10 Minuten nur noch bei Unterhitze backen, damit der Boden in jedem Fall fest und knusprig wird. ☛ Statt neuem Wein passt auch ein Bier sehr gut zum Zwiebelkuchen.

Ochsenschwanzsülze

Für eine Terrinenform von etwa 1 l Inhalt benötigen Sie
2 kg Ochsenschwanz in Stücken,
2 mittelgroße Zwiebeln,
4 mittelgroße Karotten,
2 mittelgroße Kartoffeln,
¼ Sellerieknolle,
2 Knoblauchzehen,
800 ml dunklen Kalbs- oder Rinderfond (siehe Seite 177),
250 ml Lemberger,
1 EL Tomatenmark,
3 Zweige Thymian,
10 Wacholderbeeren,
1 EL schwarze Pfefferkörner,
1 Lorbeerblatt,
Salz, weißen Pfeffer,
Butterschmalz.

Früher wurde das Fleisch dieser Körperregion als eines der schmackhaftesten des ganzen Rindes betrachtet, und in keinem großen Menü durfte eine Zubereitung vom »Ochsenschweif« fehlen. Dass der Ochsenschwanz aus der Mode gekommen ist, liegt in erster Linie daran, dass das Garen und Auslösen des Fleischs viel Zeit und viel Handarbeit braucht, in Arbeitszeit umgerechnet also teuer ist. Das Rohmaterial selbst ist heute relativ preisgünstig. Die hier vorgestellte Sülze bekommt ihre Festigkeit alleine aus den Knochen und Knorpeln des verwendeten Ochsenschwanzes, muss also gekühlt serviert werden, da sie sich bei Zimmertemperatur verflüssigt. Wer auf der sicheren Seite sein will, löst einige Blätter Gelatine in etwas kaltem Wasser und gibt sie in den warmen Fond, bevor dieser mit der Einlage vermengt und in die Terrine/die Tassen abgefüllt wird.

Die Herstellung ist aufwändig, lohnt sich nur für eine größere Runde. Deshalb macht die hier angegebene Menge zusammen mit Röstkartoffeln und einem Blattsalat als Hauptgericht 6 bis 8 Personen satt. Bei halbierter Zutatenmenge ist die Sülze, die man in diesem Fall in gefettete Mokka- oder zum Stürzen geeignete Dessertschalen füllt und gestürzt serviert, zusammen mit einem Blattsalat ein kleiner, sommerlicher Imbiss für 6 bis 8 Personen. Weil der Fond für die Sülze entfettet werden muss, empfiehlt es sich, ihn am Vortag zuzubereiten, über Nacht auskühlen zu lassen und das fest gewordene Fett am nächsten Tag von oben abzunehmen. Alternativ dazu kann man in einer Fettkanne das Fett vom warmen Fond trennen und die Sülze in einem Arbeitsgang fertig stellen. Zum Erstarren braucht sie ebenfalls einige Stunden Zeit, am besten stellt man sie über Nacht kalt.

Zubereitung: Die geschälten Zwiebeln, 3 der Karotten und die Sellerieknolle mittelfein würfeln, die Knoblauchzehen schälen und in Scheiben schneiden. Den Backofen auf 160 Grad vorheizen. ☛ In einem Bräter oder großen Topf 2 EL Butterschmalz erhitzen und die Ochsenschwanzstücke in 2 Portionen von allen Seiten etwa 2 Minuten kräftig anbraten, salzen und pfeffern. Herausnehmen und beiseite stellen, 1 EL Butterschmalz in den Bräter geben und die Gemüsewürfel und den Knoblauch bei mittlerer Hitze 10 Minuten andünsten. ☛ Tomatenmark zugeben und mitrösten, bis es sich ins Bräunliche verfärbt, dann das Gemüse mit der Hälfte des Rotweins ablöschen. Stark einreduzieren lassen und mit dem Rest des Weins ablöschen. Erneut stark einkochen, dann mit dem Fond und 500 ml kaltem Wasser auffüllen. ☛ Die Ochsenschwanzstücke zugeben, so dass sie ganz von Flüssigkeit bedeckt sind. Deckel auflegen, den Bräter auf die mittlere Einschubleiste des Ofens stellen und 2 Stunden schmoren. Deckel abnehmen und 1 Stunde weitergaren, dabei die

Ochsenschwanzstücke mehrmals wenden. ☛ 30 Minuten vor Ende der Garzeit Pfefferkörner und Wacholderbeeren andrücken und zusammen mit Lorbeerblatt und Thymianzweigen in den Topf geben. ☛ Am Ende der Garzeit die Fleischstücke aus dem Topf nehmen, abkühlen lassen und auslösen. Dabei Fett und Knorpel entfernen und das Fleisch würfeln. Den Fond durch ein Sieb oder besser noch durch ein Tuch passieren, abkühlen lassen und entfetten. ☛ Zum Fertigstellen der Sülze die übrige Karotte und die Kartoffeln waschen, schälen und in etwa ½ cm große Würfel schneiden. Karotten- und Kartoffelwürfel in reichlich kochendem Salzwasser 2 Minuten lang blanchieren, herausnehmen, mit kaltem Wasser abschrecken und bereitstellen. ☛ Den Fond bei mittlerer Hitze auf etwa 300 ml Flüssigkeit einreduzieren, wenn nötig, noch mit Salz und Pfeffer abschmecken und ggf. die gelöste Gelatine verrühren. ☛ In einer Schüssel Fleischwürfel, Gemüse und Fond gut vermengen, die Terrinenform mit Frischhaltefolie auslegen, die Masse randvoll in die Form geben, dabei darauf achten, dass sich keine Lufteinschlüsse bilden. Auch die Oberseite der Terrine mit Frischhhaltefolie bedecken, die Sülze abkühlen und anschließend mehrere Stunden im Kühlschrank erstarren lassen. ☛ Soll die Sülze in Mokka- oder Dessertschalen gefüllt werden, streicht man deren Innenwände lückenlos mit Öl ein, gießt die Sülze hinein und stürzt sie nach dem Erkalten zum Servieren auf einen Teller.

Kalbsbries mit Remoulade

Für 4 Personen benötigen Sie
600 bis 800 g Kalbsbries,
½ mittelgroße Zwiebel,
1 kleine Karotte,
1 kleine Stange Lauch,
⅛ Knollensellerie,
1 Gewürznelke,
Salz.

Für die Panade
100 g Mehl,
1 Ei,
100 g Paniermehl,
etwa 4 EL Butter,
Salz, gemahlenen schwarzen Pfeffer.

Das Bries ist ein Organ, das bei Jungtieren dem Aufbau des Immunsystems dient und das alle Säugetiere besitzen. Bei ausgewachsenen Tieren bildet es sich zurück, weshalb es diese Delikatesse im vorliegenden Fall nur vom Kalb, aber nicht vom Rind gibt. Das Organ sitzt im vorderen Brustbereich, ist etwa 250 bis 300 Gramm schwer, ähnelt in Struktur und Geschmack Hirn, ist aber fester und feiner. Wenn Sie ein Kalbsbries zubereiten wollen, müssen Sie es in der Regel beim Metzger vorbestellen. Kalbsbries mit Sauce Remoulade und grünem Salat ist eine delikate kleine Mahlzeit. Mit einer Salatplatte inklusive Kartoffelsalat wird es zu einem Hauptgericht. In diesem Fall sollten Sie pro Person 200 g Kalbsbries kalkulieren, für eine kleine Mahlzeit 150 g. Die Remoulade zum Bries sollten Sie frisch machen; es lohnt sich. Das Rezept finden Sie auf Seite 186.

Zubereitung: Das Bries muss zunächst 2 Stunden lang gewässert werden, dabei das Wasser einmal wechseln. Anschließend dunkle Stellen wegschneiden und die äußere Haut entfernen. Weil sich beim anschließenden

Blanchieren ein Teil des Bindegewebes auflöst, darauf achten, nicht zu viel von der Haut wegzuschneiden, sonst besteht die Gefahr, dass das Bries auseinanderfällt. ☛ Zum Blanchieren die Gemüse grob würfeln und zusammen mit der Gewürznelke in 2 l Salzwasser aufkochen. Das Bries zugeben und die Temperatur so reduzieren, dass der Topfinhalt 10 Minuten leise köchelt. Das Bries herausnehmen, kalt abschrecken und abschließend von noch vorhandenen Sehnen und Häuten befreien. ☛ Das Kalbsbries in Scheiben von etwa ½ cm Dicke schneiden oder seine Segmente aus dem Bindegewebe lösen. Salzen und pfeffern, mit Mehl, Ei und Paniermehl panieren und bei mittlerer Hitze in schäumender Butter ausbacken. Da das Bries bereits gar ist, ist es servierbereit, sobald die Panade rundum goldbraun ist. Mit Remoulade und Salat servieren.

Kalbsbriesragout

Helle Ragouts aus gekochtem Fleisch gehören zu den elegantesten Vorspeisen und Zwischengerichten der klassischen Küche, sind aber ein wenig aus der Mode gekommen. Umso mehr lohnt es sich, dem Kalbsbries, das im vorigen Rezept auch in panierter Form vorgestellt wurde, einmal in gekochter Form eine Chance zu geben: als Ragout in einer Sauce aus Brühe und Sahne. Auf diese Weise zubereitet, wird es in der Gastronomie kaum mehr angeboten. Serviert wird es in kleinen Soufléformen mit Baguette oder Toast oder aber in den herrlich altmodischen Blätterteigpasteten, die vor dem Füllen kurz im Backofen erwärmt werden.

Für 4 Portionen Kalbsbriesragout benötigen Sie 300 bis 400 g Kalbsbries, 16 kleine weiße Champignons, 1 Schalotte, 1 kleine Karotte, ⅛ Sellerieknolle, 200 ml hellen Kalbsfond oder Geflügelbrühe (siehe Seiten 174/176), 200 ml Crème double (süße Sahne in Doppelrahmstufe), 1 EL Butter, 100 ml Riesling oder Weißburgunder, etwa 20 ml trockenen Wermut (der Marke Noilly Prat), 1 Gewürznelke, Salz, weißen Pfeffer, Cayennepfeffer, Zitronensaft, 1 TL Speisestärke, einige Kerbelblättchen oder Schnittlauchröllchen.

Zubereitung: Das Bries muss zunächst 2 Stunden lang gewässert werden, dabei das Wasser einmal wechseln. Dunkle Stellen wegschneiden und die äußere Haut entfernen. ☛ Zum Blanchieren die Karotte und den Sellerie grob würfeln und zusammen mit der Gewürznelke in 1 l Salzwasser geben. Aufkochen, das Bries zugeben und die Temperatur so reduzieren, dass der Topfinhalt 10 Minuten leise köchelt. ☛ Das Bries herausnehmen, kalt abschrecken und abschließend von noch vorhandenen Sehnen und Häuten befreien. Das Kalbsbries in seinen Segmenten aus dem Bindegewebe lösen und beiseite stellen. ☛ In der Zeit des Blanchierens die Schalotte fein würfeln und die Pilze putzen, dabei die unteren Stielenden abschneiden. In einer Kasserolle die Butter schmelzen und aufschäumen lassen und die Schalottenwürfel glasig andünsten. ☛ Mit Weißwein und Wermut ablöschen und die Flüssigkeit fast verdampfen lassen. Dann Fond/Brühe und Crème double angießen, den Saucenansatz aufkochen und etwas einreduzieren lassen. Hitze reduzieren und weitere 10 Minuten köcheln lassen. ☛ Anschließend die ganzen Champignons in die köchelnde Sauce geben, die während des Erwärmens etwas an Volumen verlieren. Schön sieht es aus, wenn im fertigen Ragout Pilze und Briesstücke dieselbe Größe haben. Größere Pilze daher ggf. halbieren oder vierteln. Etwa 1 Minute nach den Champignons die Briesstücke in die Sauce geben und für 3 Minuten miterwärmen. ☛ Dann das Ragout mit Salz, Pfeffer, Cayennepfeffer, Zitronensaft und ggf. noch Wermut und Wein abschmecken. Ist das Ragout zu dünnflüssig, die Speisestärke in etwas Wein lösen und die Sauce vorsichtig bis zur gewünschten Konsistenz binden. Mit Kerbelblättchen oder Schnittlauch garniert servieren.

Ofenschlupfer vom Zander

Für 4 Personen benötigen Sie
4 Souffléförmchen oder
4 zylindrische Kaffeebecher,
etwa 250 g möglichst dünn geschnittene Zanderfilets,
200 ml Schlagsahne,
4 Eigelb,
etwa 70 g Butter,
4 dünne Scheiben frische Gurke,
8 sehr dünne Scheiben Toastbrot,
2 EL Semmelbrösel,
je 1 TL gehackte Petersilie, Schnittlauch, Dill, falls möglich Deutschen oder Französischen Estragon,
etwas Dill als Garnitur,
Salz, weißen Pfeffer,
die Weißweinsauce zu Fisch von Seite 180.

Dieser Ofenschlupfer ist eine Reverenz an die bekannte schwäbische Süßspeise. Er ist weniger eine Zwischenmahlzeit als eine sehr feine Vorspeise, die auch in einem mehrgängigen Gourmetmenü eine gute Figur abgibt. Wenn man sich schon die Mühe der Zubereitung macht, dann sollte man dem Ofenschlupfer auch die feine Weißweinsauce zu Fisch von Seite 180 gönnen. Der Zander, auch Hechtbarsch genannt, ist in den letzten Jahren sehr populär geworden, nicht zuletzt, weil er sich wie Forelle und Wels vergleichsweise leicht züchten lässt. Handgeangelte Wildfänge findet man kaum je im Handel.

Zubereitung: Die 4 Kaffeebecher oder Souffléförmchen mit etwa der Hälfte der Butter gut ausbuttern. ☛ Den Fisch in 12 flache, möglichst gleich große Stücke schneiden, deren Länge etwa dem Durchmesser der Förmchen entspricht. Aus den Toastscheiben 8 Kreise ausstechen. Ihr Durchmesser muss etwas kleiner als jener der Förmchen sein, damit sich die Flüssigkeit, die angegossen wird, von oben nach unten verteilt. ☛ Eigelb und Sahne mit Petersilie, Schnittlauch und Dill verrühren, mit Salz und Pfeffer würzen. Den Backofen auf 180 Grad vorheizen und ein Backblech auf die mittlere Schiene schieben, das zwei Finger hoch mit Wasser gefüllt ist. ☛ Auf den Boden jeder Form eine Gurkenscheibe legen, darauf zwei Stücke Zander, die mit einem Stück Brot bedeckt werden. Wieder zwei Stücke Zander auflegen, mit einem Stück Brot bedecken und den restlichen Fisch auflegen. ☛ Alle Förmchen zu gleichen Teilen jeweils bis knapp unter den Tassenrand mit Eigelb-Sahne aufgießen, ein wenig rütteln oder mit einem Zahnstocher nachhelfen, damit sich die Flüssigkeit in den Gefäßen verteilt. ☛ Die Ofenschlupfer mit Semmelbröseln und dem Estragon bestreuen und Butterflöckchen darüber verteilen. Die Formen auf das Backblech stellen und im Ofen 15 Minuten lang garen. ☛ Nach dem Herausnehmen kurz ruhen lassen, mit einer Messerspitze am Rand entlang aus den Formen lösen und auf vorgewärmte Teller stürzen. Mit Fisch-Weißweinsauce umgeben und mit einem Dillzweig garnieren.

Flusskrebspfännchen mit Morcheln

Für 4 Personen benötigen Sie 350 bis 400 g Flusskrebsfleisch, möglichst vom europäischen Edelkrebs,
20 g getrocknete Spitzmorcheln,
2 Schalotten,
2 EL Butter,
2 Eier,
400 ml Hummer- oder Krebsfond,
100 ml Riesling,
300 ml Crème double (süße Sahne in Doppelrahmstufe),
50 ml Schlagsahne,
einige Stängel frischen Kerbel,
Salz, weißen Pfeffer,
nach Belieben Cognac,
4 feuerfeste Souffléformen zum Gratinieren.

Dies ist ein Rezept, das zwar den Rahmen der ländlichen schwäbischen Küche sprengt, doch Vorspeisen wie diese hat man in den bürgerlichen Restaurants des Landes früher gelegentlich angeboten. Inspiriert waren sie von der Haute Cuisine Frankreichs, und gespeist wurden sie aus dem natürlichen Reichtum der Flüsse. Flusskrebse waren noch vor 100 Jahren so häufig, dass jedermann sie sich leisten konnte. Heute ist der heimische Flusskrebs, der so genannte europäische Edelkrebs, vom Aussterben bedroht. Dies aber nicht einmal so sehr wegen der Gewässerbelastung, die sich deutlich verringert hat. Sondern weil sich in Europa seit einigen Jahrzehnten Flusskrebse ausbreiten, die ursprünglich vom amerikanischen Kontinent kommen. Die Zuwanderer verdrängen die einheimischen Krebse und schleppen zudem eine für die Alteingesessenen tödliche Krankheit ein.

Flusskrebse im Ganzen sind bei uns nur selten im Handel, meist wird das Fleisch bereits ausgelöst angeboten. Vieles davon kommt aus Zuchten in Asien; empfehlenswerter sind aber Flusskrebse, die in Europa gezüchtet worden sind. Mit etwas Glück findet man sogar Krebse aus Deutschland. Wir machen uns die Arbeit in diesem Rezept etwas leichter als in der klassischen Küche und verwenden ausgelöstes, gekochtes Krebsfleisch sowie fertigen Hummerfond aus dem Glas. Gleichwohl ist dieses Gericht eine exquisite und anspruchsvolle Vorspeise.

Zubereitung: Die getrockneten Morcheln in 400 ml warmem Wasser mindestens 1 Stunde lang einweichen, dabei immer wieder umrühren, damit Sand, der sich in den Falten der Morcheln angesammelt hat, entfernt wird. Anschließend auf ein Sieb geben und über dem Einweichgefäß gut abtropfen lassen. ☛ Die Pilze dann unter fließendem Wasser nochmals gründlich abwaschen und ausdrücken. 2/3 des Einweichwassers durch einen Kaffeefilter oder ein Teesieb in ein geeignetes Gefäß filtern, den Rest mit dem sandigen Bodensatz wegschütten. ☛ Den Hummer- oder Krebsfond in einem Topf auf die Hälfte einreduzieren, die Schalotten fein würfeln. Die Morcheln längs vierteln, die Butter in einer Kasserolle schmelzen, aufschäumen lassen und die Schalotten glasig dünsten. Die Morcheln zugeben und ebenfalls anschwitzen. Mit dem einreduzierten Fond und dem Riesling aufgießen und den Sud erneut ein wenig einreduzieren. ☛ Die Crème double einrühren und den Topfinhalt weiter einköcheln lassen, bis er eine leicht cremige Konsistenz bekommt. Dann das in mundgerechte Stücke zerteilte Krebsfleisch zugeben, in der Sauce erwärmen, die Sauce mit Salz, Pfeffer und, falls gewünscht, Cognac abschmecken. ☛ In der Zwischenzeit das Einweichwasser der Morcheln in einem kleinen Topf sirupartig einreduzieren lassen und vom Feuer ziehen.

Zum Gratinieren den Backofengrill auf 200 Grad vorheizen, die Eier trennen, das Eiweiß anderweitig verwenden. Die Sahne aufschlagen und das Eigelb unterheben. ☛ Das Krebs-Morchel-Ragout in die Souffléformen verteilen und etwas vom Morchelsud über jede Portion träufeln. Zu gleichen Teilen mit 1 bis 2 EL Sahne-Ei-Mischung bedecken und unter dem Grill leicht überbräunen. Währenddessen die Kerbelblätter hacken. ☛ Die Formen aus dem Ofen nehmen und sie mit gehacktem Kerbel garnieren. Als Vorspeise mit Baguette und einem Gläschen Weißwein servieren.

Saiblingsmousse mit Kapuzinerkresse

Für 4 Personen benötigen Sie
200 g küchenfertige Saiblingsfilets,
100 ml Crème fraîche,
100 ml Schlagsahne,
1 Ei,
4 schöne Blüten ohne Stiel sowie 20 kleine Blätter von der Kapuzinerkresse,
Salz, weißen Pfeffer,
Cayennepfeffer,
trockenen Wermut der Marke Noilly Prat,
Butter,
die Weißweinsauce zu Fisch von Seite 180.

Ähnlich wie Zander-Ofenschlupfer und Flusskrebspfännchen ist auch die Saiblingsmousse weit mehr als eine schlichte Zwischenmahlzeit. Der Saibling gehört zu den Forellenfischen und liebt besonders kaltes, sauberes Wasser. Seine rötliche Fleischfarbe kommt in natürlicher Umgebung davon, dass er kleine Krebstiere frisst.

Zubereitung: Die Saiblingsfilets in grobe Würfel schneiden, auf einem Teller verteilen, mit Klarsichtfolie bedecken und im Gefrierschrank leicht überfrieren lassen. ☛ Crème fraîche, Sahne und Ei in den Küchenmixer geben und kurz durchmixen. Die Fischwürfel zugeben und gut pürieren. Nicht zu lange mixen, damit die Farce nicht gerinnt. Mit Salz, Pfeffer, Cayennepfeffer und einem Schuss Noilly Prat abschmecken und noch einmal kurz, aber gründlich durchmixen. ☛ Die Kresseblättchen wenige Sekunden lang in kochendem Salzwasser blanchieren und in Eiswasser abschrecken. 4 Soufflèförmchen oder kleine Teeschalen ausbuttern, in die Mitte einer jeden eine Kresseblüte mit dem geöffneten Kelch nach unten geben. Den Backofen auf 120 Grad vorheizen, ein Backblech zwei Finger hoch mit Wasser füllen und auf die mittlere Schiene schieben. ☛ Den Rand der Förmchen schuppenartig mit den blanchierten, trocken getupften Blättern auslegen. Die Fischmousse ganz vorsichtig in die Förmchen geben, damit Blüte und Blätter nicht verrutschen. ☛ Die Förmchen auf das Backblech geben und im Ofen 25 Minuten garen. Nach dem Herausnehmen kurz ruhen lassen und vorsichtig auf vorgewärmte Teller stürzen. Hierzu passt die Weißweinsauce zu Fisch.

Fleisch und Fisch

Dass jedermann Fleisch, Geflügel und Fisch auftischen kann, ist historisch betrachtet ein junges Phänomen. Zu Zeiten der höfischen Küche gab es für das gewöhnliche Volk praktisch nie Fleisch, seit der bürgerlichen Emanzipation allenfalls an Sonn- und Feiertagen. Für die Landbevölkerung, speziell auf der kargen Schwäbischen Alb, war Fleisch noch vor wenigen Jahrzehnten eine Rarität. Die vielen heute gebräuchlichen Zubereitungsarten für Fleischgerichte sind daher vor allem in der feudalen Küche entstanden. Saure Kutteln dürften vielleicht das authentischste der folgenden schwäbischen Fleischgerichte sein: Wegen der Sauce, aber auch wegen der Kutteln selbst. Die Rindviehmägen waren immer schon das Fleisch des einfachen Volks. Bei Hof rümpfte man über so etwas die Nase.

In der höfischen Küche wurde auch die hohe Kunst der Saucen geboren, die in der schwäbischen Küche hohen Stellenwert genießen. Dass wir die Sauce bis heute nach französischer Manier schreiben, ist kein Zufall, denn vor allem die Saucen haben den Ruf der französischen Küche, die Europa über Jahrhunderte hinweg die kulinarische Richtung wies, begründet. Paul Bocuse, der wohl bekannteste Koch des 20. Jahrhunderts, listet in seinem Standardkochbuch mehr als 70 Saucen der klassischen französischen Küche auf. Die schwäbische Küche teilt diese Begeisterung auf ihre schlichtere Art. Mit Bratensauce, Rahmsauce und der markanten sauren braunen Sauce sind hierzulande die meisten kulinarischen Wünsche stillbar.

Die Maultasche, mit der dieses Kapitel beginnt, ist eine regionale Eigenleistung und ein kulinarischer Sonderfall, denn sie ist Fleisch, Gemüse und Nudel in einem. Sie ist auch sonst schwer zu fassen, denn von der Vorspeise – als Suppenmaultasche – über eine kleine Mahlzeit oder Zwischenmahlzeit bis zum Hauptgericht kann dieses schwäbische Universalding beinahe alles sein.

Maultaschen

Die Maultasche ist nicht Fisch und nicht Fleisch und doch steht sie hier bei den Hauptgerichten. Weil sie eine Hauptsache der schwäbischen Regionalküche ist. Etwas Vergleichbares kommt in keiner der unmittelbar angrenzenden deutschen Regionalküchen vor, allerdings sind im Alpenraum und südlich der Alpen gefüllte Teigtaschen ebenfalls zu Hause. Von dorther werden sie wohl ihren Weg ins schwäbische Ober- und Unterland gefunden haben. Vielleicht schon mit den Römern und zusammen mit deren einfachen, geschabten Nudeln, aus denen später mutmaßlich die Spätzle wurden. Oder zu Zeiten klösterlicher Gemeinschaften, als die Orden nicht nur Glaubensinhalte und Lebensweisen über ganz Mitteleuropa verbreiteten, sondern auch Küchenwissen und Essgewohnheiten. Eine der Legenden um die Maultaschen behauptet ja, sie seien im Kloster erfunden worden, um das Gebot der Fleischlosigkeit an Fastentagen auszutricksen.

Was in den schwäbischen Maultaschen drin ist, ist heute kein Geheimnis mehr: Spinat, Hackfleisch, Wurstbrät und würzende Zutaten. Aber darüber, wie die Zutaten gewichtet werden und ob auch angebratene Speckwürfel, fein gewürfelte Landjäger oder Würfel von geräuchter Schinkenwurst dazugehören oder nicht, wird oft und lebhaft diskutiert. Letztlich soll sie jeder so machen, wie er sie am liebsten mag. Zum Selbermachen von Maultaschen gehört natürlich ein Nudelteig. Wer eine Nudelmaschine im Schrank hat, sollte auch den Teig selbst machen. Ansonsten kann man ihn kaufen – noch gibt es in der Region genügend Bäckereien und kleine Nudelhersteller, die den Teig auf der Rolle verkaufen.

Neben der klassischen Maultasche haben wir ein Rezept für feine Saiblingsmaultaschen und eines für fleischlose Maultaschen mit herzhafter Käsefüllung aufgeschrieben. Die Menge ist so bemessen, dass bei den klassischen Maultaschen etwa 8 Portionen entstehen, also noch etwas zum Einfrieren übrig bleibt. Die beiden anderen Rezepte sind auf 4 Portionen bemessen, eignen sich aber ebenfalls zum Einfrieren und vorsichtigen Wiedererwärmen in Brühe.

Teig und Füllen der Maultaschen

Schon beim Teig beginnt das weite Feld individueller Rezepturen. Klassisch verwendet man im Nudelteig auf je 100 g Mehl Type 405 ein Ei. Für die 500 g Nudelteig, die unserem klassischen Maultaschenrezept zugrunde liegen, wären das also 5 Eier. Ist der Teig dann noch etwas zu trocken, wird vorsichtig kaltes Wasser dazugegeben. Möchte man aus dem Vollen schöpfen und einen besonders schönen gelben Teig, kann man die Menge an Eiern erhöhen: 500 g Mehl geben zusammen mit 3 ganzen Eiern und 4 Eigelb (das Eiklar würde den Teig zu flüssig machen) einen üppigen Nudelteig. Je nach Rezept und Geschmack wird auch Hartweizengrieß in den Teig gegeben. Der Grieß macht den Nudelteig bissfester. Sie können bis zu 1 Teil Grieß auf 2 Teile Mehl zum Teig geben, also in unserem Rezept 150 g Hartweizengrieß und 350 g Mehl mit den Eiern verkneten. Was auf jeden Fall an den Nudelteig gehört, ist eine Prise Salz.

Die verwendeten Zutaten werden links im Einleitungstext aufgezählt und erläutert.

Zubereitung: Das Mehl in eine Schüssel sieben, ggf. den Grieß darüberstreuen, eine Mulde in den Mehlhaufen drücken und die Eier, Eigelb, eine Prise Salz und je nach Menge der Eier etwas Wasser hineingeben. Daraus durch gründliches Kneten einen glatten Teig herstellen, ihn zu einer Rolle formen und in Klarsichtfolie eingewickelt etwa ½ Stunde ruhen lassen. ☛ Den Teig nochmals durchkneten und in 5 bis 6 gleich große Stücke teilen. Jede Teigportion auf der weitesten Stufe etwa 5-mal durch die Nudelmaschine drehen, dann schrittweise dünner auswellen und schließlich auf Stufe 6 oder 7 zu einer Teigbahn von etwa 1 m Länge und 15 cm Breite ausrollen und diese auf einer bemehlten Arbeitsfläche bereitlegen. ☛ Verwenden Sie Nudelteig von der Rolle, schneiden Sie ihn auf einer bemehlten Arbeitsfläche je nach Breite der Teigrolle längs in 2 oder 3 Bahnen von je etwa 15 cm Breite und 1 m Länge oder quer in schmälere Bahnen von je etwa 15 cm Tiefe. ☛ Die Teigbahnen nun gleichmäßig und etwa fingerdick mit Füllung bestreichen, dabei an den Rändern der Teigbahnen Streifen von etwa 2 cm Breite aussparen und diese mit Eigelb, das mit etwas warmem Wasser verdünnt wurde, bestreichen. ☛ Das vordere Drittel jeder Teigbahn nun über die Mitte der Teigbahn schlagen und das hintere Drittel über das vordere. Die Ränder gut festdrücken. ☛ Dann mit einem Stiel eines Kochlöffels quer zur Teigbahn Kerben eindrücken, die die Maultaschen voneinander trennen. Vorsichtig drücken, damit der Teig nirgends reißt; die Maultaschen sollten etwas länger als breit sein. Die Ränder mit den Fingern nochmals gründlich andrücken und die Maultaschen mit einem Messer oder Teigrad auseinanderschneiden. ☛ Einige Minuten antrocknen lassen und dann in siedender Brühe garen.

Maultaschen klassisch

Bei 500 g Maultaschenteig benötigen Sie für die Füllung
400 g Spinatblätter frisch oder tiefgekühlt,
200 g Rinderhack,
200 g Bratwurstbrät,
2 Zwiebeln,
5 bis 6 Frühlingszwiebeln,
2 Knoblauchzehen,
4 altbackene Tafelbrötchen,
10 Stängel Petersilie,
1 EL Butter,
1 Ei,
Salz, weißen Pfeffer, Muskat,
Semmelbrösel,
ggf. Fleischbrühe zum Garen.

Zubereitung: Den Spinat in Salzwasser kurz blanchieren, gut ausdrücken und grob hacken. Die Brötchen in lauwarmem Wasser gründlich einweichen, Zwiebel und Knoblauch schälen und fein würfeln, Frühlingszwiebeln waschen, putzen und bis knapp ins Grün in feine Ringe schneiden, Petersilie fein hacken. ☛ Die Butter in einem kleinen Topf schmelzen lassen, Zwiebeln und Knoblauch glasig andünsten, das Hackfleisch dazugeben und gründlich vermengen. Schließlich auch Petersilie und Frühlingszwiebelringe zugeben und die Masse kurz anrösten. Vom Herd nehmen und etwas abkühlen lassen. ☛ Die eingeweichten Brötchen gut ausdrücken. Spinat, Brötchen, den abgekühlten Topfinhalt, das Brät und das Ei in eine Rührschüssel geben und von Hand oder mit einem Rührlöffel gründlich miteinander vermengen, bis die Masse glatt und geschmeidig ist. Mit Salz, Pfeffer und Muskat herzhaft abschmecken. Ist die Masse etwas zu flüssig, mit Semmelbröseln binden; ist sie etwas zu trocken, ein weiteres Ei unterrühren. ☛ Die Maultaschen zubereiten wie im Einleitungstext beschrieben und in siedendem Salzwasser gut 10 Minuten ziehen lassen. Sollen die Maultaschen gleich serviert werden, gart man sie in Fleischbrühe.

Saiblingsmaultaschen

Bei 250 g Maultaschenteig benötigen Sie für die Füllung
250 g Saiblingsfilets ohne Gräten,
150 g Crème fraîche,
2 Petersilienwurzeln,
2 Frühlingszwiebeln,
3 EL gehackte Basilikumblätter,
½ EL Butter,
Salz, weißen Pfeffer, Muskat,
2 l Geflügelbrühe oder Salzwasser zum Garen.

Zubereitung: Die Petersilienwurzeln schälen und sehr fein würfeln, die Frühlingszwiebeln waschen, putzen und erst längs, dann quer in feine Streifen schneiden. Die Fischfilets fein hacken. ☛ Die Butter in einem kleinen Topf schmelzen, Petersilienwurzeln und Frühlingszwiebeln darin andünsten, ohne sie Farbe nehmen zu lassen. Vom Feuer nehmen und etwas abkühlen lassen. ☛ In einer Schüssel den Fisch, die gedünsteten Gemüse und die gehackten Basilikumblätter gut vermengen und die Crème fraîche unterziehen. Die Masse mit Salz, Pfeffer und Muskat abschmecken. ☛ Die Maultaschen zubereiten wie im Einleitungstext beschrieben und in siedender Brühe oder siedendem Salzwasser etwa 12 Minuten garziehen lassen. ☛ In Geflügelbrühe gegart und serviert sind die Saiblingsmaultaschen eine feine kleine Mahlzeit oder Vorspeise. In Salzwasser gegart und in der Weißweinsauce zu Fisch von Seite 180, in die kurz vor dem Anrichten einige frische Basilikumblätter mit dem Mixstab püriert werden, und zusammen mit grünem Spargel serviert, sind sie ein Hauptgericht.

Bergkäse-Maultaschen

Bei 250 g Maultaschenteig benötigen Sie für die Füllung
200 g Bergkäse,
50 g Quark,
30 g Steinchampignons,
1 EL frische gehackte Kräuter (z. B. Petersilie, Dill, Kerbel, evtl. ein klein wenig Thymian, Oregano oder Rosmarin),
½ EL Butter,
1 Knoblauchzehe,
Salz, weißen Pfeffer.

Zubereitung: Den Bergkäse würfeln, die Champignons fein würfeln, die Knoblauchzehe fein würfeln und mit etwas Salz zerreiben. ☛ In einem Topf die Butter schmelzen und die Champignonwürfel darin anschwitzen. Den Knoblauch zugeben und kurz mitdünsten. Vom Herd nehmen und kurz abkühlen lassen. Dann mit Käse, Quark und Kräutern gründlich vermengen und mit frisch gemahlenem Pfeffer und ggf. Salz abschmecken. ☛ Die Maultaschen zubereiten wie im Einleitungstext beschrieben und in siedendem Salzwasser etwa 10 Minuten vorsichtig garen. Auf keinen Fall kochen lassen, da die Taschen sonst platzen. ☛ Je nach Gusto zum Anrichten eine Schmelze aus 2 EL Butter, 2 EL Semmelbröseln und 1 EL der Kräutermischung, die Sie auch für die Füllung verwendet haben, zubereiten: ☛ Die Butter in einer Pfanne aufschäumen lassen, die Semmelbrösel darin goldbraun rösten und die Kräuter untermischen. Die Schmälze mit Salz und Pfeffer würzen und über die servierbereiten Maultaschen geben. Dazu passen Kartoffelsalat und etwas Bratensauce oder ein Ackersalat mit dem Kartoffeldressing von Seite 185.

Eingemachtes Kalbfleisch

Gekochtes Fleisch, das in einer hellen Sauce serviert wird, steht oft im Verdacht, freudlose Krankenkost zu sein. Doch Feinschmecker schätzen an Frikassee, Ragout fin oder Königsberger Klopsen das duftige Aroma der mehlgebundenen Sauce und die leichte Säure, mit der sie in der Regel abgeschmeckt werden. Die schwäbische Küche hat für solche Gourmets eine ganz eigene Finesse: eingemachtes Kalbfleisch. Das Fleisch wird in Brühe gekocht, und diese Brühe wird hernach zur Herstellung der Sauce verwendet. Das Adjektiv »eingemacht« rührt wohl daher, dass man dieses Gericht früher vorgekocht und in Einmachgläsern konserviert hat.

Für 4 Personen benötigen Sie zur Herstellung der Brühe 800 g Kalbfleisch von der kleinen Nuss oder aus dem Bug, 1 mittelgroße Zwiebel, 1 mittelgroße Karotte, ½ Stange Lauch, ¼ Sellerieknolle, 5 Stängel Petersilie, 2 Zitronenscheiben, 1 TL weiße Pfefferkörner, 1 Lorbeerblatt, 2 Gewürznelken. Für die Fertigstellung der Sauce 200 ml Sahne, 125 ml Riesling oder Grauen Burgunder, 3 EL Butter, 2 EL Mehl, Zitronensaft, Salz, weißen Pfeffer, Muskat. Nach Belieben 2 Eigelb.

Zubereitung: Die Suppengemüse grob würfeln, die Zwiebel halbieren und die eine Hälfte mit dem Lorbeerblatt und den Gewürznelken spicken. ☛ 1 l Wasser in einem Topf zum Kochen bringen und leicht salzen. Dann die Zitronenscheiben, die Gemüse und die Zwiebel zugeben. Das Fleisch in etwa 3 cm große Würfel schneiden, in die Brühe geben und 30 bis 40 Minuten bei geringer Hitze köcheln, bis das Fleisch weich ist. Fleischwürfel herausfischen und die Brühe durch ein feines Sieb in ein geeignetes Gefäß abgießen. ☛ In einem anderen Topf die Butter schmelzen lassen und mit dem Mehl verrühren. (Siehe Mehlschwitze Seite 181). Sobald das Mehl beginnt, Farbe zu nehmen, 500 ml der noch warmen

Brühe, den Wein und die Sahne angießen und mit dem Schneebesen gründlich glattrühren. ☛ Aufkochen lassen und etwa 15 Minuten unter häufigem Rühren, damit kein Mehl sich an den Topfboden anlegt, sanft köcheln lassen. Dann mit Salz, Pfeffer, Muskat und Zitronensaft abschmecken, das Fleisch zugeben und etwa 5 Minuten lang erwärmen. ☛ Möchte man die Sauce legieren, das heißt mit Eigelb binden, was ihr eine schöne, rahmgelbe Farbe verleiht, zieht man den Topf mit der heißen, aber nicht mehr kochenden Sauce von der Herdplatte, verquirlt 2 Eigelb mit etwas Sahne und rührt die Mischung gründlich unter. Die Sauce darf auch anschließend nicht mehr kochen, weil das Ei sonst gerinnt. ☛ Die klassische Beilage zu Eingemachtem Kalbfleisch sind breite Nudeln, am besten die hausgemachten von Seite 152.

Filetpfännchen mit Frühlingsgemüse

Für 4 Personen benötigen Sie
8 Schweinemedaillons und
4 Medaillons vom Rinderfilet, jeweils etwa 60 g schwer,
2 Schalotten,
2 mittelgroße Karotten,
200 g feine Erbsen, frisch gepult oder Tiefkühlware,
100 g Zuckerschoten,
8 weiße Champignons,
2 EL Butter,
1 EL Mehl,
½ EL Puderzucker
200 ml hellen Kalbsfond (siehe Seite 176),
125 ml Trollinger,
100 ml Geflügel- oder Gemüsebrühe,
2 EL Öl oder Butterschmalz,
Salz, weißen Pfeffer.

Fettarmes Fleisch mit jungem Gemüse ist eine Kombination, die auch in einer deutschen Regionalküche ihre Daseinsberechtigung hat. Speziell im Frühjahr, wenn die ersten frischen Gemüse auf den Markt kommen, ist es einen Versuch wert.

Zubereitung: Die Schalotten fein würfeln, die Champignons mit einem Pinsel putzen und mit Küchenkrepp abreiben. Sofern Sie frische Erbsen verwenden, die Erbsen pulen. Die Zuckerschoten waschen, die Ecken abknipsen und eventuelle Fäden entfernen. Diagonal in etwa 2 mal 1 cm große Rauten schneiden. Die Karotten waschen, schälen und diagonal in Scheiben von etwa 3 mm Dicke schneiden. ☛ Einen Topf mit etwa 2 l Wasser füllen, leicht salzen und zum Kochen bringen. Eine Schüssel mit eiskaltem Wasser bereitstellen. Zunächst die Erbsen etwa 1 Minute lang blanchieren und eiskalt abschrecken. Dann die Zuckerschoten 2 Minuten lang blanchieren und abschrecken. In einem kleinen Topf 1 EL Butter schmelzen und aufschäumen lassen, die Schalottenwürfel darin glasig dünsten und die Karottenscheiben zugeben. Kurz mitdünsten und mit dem Puderzucker bestäuben. Erbsen und Zuckerschoten zugeben, den Topfinhalt gut verrühren. Mit der Brühe aufgießen, das Gemüse mit Salz und Pfeffer abschmecken und warm halten. ☛ In einer Pfanne das Öl oder Butterschmalz erhitzen. Die Schweinemedaillons salzen, pfeffern und in Mehl wenden, die Rindermedaillons nur würzen. Bei kräftiger Hitze von beiden Seiten anbraten, dann die Wärmezufuhr etwas reduzieren. Die Medaillons auf beiden Seiten jeweils etwa 3 Minuten braten. Das Schweinefleisch soll durch, das Rind soll innen rosa sein. Aus der Pfanne nehmen, auf einem

Teller mit Alufolie bedecken und ruhen lassen. Das Bratfett aus der Pfanne gießen, den Bratensatz mit dem Weißwein ablöschen und lösen, dann den Kalbsfond zugeben. Bei kräftiger Hitze auf die Hälfte einreduzieren. Währenddessen die Champignons in dünne Scheiben schneiden, in einer kleinen Pfanne 1 EL Butter erhitzen und die Champignons von beiden Seiten kurz anbraten. Zum Schluss ein wenig salzen. Zum Anrichten das Gemüse auf geeignete Teller oder kleine Servierpfännchen verteilen. Auf jede Portion 2 Schweinemedaillons und 1 Stück Rinderfilet geben. Den Bratensaft vom Teller zum Fond in der Pfanne geben und ggf. abschmecken; der Fond wird nicht gebunden. Gebratene Champignons auf den Fleischstücken anrichten, den Fond in einer Sauciere separat dazu reichen.

Forelle blau

Pro Person benötigen Sie
1 möglichst schlachtfrische Forelle aus heimischer Zucht.

Der Sud für 2 Forellen besteht aus
1 mittelgroßen Zwiebel,
1 mittelgroßen Petersilienwurzel,
½ Stange Lauch,
je 2 Stängeln bzw. Zweigen Petersilie, Dill, Thymian,
1 Lorbeerblatt,
4 Wacholderbeeren,
1 TL weißen Pfefferkörnern,
2 bis 3 Litern Wasser (je nach Gefäß),
250 ml Riesling,
100 ml gutem Weißweinessig,
Salz.

Was so vertraut, ein bisschen altmodisch und schlicht klingt, stellt den Koch auf die Probe. Denn schön »blau« wird die Forelle nur, wenn sie sehr schlachtfrisch und die schützende Schleimschicht auf ihrer Haut unverletzt ist. Diese bewirkt nämlich während des Garens die charakteristische blaugraue Farbe der Haut. Wenn Ihnen also eine Forelle blau gelingt, haben Sie und Ihre Gäste einen optimal frischen Fisch auf dem Teller. Auch das Vorbereiten des Fischs in der Küche braucht etwas Geschick, so dass diese Zubereitung der Forelle wirklich etwas für besondere Gelegenheiten ist. Die Beilagen sollten dem Fisch geschmacklich den Vortritt lassen, am besten eignen sich neue Kartoffeln oder Salzkartoffeln, die in etwas Butter geschwenkt werden.

Zubereitung: Für die Forellen benötigen Sie ein geeignetes rundes oder längliches Kochgefäß, etwa einen Bräter. Ein gängiger Bräter hat Platz für 2 bis 3 Forellen. ☛ Damit die Haut der Forellen heil bleibt, fasst man die Fische vor dem Kochen möglichst wenig an und wenn, dann nur mit Händen, die man zuvor mit kaltem Wasser benetzt hat. Vorsichtig ausnehmen, falls der Lieferant der Fische dies noch nicht getan hat, die Kiemen bleiben drin. ☛ Dann muss die Forelle gebunden werden: Mit einer kräftigen Nähnadel und einem Küchengarn werden das Schwanzende und eine Kiemenseite so verbunden, dass der Schwanz sich zu dieser Seite des Fischs krümmt. In beide Enden des Garns wird ein Zahnstocher so gesteckt, dass die Spannung auch während des Garens erhalten bleibt. ☛ Es gibt zwei Möglichkeiten, Fisch (außer Forelle auch Wels, Junghecht, Saibling, Felchen oder Karpfen) blau zu kochen: Entweder man übergießt den – auf ein Gitter gelegten – Fisch vor dem Garen mit gutem Weißweinessig, der mit etwas Wasser erhitzt worden ist. Beim Übergießen färbt sich die Haut und behält diese Farbe auch beim anschließenden Garziehen. ☛ Gebräuchlicher ist es, dem Sud der Fische, in diesem Fall Courtbouillon genannt, einen ausreichenden Schuss guten Weinessigs zuzufügen. Dieser Fond wird gekocht, bevor man die Forellen vorbereitet. ☛ Dazu werden die Gemüse geputzt und fein geschnitten, vom Lauch nur das Weiße verwendet. Wasser in den Topf oder den Bräter geben, Gemüse, Kräuter und Gewürze mit Ausnahme der Pfefferkörner hinzugeben, gut salzen und 20 Minuten köcheln lassen. Angedrückte Pfefferkörner, Weißwein und Essig erst zum Schluss zugeben. ☛ Die Courtbouillon etwas abkühlen lassen, dann den Fisch/die Fische – am besten auf einem Gitter – vorsichtig einlegen und in 10 bis 12 Minuten bei mittlerer Hitze garziehen lassen. ☛ Auch wenn die Methode blau kochen heißt: Die Flüssigkeit darf auf keinen

Fall kochen. Wenn beim Garen die Haut der Forelle hinter dem Kopf und an den Seiten stellenweise reißt, haben nicht etwa Sie etwas falsch gemacht, sondern es ist Beweis für die Frische des Fischs. ☛ Damit der Fisch nicht sauer schmeckt, sollte wirklich nur bester Weißweinessig in den Fond gegeben werden. Wie eingangs gesagt: Dies ist ein Rezept, das etwas Geschick benötigt.

Gebratene Fischfilets

In der schwäbischen Küche gibt es keinen Fisch-Klassiker. Gleichwohl ist Fisch in dieser Regionalküche heimisch, wie ja auch Forellen aus dem Schwarzwald oder von der Schwäbischen Alb sowie Wels/Waller und Zander als Zuchtfische aus regionaler Produktion verfügbar sind. Dass Fisch heute viel populärer ist als zur Zeit unserer Großeltern, liegt vor allem daran, dass es damals kaum Kühlmöglichkeiten gab, ohne die das empfindliche Produkt innerhalb eines Tages verdirbt. Der Zander als vielleicht edelster Süßwasserfisch will im Grunde genommen nur sorgsam gebraten und mit Salz und Pfeffer gewürzt werden. Der vor allem in der Donau auch wild lebende Wels oder Waller verträgt ein paar Begleitaromen; wer beim Züchter oder an der Fischtheke die Wahl hat, sollte sich für ein jüngeres, noch nicht so voluminöses Exemplar entscheiden.

Gebratenes Zanderfilet

Pro Person benötigen Sie 170 g Zander in 1 oder 2 Tranchen, Olivenöl oder Butterschmalz, Salz, fein gemahlenen schwarzen Pfeffer.

Zubereitung: Zander lässt sich gut auf seiner aromatischen Haut anbraten, die beim Braten kross wird. Damit sie sich dabei nicht wellt, muss sie zuvor eingeschnitten werden. Das macht man am besten mit einigen kreuzweisen Schnitten, die nicht zu tief sein sollten, sonst trocknet der Fisch an diesen Stellen aus. ☛ Beiderseits mit Salz und Pfeffer würzen; als Bratfett eignet sich ein gutes, natives Olivenöl, das in unseren Küchen ohnehin längst heimisch geworden ist. Butterschmalz ist ebenso gut. ☛ Die Filets in wenig Fett in einer beschichteten Pfanne zunächst auf der Hautseite scharf anbraten, damit die Haut rasch kross wird. Dann die Temperatur reduzieren und den Fisch – je nach Stärke des Filets – etwa 6 Minuten bei mittlerer Hitze weiterbraten, wenden und weitere 3 Minuten braten. ☛ Im optimalen Garzustand ist der Fisch nicht ganz durch, sondern zur Mitte hin noch leicht glasig. Er wird mit der Hautseite nach oben serviert, zum Beispiel auf den Rahmlinsen von Seite 140.

Gebratenes Donauwallerfilet

Pro Person benötigen Sie
150 g Wallerfilet,
2 Schalotten,
2 reife Tomaten,
1 EL gehackten Dill,
Butter,
Butterschmalz,
Mehl,
Salz, fein gemahlenen schwarzen Pfeffer, weißen Pfeffer,
Zitronensaft.

Zubereitung: Die Schalotten werden fein gewürfelt, die Tomaten werden zunächst gehäutet (kreuzweise eingeritzt in kochendes Wasser geben, bis die Haut sich löst, dann sofort in kaltem Wasser abschrecken, damit das Fruchtfleisch fest bleibt). Kerne und Kerngehäuse entfernen und die verbleibenden so genannten Filets fein würfeln. Den Dill hacken. ☛ Die Wallerfilets mit Salz und schwarzem Pfeffer würzen, in etwas Mehl rundum wenden, in heißem Butterschmalz von allen Seiten bei sanfter Hitze anbraten, aus der Pfanne nehmen und in Alufolie warmhalten. ☛ In die Bratpfanne kommen nun ein Stück frische Butter, die Zwiebel- und Tomatenwürfel. Kurz anschwitzen, mit Salz und frisch gemahlenem weißem Pfeffer würzen, mit einem Spritzer Zitronensaft aromatisieren und den Dill zugeben. ☛ Die Fischfilets auf vorgewärmte Teller geben (etwa zum Wirsing von Seite 157) und mit der Zwiebel-Tomaten-Schmälze aus der Pfanne beträufeln.

Gefüllte Gans

Der Brauch, zu Weihnachten eine Gans zuzubereiten, geht auf eine christliche Fastenzeit zurück, die früher – so wie die Fastenzeit vor Ostern – auch im Advent eingehalten wurde. Zu Sankt Martin im November wurde als letzte große Mahlzeit eine Gans gebraten, und mit Ende der Fastenzeit am Heiligen Abend gab es eine Gans als erste große Mahlzeit nach dem Fasten. Wenn möglich, sollten Sie eine frische Gans kaufen, denn bei Tiefkühlware sieht man erst beim Auftauen, was man bekommt – und sehr oft kauft man viel gefrorenes Wasser mit.

Mastgänse aus Intensivhaltung werden in etwa 15 Wochen auf ein Gewicht von drei bis vier Kilogramm gemästet; in Weidehaltung brauchen sie etwa doppelt so lange, haben mehr Bewegung und oftmals besseres Futter. Eine Gans aus der Region, die auf der Weide gehalten wurde, dürfte die beste Wahl sein, jedoch nicht die billigste. Auch in Bio-Qualität sind Gänse mittlerweile erhältlich. Wir haben für Sie eine klassische Füllung ausgesucht.

Für 6 bis 8 Personen benötigen Sie
eine junge Gans von 3 bis 3,5 Kilo Gewicht,
500 ml hellen oder dunklen Geflügelfond (siehe *Seiten 176/177),*
125 ml Rotwein,
1 EL Speisestärke,
6 Wacholderbeeren,
2 Lorbeerblätter,
1 Gewürznelke,
1 TL gerebelten Beifuß,
1 Knoblauchzehe.

Für die Füllung
2 Brötchen vom Vortag,
1 Gänseleber,
1 kleine Zwiebel,
1 Ei,
1 EL Butter,
1 EL gehackte Petersilie,
je 1 TL gerebelten Majoran und Beifuß,
250 ml Milch,
Salz, weißen Pfeffer, Muskat.

Zubereitung: Zunächst die Füllung zubereiten. Brötchen und Gänseleber getrennt voneinander in etwa gleich große Würfel schneiden. Die Zwiebel fein würfeln. Die Milch aufkochen und über die Brötchenwürfel gießen. ☛ In einer Pfanne die Butter schmelzen und die Zwiebel darin glasig dünsten. Die Kräuter zugeben. Die Leberwürfel kurz mitdünsten und den Inhalt der Pfanne zu den Brötchenwürfeln geben. Etwas abkühlen lassen, das Ei darüberschlagen und alles mit der Hand gründlich vermengen. Zum Schluss die Füllung mit Salz, Pfeffer und Muskat abschmecken. ☛ Den Backofen auf 200 Grad vorheizen, ein tiefes Backblech mit etwa 500 ml Wasser füllen und auf den untersten Einschub schieben. ☛ Die Gans gründlich waschen und trockentupfen. Im Bauchraum zum Schwanz hin haben Gänse oft reichliche Fettpolster, die Sie entfernen sollten. Dann die Gans innen und außen mit Salz und Pfeffer einreiben; den Bauchraum zur besseren Verdaulichkeit mit gerebeltem Beifuß ausreiben. Die Füllung in den Bauchraum geben, aber nicht zu fest stopfen, da sie beim Garen an Volumen zunimmt. ☛ Die Öffnung mit 3 oder 4 Zahnstochern zusammenstecken und mit einem Stück Küchengarn fixieren. Dazu die Mitte des Stücks Küchengarn am obersten Zahnstocher anlegen, ein Ende links, das andere rechts unter dem Zahnstocher hindurch in Richtung nächsten Zahnstocher führen. Überkreuzen und jeweils wieder unter dem Zahnstocher hindurch zum nächsten führen. Wieder überkreuzen und die beiden Enden unter dem letzten Zahnstocher verknoten. ☛ Die Flügel mit einer Geflügelschere auf 2 Glieder kürzen, die Keulen etwas in Richtung Körpermitte drücken, schräg stellen und zusammenbinden. Die Gans mit der Brustseite nach unten auf einen Gitterrost legen und die Haut mit

einer Fleischgabel an mehreren Stellen einstechen, damit das Unterhautfett in das Auffangblech abtropfen kann. ☛ Den Rost auf die mittlere Einschubleiste schieben und die Gans etwa 1 Stunde lang garen. Dabei immer wieder mit Flüssigkeit aus dem Blech übergießen oder bestreichen. Nach 1 Stunde die Gans wenden und mit der Brustseite nach oben 1 bis 1½ Stunde weitergaren. Auch am Rücken die Haut stellenweise einstechen und das Geflügel immer wieder mit Bratflüssigkeit begießen. ☛ Je nach Größe der Gans für die letzten 30 bis 45 Minuten die Backofentemperatur erhöhen, damit die Haut kräftig braun und knusprig wird. Nach Belieben die Haut während des abschließenden Bräunens mehrfach mit Bier oder einer Mischung aus Honig und etwas Weißwein einpinseln, um sie besonders knusprig und schmackhaft zu machen. ☛ Die Gans ist gar, wenn bei einem knochentiefen Stich mit der Fleischgabel in eine der Keulen klarer Fleischsaft austritt. Dann Backofen ausschalten, die Gans auf eine Bratenplatte legen und im Ofen warm halten. Die Garflüssigkeit vom tiefen Blech in einen Topf gießen und das reichlich an der Oberfläche schwimmende Fett abschöpfen. (Man kann das Fett in einem Ton- oder einem anderen geeigneten Gefäß erkalten lassen und als herzhaften Brotaufstrich zurückbehalten.) ☛ Den Bodensatz des Auffangblechs mit Wasser lösen und in den Saucentopf geben. Lorbeer, Nelke, die angedrückten Wacholderbeeren, nach Belieben etwas Beifuß und die geschälte, angedrückte Knoblauchzehe sowie den Geflügelfond zugeben, aufkochen und die Sauce je nach gewünschter Intensität wenig bis kräftig einreduzieren. Die Speisestärke im Rotwein auflösen, die Sauce binden, noch ein wenig köcheln lassen. ☛ Die Gans halbieren und die Füllung entnehmen. Das Fleisch in Portionen aus der Keule, der Brust und der Mitte teilen, die Füllung in Scheiben schneiden. Die Sauce durch ein Sieb in die Servierschüssel gießen und zur Gans servieren. ☛ Alternativ zu den gängigen Beilagen Kartoffelklöße und Rotkraut (Seite 168) passen auch Kartoffelpüree, Maronen und Wirsinggemüse (Seite 157) gut zum Gänsebraten. Ein Marzipanbratapfel (Seite 194), der im Ofen mitgart, eignet sich als weitere Beilage an Stelle des oft servierten Apfelmuses.

Gefüllte Kalbsbrust

Für 8 Personen benötigen Sie ein Stück Kalbsbrust von 2 kg, in das der Metzger Ihnen eine Tasche zum Füllen schneidet.

Für die Füllung
4 altbackene Tafelbrötchen,
4 Eier,
250 ml Milch,
2 mittelgroße Zwiebeln,
3 EL gehackte Petersilie,
Salz, weißen Pfeffer, Muskat,
1 EL Butter.

Für den Saucenansatz
3 mittelgroße Zwiebeln,
2 mittelgroße Karotten,
¼ Sellerieknolle,
1 Knoblauchzehe,
2 Lorbeerblätter,
5 Wacholderbeeren,
1 Gewürznelke,
500 ml dunklen Kalbsfond (siehe Seite 177),
250 ml Schlagsahne,
125 ml Riesling,
Speisestärke,
Butterschmalz.

Dieser Schmorbraten ist ein regionaler Klassiker für große Tafeln, weshalb hier ein Rezept für acht Personen angegeben ist. Ein kleineres Stück ließe sich kaum sinnvoll zubereiten, auch hat man bei der Zubereitung etwas Aufwand. Besser, man bereitet eine größere Menge zu und friert den Rest portionsweise ein. Die gefüllte Kalbsbrust ist gewissermaßen ein Alles-in-einem-Gericht: Außen herum hat sie den feinen Geschmack von Kalbfleisch, innen findet sich die Beilage, nämlich die Füllung, und beim Schmoren im Ofen entsteht aus den Fleischsäften ein kräftiger Saucenansatz.

In Metzgereien wird gefüllte Kalbsbrust oft fertig vorbereitet mit einer Fleischbrätfüllung angeboten – nicht schlecht, doch die Knödelfüllung unseres Rezepts sieht schöner aus und ist feiner. Wer die Füllung farblich noch etwas anheben möchte, kann 50 g blanchierte feine Erbsen und dieselbe Menge leicht angedünsteter Kochschinkenwürfel unterheben. Dass der Semmelknödel schon im Fleisch drin ist, stellt keinen Hinderungsgrund dar, Spätzle als weitere Beilage zu verzehren. Und Kartoffelsalat.

Zubereitung: Mit der Füllung beginnen. Die Brötchen in 1 cm große Würfel schneiden. Wenn Sie sich zuvor die Mühe machen, mit einer Reibe die Brötchenrinde abzuschaben, wird die Füllung optisch besonders attraktiv. Mit Salz, Pfeffer, Muskat würzen. Die Milch zum Kochen bringen, über die Brötchen gießen und 20 Minuten ziehen lassen, ohne die Milch unterzurühren. Die Würfel saugen sich von selbst voll, beim Rühren würden sie matschig. ☛ Währenddessen die Röstgemüse für die Sauce grob würfeln, die Knoblauchzehe schälen und andrücken. ☛ Die 2 Zwiebeln für die Füllung fein würfeln und in 1 EL Butter andämpfen. Die Petersilie fein hacken. Die Eier gründlich verquirlen. Wenn Sie eines der Eier trennen und dessen Eiklar zu Eiweiß steifschlagen, wird die Füllung besonders luftig. ☛ Wenn die Milch eingezogen ist, die Eier, Zwiebeln und Petersilie vorsichtig unter die Brötchenwürfel heben; diese sollten möglichst nicht breiig werden. Ggf. nun das steifgeschlagene Eiweiß unterheben sowie die eingangs erwähnten Erbsen und Kochschinkenwürfel. ☛ Die Kalbsbrust innen und außen kräftig salzen, die Füllung hineingeben, aber nicht zu sehr stopfen, da die Füllung während des Garens an Volumen zunimmt. Die Tasche mit Nähnadel und Küchengarn gut zunähen. ☛ Den Backofen gründlich auf 180 Grad vorheizen, in einer tiefen Saftpfanne auf der mittleren Schiene 3 EL Butterschmalz gut erhitzen, die Kalbsbrust auf beiden Seiten gut anbraten. Röstgemüse und Gewürze hinzugeben. Wenn das Röstgemüse etwas Farbe genommen hat, mit etwa 1/3 des Kalbsfonds ablöschen und auch das Fleisch mit Flüssigkeit begießen oder bestreichen. ☛ Sobald das Fleisch schön gold- oder mittelbraun ist, die Hitze auf

130 Grad reduzieren. Bei zu großer Hitze besteht die Gefahr, dass die Kalbsbrust reißt oder platzt. Insgesamt hat das Stück eine Garzeit von 90 bis 100 Minuten. ☛ Nun den Rest des Kalbsfonds in die Saftpfanne geben und das Fleisch während des Garens mehrfach mit Flüssigkeit begießen. Nach Ende der Garzeit Hitze auf 80 Grad reduzieren, das Fleisch aus der Saftpfanne auf eine geeignete Platte geben und im Ofen warmstellen. ☛ Den Inhalt der Saftpfanne durch ein Sieb in einen Topf geben, den Bodensatz mit einem Spatel und etwas Riesling lösen. Die Sauce aufkochen; sie sollte geschmacklich sehr kräftig sein, nach Art eines Bratenjus. Ggf. entsprechend einreduzieren. Dann die Sahne zugeben, Kartoffelstärke im restlichen Wein lösen und die Sauce bis zur gewünschten Sämigkeit binden. Zum Schluss mit Riesling, Salz und Pfeffer abschmecken. ☛ Die gefüllte Kalbsbrust in etwa 1 cm dicke Scheiben schneiden und mit der Sauce servieren. Nach Belieben Spätzle und Kartoffelsalat dazu reichen.

Geschmorte Lammkeule oder Lammschulter

Für 4 Personen benötigen Sie
1 Lammkeule von etwa 2 kg oder eine Lammschulter,
2 mittelgroße Zwiebeln,
2 mittelgroße Karotten,
¼ Sellerieknolle,
1 Stange Lauch,
je 2 Zweige Rosmarin und Thymian,
3 Knoblauchzehen,
1 gehäuften EL Tomatenmark,
gut 250 ml Trollinger,
500 ml Lamm- oder Kalbsfond (siehe Seiten 177/178),
2 EL Butterschmalz,
Salz, weißen Pfeffer.

Schafe haben lange Zeit den Bewohnern der Schwäbischen Alb ein Auskommen ermöglicht, denn den Tieren genügten die spärlichen Gräser und Kräuter des kalkigen Mittelgebirges. Die Schafe lieferten Wolle und Fleisch, und zu diesem Zweck entstand im Königreich Württemberg sogar eine ganz eigene Schafrasse. Das Württemberger Merinolandschaf geht auf eine Herde zurück, die einst zu Fuß von Spanien ins Schwäbische getrieben wurde. Schafwolle ist heute kaum mehr gefragt, an ihrer statt ist die Landschaftspflege als Daseinszweck für die Grasfresser hinzugekommen. Zur Vermarktung des Fleischs gibt es mittlerweile eine Qualitätsmarke: das »Württemberger Lamm«, das auf der Schwäbischen Alb aufgewachsen sein muss.

Für unser Rezept eignen sich Keule oder Schulter gleichermaßen, denn der Unterschied liegt bei Lammfleisch in der Menge. Mehr Fleisch ist an einer Lammkeule, von der vier Personen gut satt werden. Nimmt man eine Schulter, sollte man eventuell etwas mehr Beilagen einplanen. Die Lammkeule wird stets am Knochen verkauft und wiegt etwa 2 Kilogramm. An einer Lammschulter ist weniger Fleisch und mehr Knochen, was den Saucenansatz intensiver macht. Allerdings wird Lammschulter oft als Bratenstück ohne Knochen angeboten - in diesem Fall muss der zugegebene Lammfond alleine für den Saucengeschmack sorgen.

Zubereitung: Den Backofen auf 200 Grad vorheizen. Das Röstgemüse grob würfeln, vom Lauch nur das Weiße verwenden. ☛ Die Lammkeule mit Salz und Pfeffer würzen. Das Fleisch in einem Bräter oder genügend großen Schmortopf auf dem Herd im Butterschmalz von allen Seiten kurz und scharf anbraten. Herausnehmen, auf einem Teller mit Alufolie bedecken und beiseite stellen. ☛ Das Röstgemüse in den Topf geben, anschwitzen, mehrmals wenden und Farbe nehmen lassen, dann das Tomatenmark zugeben und kurz mitrösten, bis es Farbe genommen hat. Etwa ein Drittel des Trollingers zugeben, den Bratensatz lösen, die Flüssigkeit sirupartig einreduzieren lassen. Mit dem übrigen Wein zweimal wiederholen, dann den Fond angießen. Wer den Lammgeschmack nicht zu intensiv mag, verwendet Kalbsfond. ☛ Die Knoblauchzehen andrücken und zusammen mit Rosmarin und Thymian zur Schmorflüssigkeit geben. Das Fleisch vorsichtig zurück in den Schmortopf betten, den Deckel auflegen und in den Backofen geben. Sobald der Topfinhalt kocht, die Hitze auf 140 Grad zurückregeln und ohne Deckel weiterschmoren, damit das Fleisch eine kräftige Farbe erhält. Der Topfinhalt sollte beim Garen ständig leicht köcheln. ☛ Während der Garzeit von etwa 90 Minuten die Keule gelegentlich wenden und mehrfach mit Schmorflüssigkeit

übergießen. Sobald das Fleisch sich sichtbar von den Knochen löst, ist es gar. Man kann eine Lammkeule auch rosa gebraten servieren. In diesem Fall beträgt die Garzeit etwa 75 Minuten und ist beendet, sobald sich das Fleisch vom Knochen zu lösen beginnt. ☛ Nach Ende der Garzeit den Bräter oder Schmortopf aus dem Ofen nehmen, das Fleisch herausheben und mit Alufolie bedeckt einige Minuten entspannen lassen. Die Schmorflüssigkeit durch ein Sieb in einen Topf gießen, dabei das Gemüse leicht ausdrücken. Die Sauce aufkochen, mit Salz und Pfeffer abschmecken und mit in etwas Trollinger gelöster Kartoffelstärke binden. ☛ Als Beilage zu geschmortem Lamm bieten sich das Selleriepüree von Seite 167 oder grüne Bohnen an, das Kartoffelgratin von Seite 154 oder die Bärlauchkartoffeln von Seite 147.

Geschmortes vom Ochsen

Außer dem Fleisch (siehe Einleitung rechts) benötigen Sie 4 mittelgroße Zwiebeln, 2 mittelgroße Karotten, 2 Stangen Staudensellerie, ½ Stange Lauch (den weißen Teil), ¼ Sellerieknolle, 2 Tomaten, 3 bis 4 Stängel Petersilie, je 2 Zweige Oregano und Thymian, 1 Zweig Majoran (ersatzweise getrocknet und gerebelt), 2 EL Tomatenmark, 8 Wacholderbeeren, 4 Pimentkörner, 2 Lorbeerblätter, 1,5 l kräftigen Lemberger oder Zweigelt, 1,5 l Rinderfond oder dunklen Kalbsfond (siehe Seite 177), 125 ml Madeira, 2 EL Butterschmalz, 2 EL Butter, Salz, weißen Pfeffer, Speisestärke.

Ein letztes Mal begegnet uns in diesem Buch der Ochsenschwanz, diesmal zusammen mit Ochsenbäckchen. Beide Partien des Rinds kommen in Alltagsrezepten so gut wie nie vor. Beide sind indes aus magerem, nach dem Garen sehr zartem und sehr aromatischem Fleisch. Das Geschmorte vom Ochsen ist ein Fall für größere Runden und für festliche Anlässe, denn es macht Aufwand. Die Mengen sind für 6 bis 8 Portionen bemessen, doch können Sie bei halbierten Mengen genauso gut nur ein Ochsenschwanzragout oder nur die geschmorten Ochsenbäckchen zubereiten, was den Aufwand etwas verringert. Ochsenschwanz wie -bäckchen bekommen Sie bei einem guten Metzger auf Vorbestellung.

Für 6 bis 8 Portionen benötigen Sie 1,5 bis 2 kg Ochsenschwanzstücke oder einen ganzen Ochsenschwanz sowie 4 bis 6 Ochsenbäckchen (1 bis gut 1,5 kg Gewicht). Bitten Sie den Metzger darum, dass er Ihnen den Ochsenschwanz in die einzelnen Wirbelsegmente schneidet und die Bäckchen putzt, das heißt von Fett und Sehnen befreit. Pro Portion sollten zwei der großen Stücke Ochsenschwanz und ein halbes Bäckchen auf dem Teller landen, ggf. etwas mehr. Die übrigen Ochsenschwanzstücke sollten Sie auf jeden Fall mitgaren, denn sie geben der Sauce Aroma. Ihr Fleisch können Sie nach dem Garen auslösen und als Einlage für eine Suppe verwenden.

Falls Sie ausschließlich Ochsenschwanz zubereiten, sollten Sie bei den dünneren Stücken nach etwa 90 Minuten eine Garprobe machen. Sind sie beim Einstich einer Fleischgabel schon weich, sollten Sie sie aus dem Bräter nehmen und beiseite stellen, damit sie nicht durch zu langes Garen faserig werden.

Zubereitung: Die halbe Lauchstange, die Selleriestangen, Petersilie, Oregano, Thymian und Majoran mit Küchengarn zu einem so genannten Bouquet garni zusammenbinden. Zwiebeln, Karotten, Sellerieknolle schälen beziehungsweise waschen und grob würfeln. ☛ Die Tomaten oben kreuzweise einschneiden, in heißes Wasser geben, bis die Haut sich zu lösen beginnt. Herausnehmen, Haut abziehen, die Tomaten vierteln, Kerne und Kerngehäuse entfernen. ☛ Das Fleisch salzen und pfeffern, die Ochsenschwanzstücke in etwas Mehl wenden. Den Backofen auf 160 Grad vorheizen. ☛ In einem genügend großen Bräter auf dem Herd das Butterschmalz erhitzen und zunächst die Bäckchen rundum anbraten. Herausnehmen und in einer Schüssel warm halten. Dann die Ochsenschwanzstücke anbraten, die großen Stücke von beiden Seiten, die kleineren rundum. Ebenfalls herausnehmen und zu den Bäckchen geben. ☛ Das Bratfett aus dem Bräter gießen, die Hitze reduzieren und die Butter im Bräter schmelzen lassen. Die gewürfelten Röstgemüse leicht bräunen, dann das Tomatenmark zugeben und mitrösten, bis es sich dunkel färbt. Bäckchen und Schwanzstücke zurück in den Bräter geben und mit dem Röstgemüse vermengen. Tomaten zugeben. ☛ Mit ½ l Rotwein ablöschen, den Bratensatz vom Topfboden lösen und den Wein nahezu verdampfen lassen. Dann erneut ½ l Wein angießen und nahezu verdunsten lassen. Schließlich mit Fond und dem restlichen Wein (etwa 125 ml zum Abschmecken zurückbehalten) aufgießen und im Backofen etwa 2 Stunden lang zugedeckt schmoren lassen. Das Fleisch soll von Flüssigkeit nahezu bedeckt sein. ☛ Nach 1 Stunde das Bouquet garni zugeben. 30 Minuten vor Schluss der Garzeit Wacholderbeeren und Pimentkörner leicht zerstoßen und zusammen mit den Lorbeerblättern in den Bräter geben. ☛ Wenn Bäckchen und Ochsenschwanz gar sind (erkennbar daran, dass beim Einstich mit einer Fleischgabel fast kein Widerstand spürbar ist), herausnehmen und von Resten des Röstgemüses säubern. ☛ Die Sauce durch ein Sieb passieren, dabei die Gemüse und den Gewürzstrauß ein wenig ausdrücken. Die Sauce aufkochen, 2 EL Speisestärke in etwas Wein auflösen und die Sauce vorsichtig bis zur gewünschten Konsistenz binden. Schließlich mit Salz, Pfeffer, Madeira und dem restlichen Wein abschmecken. ☛ Die Ochsenbäckchen schräg halbieren, je ein halbes Bäckchen und zwei bis drei Stücke Ochsenschwanz pro vorgewärmtem Teller anrichten und mit Sauce servieren. Dazu passt Kartoffelpüree.

100

Hirschkalbsmedaillons mit Steinpilzen

Für 4 Personen benötigen Sie 8 gleich groß geschnittene Medaillons vom Hirschkalbsrücken à etwa 80 g, 400 g frische Steinpilze, 1 Schalotte, 500 ml Wildfond (siehe Seite 178), 200 ml Sahne, 200 ml trockenen Trollinger, 2 EL Butterschmalz zum Braten, 2 EL Butter, 1 EL gehackte Petersilie, ½ EL Johannisbeergelee, 1 TL Speisestärke, 20 ml Wacholderschnaps von der Schwäbischen Alb oder Gin, 5 Wacholderbeeren, Salz, weißen Pfeffer.

Hirsch ist dasjenige Wildfleisch, das am wenigsten jenen typischen Wildgeschmack besitzt, der nicht jedermanns Sache ist. Hirsche, die bei uns in den Handel und auf den Tisch kommen, leben allerdings nicht wirklich wild: Sie stammen aus Zuchtbetrieben im In- und Ausland. Das hat immerhin den Vorteil, dass frisches Rotwild auch außerhalb der Jagdsaison erhältlich ist. Rothirsch aus schwäbischer Jagd ist eine absolute Rarität, denn zur Verhinderung von Wildschäden ist das Verbreitungsgebiet des größten einheimischen Waldbewohners amtlich reglementiert. Frei dürfen hiesige Hirsche sich nur im nördlichen Schwarzwald und einem kleinen Areal im württembergischen Allgäu bewegen. Im Schönbuch wird ein Rothirschbestand gehegt, der ringsum eingezäunt ist. Wir kombinieren das feine Wildfleisch an dieser Stelle mit dem feinsten Speisepilz, der in unseren Wäldern wächst: dem Steinpilz.

Zubereitung: Den Backofen auf 80 Grad vorheizen. Die Medaillons leicht plattieren, in einer großen Pfanne das Butterschmalz erhitzen, das Fleisch mit Salz und Pfeffer würzen und von beiden Seiten scharf anbraten. Dann die Medaillons in einer geeigneten Auflaufform 30 Minuten lang im Ofen fertig garen. ☛ Das Fett aus der Pfanne gießen und den Bodensatz

mit der Hälfte des Rotweins lösen. In einem Topf den Wildfond, die Sahne und den Rotwein aus der Pfanne aufkochen, die Wacholderbeeren andrücken, dazugeben und den Saucenansatz im offenen Topf auf etwa die Hälfte einreduzieren. ☛ Die Steinpilze putzen und in Scheiben schneiden, die Schalotte fein würfeln. Etwa 5 Minuten bevor die Medaillons fertig sind, 1 EL Butter in einer großen Pfanne schmelzen lassen und die Pilzscheiben von beiden Seiten bei mittelstarker Hitze anbraten. ☛ Dabei ist wichtig, die Pilze in Ruhe auf einer Seite bräunen zu lassen und sie erst dann zu wenden. Wendet man sie zu früh oder zu oft, ziehen sie Wasser, und es entstehen nicht die gewünschten Röstaromen. Ggf. die Pilze in mehreren Portionen anbraten und warm halten. ☛ Zum Schluss die Pilze in der Pfanne etwas beiseite schieben, 1 EL Butter schmelzen lassen, die Schalottenwürfel darin glasig dünsten und mit den Pilzscheiben vermischen. In der Pfanne warm halten. ☛ Die Speisestärke im restlichen Wein lösen und die reduzierte Sauce bis zur gewünschten Konsistenz binden. Zum Schluss mit Gin, Johannisbeergelee, Salz und Pfeffer herzhaft abschmecken und durch ein Sieb in eine Schüssel abseihen. ☛ Die Pilze salzen und pfeffern, die Medaillons aus dem Ofen nehmen. Je 2 Medaillons auf vorgewärmten Tellern anrichten, den Fleischsaft aus der Auflaufform in die Sauce rühren, die Sauce über die Medaillons geben und gebratene Pilzscheiben darauf garnieren. Mit etwas gehackter Petersilie bestreut servieren. Ganz klassisch Spätzle oder Weckknödel dazu reichen (Seiten 142/167).

Kalbsleber in Calvados

Für 4 Personen benötigen Sie
750 g Kalbsleber in Scheiben,
2 kleine Äpfel,
2 Schalotten,
200 ml dunklen Kalbsfond (siehe Seite 177),
50 ml Calvados,
2 bis 3 EL Balsamico,
1 EL Zitronensaft,
Mehl zum Bestäuben,
Butterschmalz,
Butter (davon gut 1 EL eiskalt in Stücken),
Salz, weißen Pfeffer.

Leber ist die am häufigsten in der Küche verwendete Innerei. Die Intensität des Geschmacks variiert je nach Sorte. Am feinsten ist Kalbsleber, Rinderleber schmeckt kräftiger, und die noch kräftigere Schweineleber kommt in der Regel in die Wurst. Im Schwäbischen kommt die Schweineleber aber auch in die Leberspätzle, wo die Verbindung mit Mehl und Eiern ihren Geschmack mildert. Oder sie wird als saure Leber serviert. In diesem Rezept verwenden wir die feine Kalbsleber. Beim Anbraten von Leber ist vor allem darauf zu achten, dass sie erst nach dem Braten gesalzen wird, dass sie nicht zu heiß und vor allem nicht zu lange gebraten wird. All das würde sie trocken und bitter machen. Die intensive, auch bei richtiger Zubereitung leicht bittere Note von Leber ist der Grund, warum sie in vielen klassischen Zubereitungen mit süßlichen Aromen kombiniert wird. Vor dem Braten muss die Leber gründlich von Häuten, Sehnen und Blutgefäßen befreit werden, denn diese werden beim Garen zäh. Für Leber gilt, was für alle Innereien gilt: Sie müssen frisch sein, denn sie verderben rasch.

Zubereitung: 1 ½ Schalotten fein würfeln, ½ Schalotte in Scheiben schneiden. Die Schalottenwürfel in einem kleinen Topf in 1 EL Butter glasig dünsten. Den Kalbsfond angießen und bei starker Hitze auf zwei Drittel einreduzieren. Die Hitze reduzieren und den Fond auf dem Herd warm halten. ☛ Währenddessen die Äpfel schälen und mit einem Ausstecher oder einem Messer das Kerngehäuse entfernen. Dann in dünne Scheiben schneiden und mit dem Zitronensaft marinieren, damit die Scheiben nicht braun anlaufen. ☛ Die Leberscheiben putzen, das heißt von Gefäßen und Häuten befreien, in Mehl wenden und überschüssiges Mehl abklopfen. In einer großen Pfanne 2 EL Butterschmalz erhitzen, die Leberscheiben bei mittlerer Hitze auf jeder Seite 1 bis 2 Minuten anbraten. Die Leber sollte innen rosa bleiben. Salzen, herausnehmen, auf Küchenkrepp etwas abtropfen lassen und auf einem Teller beiseite stellen. ☛ Die Hitze in der Pfanne reduzieren, das überschüssige Butterschmalz abgießen, 1 EL Butter in die Pfanne geben, die Apfel- und die Schalottenscheiben darin kurz andünsten, mit Calvados ablöschen und die Flüssigkeit fast verdampfen lassen. Herausnehmen und zur Leber geben. ☛ Dann etwas von der warm gehaltenen Sauce aus dem Topf in die Pfanne gießen, den Bratensatz lösen und zurück in den Saucentopf geben. Die Sauce mit Salz, Pfeffer und dem Balsamico abschmecken und mit einigen Stücken eiskalter Butter binden, die mit dem Schneebesen unter die heiße, aber nicht mehr kochende Sauce geschlagen wird. ☛ Leberstücke, Apfel- und Schalottenscheiben kurz in der Sauce erwärmen. Als Beilage passt Kartoffelpüree.

Kalbsnieren mit Estragon-Senf-Sauce

Für 4 Personen benötigen Sie 800 g geputzte Nieren vom Milchkalb ohne Fett, 2 Schalotten, 150 ml dunklen Kalbsfond (siehe Seite 177), 125 ml fruchtigen Riesling, 2 EL Crème fraîche, 2 EL geschlagene Sahne, 1 EL Senf nach Belieben, vorzugsweise Estragonsenf, 4 Zweige Französischen oder Deutschen Estragon, 2 EL Butter, Butterschmalz, Salz, weißen Pfeffer, Balsamico.

Mit Ausnahme von Leber bekommt man Innereien nicht mehr bei jedem Metzger selbstverständlich, oft muss man vorbestellen. Bis vor wenigen Jahrzehnten zierten nach den Schlachttagen Lebern und Nierchen die Auslage fast jeder Metzgerei, und es gab meist auch gehackte Leber. Die war am preiswertesten, bestand, anders als der Name suggerierte, nicht nur aus Leber, sondern auch aus den leichter verderblichen Teilen Lunge und Milz. Sie war für den Verbrauch am selben Tag bestimmt, und man nahm sie meist für Leberknödel und Leberspätzle, deren Teig durch den Anteil aus Lungengewebe schön locker wurde. Die Kalbsnieren aus unserem Rezept waren auch zu Zeiten, als mehr Innereien konsumiert wurden, eine Spezialität. Kälber sind das rarste Schlachtvieh. Beim Estragon herrscht in den Gärtnereien leider wenig Übersichtlichkeit. Was üblicherweise als Estragon im Topf oder im Bund angeboten wird, ist meist der wenig aromatische Russische Estragon. Der eignet sich zum Einlegen von Gurken, taugt aber kaum zum Kochen. Weil er sich leicht aus Samen ziehen lässt, ist er bei den Gärtnern beliebter als der Deutsche oder Französische Estragon (manche Gärtnereien verwenden den Begriff synonym, andere machen einen Unterschied zwischen den beiden Sorten), der mühevoller durch Ableger vermehrt werden muss. Wer den Geschmack von Estragon liebt und im Gartencenter keine Auskunft erhält, welche Sorte Estragon verkauft wird, findet im Internet Versender, die den aromatischen Deutschen oder Französischen Estragon als Topfware anbieten. Im Topf oder frei ausgepflanzt ist die Pflanze winterhart und mehrjährig.

Zubereitung: Den Backofen auf 160 Grad vorheizen, eine Auflaufform ausbuttern. Die Crème fraîche bereitstellen. Die Nieren mit Pfeffer würzen und am Stück in einer Pfanne oder Sauteuse in 1 EL Butterschmalz bei starker Hitze von allen Seiten kurz anbraten. Aus der Pfanne in die Auflaufform geben und für 10 bis 15 Minuten auf der mittleren Einschubleiste in den Ofen schieben. ☛ Währenddessen die Schalotten fein würfeln, die Estragonblätter von den Stielen zupfen und fein hacken, die Sahne schlagen. ☛ Das Butterschmalz aus der Pfanne oder Sauteuse gießen, die Butter hineingeben und schmelzen lassen. Bei mittlerer Hitze die Schalottenwürfel glasig dünsten, dann die Estragonblätter mit anschwenken. Mit Riesling und Kalbsfond ablöschen und bei hoher Temperatur kräftig auf etwa ein Viertel der ursprünglichen Flüssigkeitsmenge einreduzieren. ☛ Den Backofen ausschalten, die Kalbsnieren mit Alufolie bedecken und noch etwa 10 Minuten ruhen lassen; bei dieser Gelegenheit den Bratensaft aus der Auflaufform zur Sauce gießen. Die reduzierte Sauce durch ein Sieb in einen kleinen Topf streichen, zügig die zimmerwarme Crème fraîche

und den Senf unterrühren und die Sauce nochmals aufkochen lassen. Mit Salz und Pfeffer abschmecken, vom Feuer ziehen und die geschlagene Sahne unterheben. Mit einem Spritzer Balsamico abschmecken. ☛ Die Kalbsnieren aus der Auflaufform nehmen, in Scheiben schneiden, mit Salz würzen, auf vorgewärmte Teller geben und die Sauce darüber träufeln. Dazu passen in Butter geschwenkte hausgemachte Nudeln von Seite 152.

Kalbsrückensteak mit Morchelrahm

Kurz gebratenes Fleisch wird in der schwäbischen Küche fast ausschließlich vom Rostbraten repräsentiert, der auf keiner Speisekarte der Region fehlt. Doch es gibt auch feinere Arten von minutenschnellem Fleisch aus der Pfanne: Ein zartes Kalbsschnitzel oder -rückensteak und die sie begleitende Rahmsauce sind nicht nur im Schwäbischen, sondern in vielen regionalen Küchen beliebt. Beim Studium des hier vorgestellten Rezepts wird rasch klar: Diese Saucen – die eine für frische, die andere für getrocknete Morcheln – sind ein Fall für Anspruchsvolle, beim Kochen wie beim Genießen.

Morcheln sind eng verwandt mit den Trüffeln und nach ihnen die teuersten Speisepilze. Für beide Arten gibt es noch keine kommerzielle Kulturmethode. Die Herstellung eines Morchelrahms braucht etwas Vorbereitungszeit – nicht zuletzt, weil das Säubern der Pilze Aufwand bereitet. In ihren Hohlräumen verbirgt sich Sand, der nur durch gründliches Abwaschen zu entfernen ist. Das gilt mehr noch für getrocknete Morcheln, die man erst gründlich unter fließendem Wasser reinigt, sie dann heiß überbrüht und mehrere Stunden einweicht. Das Einweichwasser auf keinen Fall wegschütten, denn es enthält viel Aroma. Man gießt es durch ein feines Sieb und verwendet es zur Zubereitung der Sauce. Dabei aber darauf achten, dass der sandige Bodensatz im Einweichgefäß zurückbleibt. Die feine Morchelrahmsauce passt auch zu Rehmedaillons oder Kalbsfilet.

Für 4 Personen benötigen Sie
4 möglichst dicke Kalbsrückensteaks à etwa 160 g,
1 EL Butterschmalz,
Salz, weißen Pfeffer,
1 EL Butter,
Morchelrahm, siehe folgende Seite.

Zubereitung: Das Fleisch sollten Sie anbraten, bevor Sie mit der Zubereitung der Sauce beginnen. Den Backofen auf 80 Grad vorheizen und einen großen Teller oder eine Platte hineinstellen. ☛ 1 EL Butterschmalz oder etwas Öl in einer Pfanne erhitzen und die Kalbssteaks auf beiden Seiten kurz anbraten. Die Bratzeit von 1 bis höchstens 2 Minuten ist abhängig von der Dicke der Steaks. Ziel ist, dass die Steaks nach dem Garen innen zartrosa sind. Das Fleisch in der Pfanne ruhig ein wenig zusammenschieben, damit es seine Höhe behält, auf keinen Fall flachdrücken. ☛ Dann Hitze reduzieren, das Fleisch salzen und pfeffern, 1 EL Butter in der Pfanne schmelzen lassen und die Steaks durchschwenken. Auf den Teller/die Platte im Ofen geben, mit Alufolie bedecken und 10 bis 15 Minuten ruhen lassen. ☛ Das Bratfett aus der Pfanne gießen und den Bratensatz mit etwas vom Kalbsfond, der für die Sauce bereitsteht, lösen. In einem flachen Topf mit der Herstellung der Sauce beginnen.

Morchelrahm aus frischen Pilzen

Für diese Sauce benötigen Sie
120 g Morcheln,
2 kleine Schalotten,
500 ml dunklen Kalbsfond (siehe Seite 177),
125 ml trockenen Lemberger oder Zweigelt,
20 ml Cognac,
3 EL Crème double (süße Sahne in Doppelrahmstufe),
1 TL Speisestärke,
Salz, weißen Pfeffer,
Butter.

Zubereitung: Die Morcheln gründlich waschen, abtropfen lassen oder trocken schütteln, die Stiele entfernen. Die Morcheln in feine Ringe schneiden, die Schalotten schälen und fein würfeln. ☛ 2 EL Butter im Topf bei mittlerer Hitze aufschäumen lassen, die Schalotten darin glasig dünsten. Die Hitze erhöhen, mit dem größten Teil des Weins und des Cognacs ablöschen und die Flüssigkeit fast völlig verdampfen lassen. ☛ Die Morcheln zugeben, unter Rühren andünsten und den Kalbsfond sowie den gelösten Bratensatz aus der Pfanne angießen. Bei weiterhin starker Hitze einreduzieren, bis die Sauce ein kräftiges Aroma hat, dann Hitze reduzieren und die Crème double mit einem Schneebesen unterschlagen. ☛ Bei Bedarf die Speisestärke im restlichen Rotwein lösen und die Sauce cremig binden. Mit Salz, weißem Pfeffer aus der Mühle, evtl. noch Cognac und Wein abschmecken.

Morchelrahm aus getrockneten Pilzen

Für diese Saucenvariante benötigen Sie
30 g getrocknete Morcheln,
2 kleine Schalotten,
200 ml dunklen Kalbsfond (siehe Seite 177),
200 ml Sahne,
20 ml Cognac,
40 ml Portwein,
etwas Zitronensaft,
2 EL geschlagene Sahne,
Butter,
Salz, Pfeffer.

Zubereitung: Zur Vorbereitung die Morcheln zunächst gründlich unter fließendem Wasser abspülen, damit alle Sandreste entfernt werden. Größere Morcheln halbieren oder vierteln. Dann die Pilze mit kochendem Wasser überbrühen und etwa 4 Stunden einweichen. ☛ Zur Zubereitung der Sauce die Schalotten fein würfeln, die Pilze aus dem Einweichwasser nehmen, gut abtropfen lassen und etwas ausdrücken. In einem kleinen Topf in gut 1 EL Butter die Pilze andünsten, Schalotten zugeben und mitdünsten. Sobald alle Flüssigkeit verdampft ist, mit Cognac und Portwein ablöschen und auch diese Flüssigkeit fast verdampfen lassen. ☛ Dann die Pilze aus dem Topf auf einen Teller geben und beiseite stellen. Kalbsfond, den gelösten Bratensatz aus der Pfanne sowie 100 ml vom Einweichwasser der Morcheln in den Topf geben und die Flüssigkeit bei starker Hitze auf nahezu ein Drittel einreduzieren. ☛ Nun die Sahne zugießen, die Sauce wiederum cremig einkochen, ggf. noch mit etwas Speisestärke, gelöst in Morchelwasser, binden und schließlich durch ein feines Sieb in eine Sauciere streichen. Die Morcheln zugeben und die Sauce mit Salz, Pfeffer und etwas Zitronensaft abschmecken. 2 EL geschlagene Sahne locker unterziehen.

Lammrücken mit Kräuterkruste und Rosmarinsauce

Für 4 Personen benötigen Sie
1 Lammrücken von 600 bis 700 g Gewicht, vom Metzger küchenfertig gemacht, das heißt von Haut und Sehnen befreit,
etwa 150 g Semmelbrösel,
2 Stängel Petersilie,
2 Zweige Thymian,
1 kleiner Zweig Rosmarin,
2 Blätter Salbei,
1 Knoblauchzehe,
2 EL weiche Butter oder 3 EL Olivenöl,
mittelscharfen Senf,
nach Belieben Würfel von 2 mittelgroßen Tomaten,
Salz, weißen Pfeffer.

Für die Rosmarinsauce
400 ml Lammfond (siehe Seite 178),
2 Zweige Rosmarin,
1 Knoblauchzehe,
etwas Lemberger oder anderen kräftigen Rotwein zum Abschmecken.

Um die Rückenstücke vom Lamm gibt es einige Sprachverwirrung. Genau genommen ist der Lammrücken jenes Stück des geschlachteten Tiers, von dem beiderseits die Rippen ausgehen. Zwischen Rücken und Hüfte befindet sich der rippenlose Lammsattel, an dem entlang sich die Rückenmuskeln fortsetzen. Dieses Stück wird oftmals als Teil des Lammrückens mitverkauft. Um die Verwirrung komplett zu machen, gibt es auch noch das Lammcarrée: Dieses bezeichnet in der ursprünglichen Bedeutung die Hälften eines der Länge nach geteilten Lammrückens, wird heute aber meist gleichbedeutend mit Lammrücken gebraucht.

Wichtig beim Lammrücken mit Kruste: Man muss das Fleisch nach dem kurzen Anbraten wieder abkühlen lassen. Dadurch wird der Garvorgang unterbrochen und beginnt im Ofen erst nach einer gewissen Zeit wieder. Würden die Zutaten für die Kruste auf den heißen Rücken gestrichen, blieben sie nicht haften; außerdem würde das Fleisch gar und zu trocken, bevor die Kruste den richtigen Bräunungsgrad erreicht hat.

Zubereitung: Falls der Metzger es nicht bereits gemacht hat, zunächst das Fleisch entlang der Wirbelsäule ober- und unterseits der Rippen von den Knochen lösen. Den Backofen gründlich auf 250 Grad vorheizen, ein tiefes Backblech mit 2 EL Öl bestreichen und im Ofen miterhitzen; den Rücken gut salzen und pfeffern, vorsichtig auf das Backblech legen und von beiden Seiten kurz und scharf anbraten. Das Blech mitsamt Lammrücken aus dem Ofen nehmen und abkühlen lassen, die Hitze im Ofen auf 200 Grad reduzieren. ☛ Währenddessen die Kräuter für die Kruste fein hacken, die Knoblauchzehe grob zerkleinern und zusammen mit 1 Prise Salz mit der flachen Seite eines Küchenmessers fein verreiben. Kräuter und Knoblauch mit den Semmelbröseln, der Butter/dem Öl sowie ggf. den Tomatenwürfeln zu einer geschmeidigen Masse vermengen. Die Krustenmasse sollte nicht zu flüssig sein, aber auch nicht zu krümelig. Ggf. mit Semmelbröseln oder etwas Öl die Konsistenz korrigieren. Mit Salz und Pfeffer abschmecken. ☛ Den Lammrücken mit der Fleischseite (der Oberseite) nach oben drehen, das Fleisch mit Senf dünn bestreichen und die Krustenmasse mit einem Holzspatel, einer Palette oder einem Messer mit breiter Klinge 1 cm dick auf den Lammrücken auftragen. ☛ Im Ofen bei Ober- und Unterhitze auf der zweiten Einschubleiste von oben in 15 bis 20 Minuten fertiggaren. Die Kruste soll dabei goldbraun werden; ist sie nach 10 Minuten noch zu blass, für die restlichen 5 Minuten die Grillfunktion zuschalten. ☛ Während der Rücken im Backofen gart,

400 ml Lammfond in einem Topf auf etwa die Hälfte einreduzieren. Dann 2 Rosmarinzweige und die geschälte, angedrückte Knoblauchzehe zugeben, einmal aufkochen und 5 Minuten ziehen lassen. Rosmarin und Knoblauch herausfischen, die Sauce mit Salz, Pfeffer und Wein abschmecken. ☛ Zum Lammrücken passen Rosenkohl oder Rosenkohlpüree (Seite 158), grüne Bohnen, Kartoffelgratin (Seite 154) oder im Frühjahr Bärlauchkartoffeln (Seite 147).

Landente mit Steinpilzfüllung

Für 4 Personen benötigen Sie
1 küchenfertige Jungente von etwa 1,5 bis 2 kg Gewicht,
1 mittelgroße Zwiebel,
1 mittelgroße Karotte,
¼ Sellerieknolle,
2 EL Butterschmalz,
½ EL Tomatenmark,
500 ml Geflügelbrühe (siehe Seite 174),
1 EL gerebelten Beifuß,
2 Lorbeerblätter,
5 Pimentkörner,
Salz, weißen Pfeffer,
1 EL Speisestärke,
Rotwein.

Für die Füllung
200 g frische kleine Steinpilze,
½ Schalotte,
4 Brötchen vom Vortag,
2 Eier,
150 ml Milch,
1 EL Butter,
5 Stängel glatte Petersilie,
1 Stängel Liebstöckel,
je 1 Zweig Thymian und Oregano,
Salz, weißen Pfeffer, Muskat,
ggf. Semmelbrösel.

Anders als die bekannte Weihnachtsgans hat eine Ente genau die richtige Größe für vier Personen. Wird sie reichhaltig gefüllt, ist sie kaum weniger festlich als eine Gans und harmoniert mit denselben Beilagen. Wie hier mit frischen Steinpilzen gefüllt, ist sie ein Sonntagsbraten für das Sommerhalbjahr. Der Körperbau der Enten ist variabel: Seltener im Handel sind Laufenten mit ihrem ausgeprägt flaschenförmigem Körper. Geläufiger sind Flugenten mit ihrem kürzeren Hals. Der Handelsname Flugente bezieht sich dabei nur auf die Rasse und bedeutet nicht, dass das Zuchttier je geflogen sein muss.

Zubereitung: Zunächst die Füllung herstellen. Die halbe Schalotte fein würfeln, die Pilze mit Küchenkrepp putzen und je nach Größe längs halbieren oder vierteln. Die Kräuter von den Stielen zupfen, fein hacken und vermengen. Die Brötchen in etwa 2 cm große Würfel schneiden, die Milch aufkochen. In einer Schüssel die Brötchenwürfel mit der heißen Milch übergießen und etwa 10 Minuten ziehen lassen. ☛ In einer kleinen Pfanne die Butter schmelzen lassen, die Schalottenwürfel darin glasig dünsten und die Pilze anbraten. Pfanneninhalt sowie die gehackten Kräuter zu den eingeweichten Brötchenwürfeln geben. Die Eier etwas verquirlen, dazugeben und alles gründlich zu einer glatten Knödelmasse vermengen. Sollte die Masse zu flüssig sein, mit Semmelbröseln binden. Mit Salz, Pfeffer und Muskat abschmecken. ☛ Den Backofen mitsamt eines tiefen Backblechs auf 180 Grad vorheizen. Die Ente innen und außen gründlich unter fließendem Wasser waschen und trockentupfen. Außen und innen gut mit Salz und Pfeffer einreiben. Die Füllung in den Bauchraum geben, aber nicht zu fest stopfen, da sie beim Garen an Volumen zunimmt. ☛ Die Öffnung mit 3 Zahnstochern zusammenstecken und mit einem Stück Küchengarn fixieren. Dazu die Mitte des Stücks Küchengarn am obersten Zahnstocher anlegen, ein Ende links, das andere rechts unter dem Zahnstocher hindurch in Richtung nächsten Zahnstocher führen. Überkreuzen und jeweils wieder unter dem Zahnstocher hindurch zum nächsten führen. Wieder überkreuzen und die beiden Enden unter dem letzten Zahnstocher verknoten. Die Flügel mit einer Geflügelschere auf 2 Glieder kürzen, die Keulen etwas in Richtung Körpermitte drücken, schräg stellen und zusammenbinden. ☛ Die Röstgemüse schälen beziehungsweise waschen und grob würfeln. Butterschmalz auf dem tiefen Backblech zerlaufen lassen und gut verteilen, dann die Ente im unteren Drittel des Ofens auf dem Blech von beiden Seiten goldbraun anbraten. Anschließend mit der Brustseite nach unten auf einen Gitterrost legen und auf die mittlere Einschubleiste des Ofens schieben. ☛ Die Röstgemüse auf dem tiefen Backblech verteilen. Leicht anrösten, das Tomatenmark zugeben, das

ebenfalls leicht rösten soll. Mit etwas Geflügelbrühe ablöschen, die Gemüse vom Blech lösen und die Flüssigkeit fast verdampfen lassen. Zweimal wiederholen, dann komplett mit der Brühe aufgießen. ☛ Nach etwa 50 Minuten Garzeit die Ente auf den Rücken drehen, die Temperatur auf 160 Grad reduzieren und die Ente weitere 60 bis 70 Minuten garen. Dabei öfter mit Bratfond übergießen. Am Ende der Garzeit sollte die Ente goldbraun sein. Aus dem Ofen nehmen, die Ofentemperatur auf 80 Grad reduzieren. Die Ente auf eine geeignete Platte legen und im Ofen warm halten. ☛ Währenddessen die Schmorflüssigkeit vom tiefen Backblech durch ein Sieb in einen Topf geben. Den Bratensatz mit etwas Wasser oder Rotwein vom Blech lösen und ebenfalls durchs Sieb gießen. Die Gemüse ein wenig ausdrücken. Den Fond mit Hilfe einer Schöpfkelle grob entfetten. ☛ Die Sauce etwa 15 Minuten köcheln lassen oder, wenn ihr noch Aroma fehlt, kräftig kochen und einreduzieren. Zum Schluss die Speisestärke in etwas Rotwein lösen, die Sauce nicht zu dicklich binden und mit Salz und Pfeffer abschmecken. ☛ Klassische Beilagen zur gebratenen Ente sind Rotkraut (Seite 168) und Kartoffelklöße.

Mostbraten auf altschwäbische Art

Dieses Gericht ist etwas für eine gemütlich-deftige größere Runde. Der Mostbraten braucht wie ein Sauerbraten einige Tage Vorbereitungszeit, denn das Fleisch wird zusammen mit Gemüse und Gewürzen mindestens drei Tage im Most eingelegt. Auch im Ofen nimmt sich der Mostbraten seine Zeit, gart knapp drei Stunden lang.

Für 10 Personen benötigen Sie etwa
2 kg Schweinehals am Stück,
2 mittelgroße Zwiebeln,
2 kleine Karotten,
¼ Sellerieknolle,
das Weiße von einer Lauchstange,
2 Lorbeerblätter,
2 Gewürznelken,
10 Wacholderbeeren,
je 2 Zweige Thymian und Majoran,
1 TL angedrückte weiße Pfefferkörner,
2 l schwäbischen Most,
200 ml Sahne,
gut 1 EL Schweine- oder Butterschmalz,
1 EL Speisestärke,
Salz, weißen Pfeffer.

Zubereitung: Das Röstgemüse waschen, putzen und in grobe Würfel schneiden. Das Fleisch in einem geeigneten Gefäß (das Fleisch muss komplett von Flüssigkeit bedeckt sein, ggf. etwas Wasser aufgießen) zusammen mit den Röstgemüsen, den Lorbeerblättern, Gewürznelken, Wacholderbeeren, Thymian und Majoran und den angedrückten Pfefferkörnern in den Most einlegen und an einem kühlen Ort mindestens drei Tage durchziehen lassen. Dabei gelegentlich wenden. ☛ Zur Zubereitung den Mostbraten aus der Marinade nehmen und abtropfen lassen. Den Backofen auf 200 Grad vorheizen, das Schmalz auf ein tiefes Backblech geben, dieses in den Ofen schieben. Den Braten abtupfen, mit Salz und Pfeffer würzen. Das geschmolzene Fett gut auf dem Backblech verteilen, das Fleisch drauflegen und unter zweimaligem Wenden 30 Minuten lang von allen Seiten anbraten. ☛ Währenddessen die Beize durch ein Sieb in eine Schüssel gießen. Nach dem Anbraten des Fleisches die im Sieb abgetropften Gemüse und Gewürze mit auf das Blech geben und etwas Farbe nehmen lassen. Mostbeize angießen, so dass das Blech leicht bedeckt ist, und die Flüssigkeit stark einreduzieren lassen. Zwei Mal wiederholen. ☛ Nach 1 Stunde Bratzeit den Backofen auf 150 Grad zurückschalten, etwa 2 cm hoch Beize angießen und das Fleisch unter mehrmaligem Wenden 1 weitere Stunde schmoren lassen. Dann herausnehmen und kurz auf eine Platte legen. Die Schmorflüssigkeit vom Backblech durch ein Sieb in einen Topf passieren, dabei das Gemüse gut ausdrücken. Die Sahne dazugeben und die Sauce unter häufigem Rühren kräftig auf die Hälfte einreduzieren. ☛ Währenddessen den Ofen wieder auf 200 Grad aufheizen, Ober- und Unterhitze wählen. Das Fleisch auf einen Gitterrost legen, auf die mittlere Einschubleiste schieben und bräunen lassen, dabei abtropfende Flüssigkeit im bereits benutzten Backblech auffangen. ☛ Wenn der Braten nach 20 bis 30 Minuten rundum gebräunt ist, aus dem Ofen nehmen, in Alufolie wickeln und vor dem Anschneiden etwa 10 Minuten entspannen lassen. Währenddessen die Sauce bis zur gewünschten Sämigkeit mit der in etwas Most gelösten Speisestärke binden. Mit Salz, Pfeffer und ggf. Most abschmecken. ☛ Dazu passen Spätzle und Kartoffelsalat, als Getränk natürlich Most oder aber ein kühles Bier.

Oberländer Bratwurst vom Hecht

Für vier Personen benötigen Sie 500 g Hechtfleisch ohne Gräten und Haut,
2 Eier,
200 ml Schlagsahne,
20 ml trockenen Wermut der Marke Noilly Prat,
50 g Weißbrot ohne Rinde, getrocknet und zu Bröseln vermahlen,
Salz, weißen Pfeffer,
eine Schüssel voller Eiswürfel,
500 ml Fischfond (siehe Seite 179),
etwas Riesling.

Die Oberländer Wurst hört auch auf den Namen Gschwollene oder Nackerte. Beides bezieht sich auf Charakteristika ihrer Herstellung. Die Wurstmasse ähnelt der für Weißwürste, besteht aus Schweine- und Kalbfleisch. Anders als die meisten Würste wird die Oberländer nicht in Därme gefüllt, sondern »nackert« durch eine Tülle ins kochende Wasser gespritzt und dort gebrüht. Sie wäre auch kalt verzehrbar, wird aber zum Servieren meist angebraten. Beim Braten schwillt die Wurst leicht an, was ihren zweiten volkstümlichen Namen erklärt.

Unser Rezept lehnt sich an die charakteristische Form dieser Wurstspezialität an, besteht aber statt aus Fleisch aus Fisch, genauer gesagt aus Hecht. Schließlich gedeihen in den vielen Seen Oberschwabens ansehnliche Hechte. Die Fischfarce herzustellen, ist etwas anspruchsvoll und braucht wie das Wurstmachen Eis zur Kühlung, doch der Genuss der selbst gemachten »Wurst« ist der Mühe wert. Falls Sie beim Händler keinen Hecht finden, lässt er sich durch Zander oder Waller ersetzen.

Zubereitung: Das Hechtfleisch waschen, mit Küchenkrepp trockentupfen und in kleine Würfel schneiden. Auf einem flachen Teller oder in einer Glasschüssel ausbreiten, mit Klarsichtfolie abdecken und im Gefrierschrank leicht überfrieren lassen. ☛ Die Eier verquirlen und zusammen mit den Fischstücken im Mixer kurz pürieren. Sahne und Wermut zugeben, nochmals gründlich, aber nicht zu lange pürieren, da sonst die Masse gerinnt. Mit Salz und Pfeffer abschmecken und letztmals durchmixen. ☛ Eine größere Schüssel halb mit Eiswürfeln füllen und eine kleinere Schüssel hineinstellen. In diese Schüssel die Fischmasse durch ein Sieb streichen und die Weißbrotbrösel einarbeiten. Die Masse in einen Spritzbeutel füllen und durch eine glatte, ausreichend dicke Tülle 10 bis 15 cm lange »Würste« auf einen mit kaltem Wasser benetzten Teller spritzen. ☛ In einem flachen Topf Salzwasser mit zusätzlich 500 ml Fischfond und einem guten Schuss Riesling aufkochen und die Hitze so reduzieren, dass die Flüssigkeit nur leicht siedet. ☛ Die Hechtwürste ins Wasser gleiten lassen, in etwa 15 Minuten garziehen lassen, aber keinesfalls kochen, da sie sonst zu fest werden. Am besten gelingt der Weg in den Topf, wenn etwas heiße Kochflüssigkeit in den Teller geschöpft wird und die Masse auf diesem Wasserfilm in den Topf rutscht. ☛ Die Oberländer vom Hecht lassen sich auf der Fisch-Weißweinsauce von Seite 180 servieren, dazu passen Kartoffelpüree und das Rahmsauerkraut von Seite 165.

Rehragout

Für 4 Personen benötigen Sie
800 g Rehfleisch am Stück und ohne Knochen aus der Schulter oder dem Hals,
1 mittelgroße Zwiebel,
1 mittelgroße Karotte,
¼ Sellerieknolle,
1 Knoblauchzehe,
2 EL Butterschmalz,
2 EL Mehl,
2 EL Tomatenmark,
600 ml Lemberger,
200 ml Wildfond (siehe Seite 178),
200 ml Sahne,
150 ml Rotweinessig,
1 EL Wildpreiselbeeren oder
1 EL Johannisbeergelee,
4 Lorbeerblätter,
10 Wacholderbeeren,
3 Pimentkörner,
1 TL weiße Pfefferkörner,
1 kleiner Zweig Rosmarin,
2 Zweige Thymian,
Salz, weißen Pfeffer,
nach Belieben Wacholderbrand oder Gin.

Als Garnitur
½ Schalotte,
60 g Pfifferlinge, Steinpilze oder Champignons,
30 g Bauchspeck,
1 EL Butter.

Das europäische Reh ist ein sehr anpassungsfähiges Wesen und kommt in der menschengemachten Kulturlandschaft bestens zurecht. Es lebt in fast ganz Europa, hat seinen Lebensraum bis hinauf zum Polarkreis und zur alpinen Baumgrenze. Entsprechend häufig kommt Reh als Wildgericht auf den Tisch. Bei uns ist es fast rund ums Jahr aus heimischer Jagd erhältlich, denn die Schonzeiten für Rehböcke und Rehgeißen (Ricken) überlappen sich nur in den Monaten Februar, März und April. Die zierlichen Tiere wiegen ausgewachsen zwischen 12 und etwa 30 Kilogramm, es ist also nicht viel an ihnen dran. Meist kommen Rehkeule, Rehrücken oder Rehragout auf den Tisch. Wir haben hier ein Rezept für ein klassisches Rehragout aufgeschrieben. Das Fleisch wird vorab 4 bis 6 Tage mariniert.

Zubereitung: Das Fleisch in möglichst gleich große Würfel von 4 bis 5 cm Kantenlänge schneiden, die Röstgemüse grob würfeln, die Knoblauchzehe ungeschält leicht andrücken. Das Fleisch und die Gemüse zusammen in eine geeignete Schüssel aus Edelstahl oder Porzellan geben, die Lorbeerblätter, die angedrückten Wacholderbeeren und Pimentkörner, die Pfefferkörner, Rosmarin und Thymian dazugeben. 500 ml des Lembergers sowie den Rotweinessig vermengen und über den Schüsselinhalt geben. Das Fleisch muss komplett von der Marinade bedeckt sein, ggf. mit Wasser oder etwas Wein aufgießen. Zugedeckt für 4 bis 6 Tage an einem kühlen Ort marinieren. ☛ Zum Fertigstellen die Marinierflüssigkeit durch ein Sieb in ein genügend großes Gefäß abseihen. Fleisch, Gemüse und Gewürze im Sieb gut abtropfen lassen, die Fleischstücke herauspicken und trockentupfen. In einem kleinen Topf die Marinade aufkochen und 200 ml davon in einen Messbecher gießen. ☛ In einem geeigneten Topf das Butterschmalz erhitzen, die Fleischwürfel mit Salz und Pfeffer würzen, mit dem Mehl bestäuben und scharf anbraten. Das Tomatenmark mitrösten, bis es seine Farbe ins Bräunliche verändert. Dann die Gemüse und Gewürze aus dem Sieb in den Topf geben und mitrösten. ☛ Haben die Gemüse etwas Farbe genommen, mit 100 ml Lemberger ablöschen und die Flüssigkeit auf die Hälfte einreduzieren lassen. Die 200 ml abgemessene Marinade, den Wildfond und die Sahne angießen, den Topfinhalt gründlich verrühren und das Fleisch bei aufgelegtem Deckel und geringer Hitze in 75 bis 90 Minuten weich schmoren. ☛ Dann die Fleischwürfel mit einer Schaumkelle aus der Sauce fischen, die Sauce durch ein Sieb in einen Topf passieren, dabei die Gemüse ein wenig ausdrücken. Die Sauce aufkochen und bei starker Hitze um etwa ein Viertel einreduzieren.
Ggf. mit etwas Speisestärke, die in Rotwein gelöst wurde, binden. Dann mit den Preiselbeeren/dem Johannisbeergelee, falls gewünscht, dem

Wacholderbrand, Salz und Pfeffer abschmecken und das Fleisch zurück zur Sauce geben. ☛ Zur Garnitur die Schalotte und den Bauchspeck ohne Schwarte und Knorpel fein würfeln, die Pilze in dekorative, mundgerechte, gleich große Scheiben oder Stücke schneiden. Die Butter in einer kleinen Pfanne schmelzen lassen, Schalotten- und Speckwürfel darin glasig dünsten und die Pilze unter einmaligem Wenden kurz anbraten. Salzen, pfeffern, die Pfanne gründlich durchschwenken und die Pilze zum Ragout servieren. ☛ Dazu die schwäbischste aller Beilagen reichen: Spätzle.

Rinderfilet mit Pfefferrahm

Ein Filetsteak wird überall gerne gegessen, weshalb keine Regionalküche es für sich vereinnahmen könnte. In einer Rahmsauce mit Pfeffer ist es ein Klassiker der bürgerlichen Küche, den man sehr gut selbst zubereiten kann. Wichtig sind Qualität und Zuschnitt des Fleischs: Kocht man für mehrere Personen, sollten alle Fleischstücke gleich dick sein und den gleichen Durchmesser haben. Wie andere Steaks gelingt ein Filet am besten, wenn es einige Tage abgehangen ist. Das erkennen Sie daran, dass die Fleischfarbe nicht frischrot ist. Frischrotes Fleisch sieht zwar appetitlich aus, ist aber in der Regel noch sehr schlachtfrisch. Besser ist dunkelrotes Fleisch. Noch besser ist, Sie bitten den Metzger Ihres Vertrauens, Ihnen ein optimales Stück herauszusuchen oder zurückzulegen.

Für 4 Personen benötigen Sie
4 Stücke Rinderfilet à etwa 180 g,
2 Schalotten,
2 EL Butter,
2 EL eingelegte grüne Pfefferkörner,
1 EL frische weiße Pfefferkörner,
1 Zweig Thymian,
250 ml Riesling oder Weißburgunder,
200 ml dunklen Kalbsfond (siehe Seite 177),
50 ml Sahne,
20 ml Cognac oder Weinbrand,
Salz, weißen Pfeffer,
Butterschmalz.

Zubereitung: Den Backofen auf 80 Grad vorheizen, die Schalotten schälen und fein würfeln, den EL frische weiße Pfefferkörner in einem Mörser fein zerstoßen. Die Butter in kleine Stücke schneiden und ins Gefrierfach stellen. ☛ Die Steaks auf beiden Seiten mit Salz und weißem Pfeffer aus der Mühle würzen, etwa 2 EL Butterschmalz in einer Pfanne erhitzen und das Fleisch je nach Dicke auf beiden Seiten 2 bis 4 Minuten anbraten. Es soll im Kern auf keinen Fall gar werden. Beim Anbraten immer wieder mit dem Bratfett übergießen. Dann herausnehmen und auf einem Teller im vorgeheizten Backofen warm halten. ☛ Das Fett aus der Pfanne gießen und in derselben Pfanne bei mittlerer Hitze in einem EL Butter die Schalottenwürfel zusammen mit dem gestoßenen weißen Pfeffer glasig dünsten. Die 2 EL grünen Pfeffer zugeben, mit dem Cognac oder Weinbrand ablöschen, den Thymianzweig einlegen und den Wein angießen. Die Temperatur auf volle Stärke erhöhen und die Flüssigkeit in der Pfanne nahezu verdampfen lassen. ☛ Dann Kalbsfond und Sahne angießen, aufkochen und etwas einreduzieren lassen. Die Hitze stark reduzieren, die Pfanne vom Feuer nehmen und den Thymianzweig entfernen. Nun stückweise die eiskalte Butter mit dem Schneebesen unterschlagen, um die Sauce zu binden. Die Sauce darf nun nicht wieder kochen, sonst verliert sich die Bindung. Mit Salz abschmecken. ☛ Die Filetsteaks auf vorgewärmten Tellern anrichten, eventuellen Fleischsaft vom Warmhalteteller zur Sauce geben, diese einmal durchrühren und über die Steaks geben. Dazu passt Kartoffelgratin (Seite 154) und/oder in etwas Brühe und Sahne geschwenktes junges Gemüse. ☛ Man könnte die Sauce grundsätzlich statt mit eiskalter Butter auch mit gelöster Speisestärke binden, doch die Butterbindung ist in Konsistenz, Optik und Geschmack feiner.

Rostbraten mit Röstzwiebeln

Für 4 Personen benötigen Sie
4 Rostbraten aus dem hohen Roastbeef, jeweils von etwa 180 g Gewicht,
2 mittelgroße Zwiebeln,
400 ml dunklen Kalbsfond oder Rinderfond (siehe Seite 177),
2 EL Butterschmalz,
1 EL Butter,
Salz, weißen Pfeffer,
100 ml Lemberger oder Zweigelt,
1 TL Speisestärke.

Auch wenn es Rostbraten heißt, ist das populärste schwäbische Fleischgericht ein klassisches, kurz gebratenes Rindersteak. Entscheidend für das gute Gelingen ist die Auswahl des Fleischs: Ein guter Rostbraten sollte etwa 180 g Gewicht haben und mindestens 1 cm dick sein, besser 1,5 cm. Das Fleisch muss an allen Stellen gleich dick sein, damit es gleichmäßig gart. Der beste Rostbraten lässt sich aus dem Roastbeef schneiden, und wenn Sie einen guten Metzger haben, der Ihre Vorliebe für gutes Essen teilt, dann bitten Sie ihn um Stücke aus dem hohen Roastbeef am Übergang zur hohen Rippe. Dort wird das Fleisch zunehmend durchwachsen und bleibt beim Braten besonders saftig.

Der so genannte Deckel, eine Schicht aufliegenden Fetts, sollte beim Braten dranbleiben und in Abständen von etwa 2 cm eingeschnitten werden, damit sich das Fleisch beim Braten nicht wellt. Ein Rostbraten sollte wie jedes hochwertige Rindersteak im Kern noch rosa sein. Unser Rezept sieht daher pro Seite 3 Minuten Garzeit bei etwa dreiviertelstarker Hitze vor. Kurz gebratenes Fleisch gelingt besser, wenn es nicht direkt aus dem Kühlschrank in die Pfanne kommt. Sie sollten es etwa 30 Minuten vor der Zubereitung aus dem Kühlschrank nehmen und die Fleischscheiben nebeneinander legen, damit sie Zimmertemperatur annehmen können.

Zubereitung: Das Fleisch ggf. leicht plattieren, so dass alle Stücke an allen Stellen gleich dick sind. Die Zwiebeln schälen, längs halbieren und in feine Scheiben schneiden. ☛ Den Backofen auf 80 Grad vorheizen oder alternativ ein genügend großes Stück Alufolie bereithalten, um das angebratene Fleisch darin warm zu halten. Den dunklen Kalbsfond oder Rinderfond aufkochen und auf gut die Hälfte einreduzieren. ☛ Das Fleisch salzen und pfeffern. In einer Pfanne das Butterschmalz stark erhitzen, die Hitze auf etwa drei Viertel reduzieren und das Fleisch auf beiden Seiten je 3 Minuten anbraten. Auf einen Teller geben und in den vorgewärmten Backofen stellen bzw. mit Alufolie bedecken. ☛ Das Bratfett abgießen, die Hitze etwas reduzieren und die Butter in der Pfanne schmelzen lassen. Die Zwiebelscheiben darin goldbraun anrösten. Mit dem eingekochten Fond ablöschen und die Zwiebeln weich garen. Zum Schluss die Speisestärke im Rotwein lösen und die Sauce binden. ☛ Das Fleisch aus dem Ofen/der Alufolie nehmen und auf vorgewärmten Tellern anrichten. Fleischsaft vom Warmhalteteller oder aus der Alufolie zur Sauce in der Pfanne geben, einmal durchrühren. Zwiebeln auf dem Fleisch anrichten, die Sauce außen herumträufeln und servieren. ☛ Zu einem Rostbraten passen je nach Anlass Spätzle, Röstkartoffeln, einfach nur eine Scheibe frisches Holzofenbrot oder ein Salatteller.

Sauerbraten

Für 6 bis 8 Portionen benötigen Sie
1,5 kg Rinderbraten aus dem Bug, am besten das Bugblatt.
Für die Beize benötigen Sie
etwa 2 l trockenen Rotwein (Trollinger),
etwa 200 ml Rotweinessig,
2 mittelgroße Zwiebeln,
1 Karotte,
¼ Sellerieknolle,
2 bis 3 Lorbeerblätter,
2 Gewürznelken,
10 Pfefferkörner,
10 Wacholderbeeren,
½ TL Senfkörner,
Zucker (in der Weihnachtszeit geben ein etwa 3 cm langes Stück Zimtrinde und/oder eine 0,5 cm dicke Orangenscheibe mit Schale ein saisonales Aroma).

Zum Garen des Bratens benötigen Sie
2 EL Butterschmalz,
1 EL Tomatenmark,
150 ml Sauerrahm oder Crème fraîche,
500 ml Rinderfond oder dunklen Kalbsfond (siehe Seite 177),
etwa 250 ml Lemberger,
Salz, Pfeffer,
Speisestärke.

In Essig eingelegtes Fleisch war früher, als man Lebensmittel allenfalls in Kellern kühlen konnte, häufig eine etwas anrüchige Sache. War das Fleisch nämlich nicht mehr ganz frisch und roch auch so, legte man es für ein paar Tage sauer ein, um es dennoch genießbar zu machen. Der Essig wirkte leicht desinfizierend und übertönte das »Gschmäckle« des Fleischs. Heute ist ein selbst eingelegter Sauerbraten weit entfernt davon, ein kulinarischer Notfall zu sein. Ganz im Gegenteil: Beim Sauerbraten kommen die Spätzle-mit-Sauce-verliebten Schwaben ganz auf ihre Kosten, und manche sagen, das Fleisch sei eigentlich nur nötig, damit eine ordentliche Sauce entsteht.

Für diesen geschmorten Braten empfehlen wir ein Stück aus der Rinderschulter, das Bugblatt. Häufig findet sich in Rezepten auch das so genannte falsche Filet, das ebenfalls geeignet ist, wegen seiner festeren Fleischstruktur allerdings in der Beize langsamer durchzieht und dazu neigt, beim Schmoren trocken zu werden. Das kann zwar bei einem Stück aus der hohen Rippe, die ebenfalls oft für Sauerbraten verwendet wird, nicht passieren. Allerdings zerfällt sie leicht und lässt sich kaum in schöne Bratenscheiben schneiden. Wir haben die Menge auf etwa 6 bis 8 Portionen bemessen, denn nur ein größeres Bratenstück wird richtig gut. Achten Sie beim Einkauf darauf, dass das Fleischstück möglichst kompakt und nicht zu flach ist. Dies mindert die Gefahr des Austrocknens. Das Fleisch sollte mindestens 3 bis 4 Tage in der Beize liegen und muss vollkommen von ihr bedeckt sein.

Zubereitung: Die Gemüse für die Beize schälen beziehungsweise waschen und grob würfeln, die Pfefferkörner und Wacholderbeeren zerstoßen. Den Wein und den Essig in einem Topf erhitzen, Gemüse und Gewürze dazugeben. Die Beize sollte mild genug sein, dass sie beim Garen angegossen werden kann. Ggf. mit einer Prise Zucker die Säure regulieren. ☛ Die Beize einmal aufkochen lassen, dann vom Feuer ziehen. Das Fleisch in eine geeignete Schüssel aus Edelstahl oder Porzellan geben und die abgekühlte Beize darübergeben. Das Fleisch muss komplett von Flüssigkeit bedeckt sein, ggf. mit Rotwein oder etwas Wasser auffüllen. Zugedeckt an einem kühlen Ort mindestens 3 Tage ziehen lassen. ☛ Zum Garen den Backofen auf 160 Grad vorheizen, das Fleisch aus der Beize nehmen, gut abtropfen lassen und gründlich abtrocknen. Die Beize durch ein Sieb in eine Schüssel gießen, die Gemüse im Sieb gut abtropfen lassen. Den Braten mit Salz und Pfeffer einreiben. ☛ In einem geeigneten Bräter auf dem Herd 2 EL Butterschmalz erhitzen und das Fleisch bei starker Wärmezufuhr von allen Seiten kurz anbraten. Herausnehmen, auf einen Teller geben und die abgetropften Gemüse aus dem Sieb im Bräter gründlich anrösten. Den Topfinhalt nicht zu oft durchrühren, damit Röststoffe entstehen, die der Sauce Farbe geben.

☛ Das Tomatenmark an eine freie Stelle auf dem Topfboden geben und mitrösten, bis es sich braun verfärbt hat. Mit dem Rotwein ablöschen und die Flüssigkeit fast komplett verdampfen lassen. Dann den Rinder- oder Kalbsfond angießen, mit einem Rührlöffel den Bodensatz im Topf gründlich ablösen und mit der Flüssigkeit verrühren, bis nichts mehr am Boden haftet. ☛ Das Fleisch zurück in den Bräter geben und mit der Beize aufgießen, so dass der Braten zu etwa 2/3 mit Flüssigkeit bedeckt ist. Den Bräter auf die mittlere Schiene des vorgeheizten Ofens stellen und einen Deckel auflegen. Nach 1 Stunde den Deckel abnehmen. Etwa 1 weitere Stunde schmoren, dabei das Fleisch 1 bis 2 mal wenden. ☛ Nach 2 Stunden eine Garprobe machen. Gleitet eine Fleischgabel leicht in den Braten und tritt nach dem Herausziehen klarer Saft aus, ist das Fleisch gar. Den Braten aus dem Ofen nehmen, auf einem Teller mit Alufolie bedecken und entspannen lassen. ☛ Die Sauce durch ein Sieb in einen Topf gießen und aufkochen lassen. Je nach Geschmacksintensität noch einreduzieren, dann mit Salz und Pfeffer, eventuell Wein oder Essig mild sauer abschmecken und mit einem Schneebesen die Crème fraîche einrühren. 2 EL Speisestärke in Wein auflösen und die Sauce sämig binden. ☛ Den Braten aus der Folie nehmen, aufschneiden, Fleischsaft aus der Folie zur Sauce geben. Das Fleisch auf vorgewärmten Tellern anrichten, die Sauce nochmals mit dem Schneebesen durchschlagen und über den Braten geben. ☛ Dazu passen – natürlich – Spätzle. Mit einem ostwärts über den Tellerrand gerichteten Blick kann man sich den Sauerbraten auch nach fränkisch-thüringischer Art mit Kartoffelklößen oder mit einem böhmischen Serviettenknödel vorstellen.

Saure Kutteln

Kutteln waren oft das einzige Fleisch der armen Leute, während sich ihre Herren an den besseren Fleischstücken gütlich taten. Möglicherweise haben die Römer die Kutteln in Europa verbreitet, denn es gibt Hinweise darauf, dass ihre Legionäre neben den üblichen Getreiderationen hie und da mit Kutteln abgespeist wurden. Damit Kutteln ihren doch recht derben Geschmack ablegen, müssen sie gut gereinigt und vorgekocht werden. Die feinsten Kutteln sind die vom Kalb. Allerdings bringen auch sie im Rohzustand einen unangenehmen Beigeschmack mit, der daher rührt, dass die Kälber vorwiegend mit Milch aufgezogen werden, die beim Verdauen säuert.

Kutteln gibt es beim Metzger meist vorgekocht und geschnitten, oftmals sind sie des appetitlicheren Aussehens wegen auch gebleicht. Wer wirklich gute Kutteln haben möchte, kauft sie dennoch besser am Stück ein, schneidet sie selbst von Hand in feine, gleichmäßige Streifen und kocht sie nochmals vor. Bei abgepackten Kutteln sollten Sie bedenken, dass Sie eine Menge Flüssigkeit mitkaufen (und -bezahlen), die Sie letztlich nur abgießen. Ob mit frischem Holzofenbrot oder mit Bratkartoffeln – ohne das einstige Arme-Leute-Gericht Saure Kutteln wäre die schwäbische Küche ärmer.

Für vier Personen benötigen Sie
800 g Kutteln, am besten vom Kalb,
1 kleine Zwiebel,
8 Wacholderbeeren,
4 Pimentkörner,
2 Gewürznelken,
3 Lorbeerblätter,
1 Zweig Thymian,
etwas Zitronenschale,
750 ml der Braunen Grundsauce von Seite 182,
500 ml Rotwein, am besten ein kräftiger Lemberger,
Salz, weißen Pfeffer,
Zucker,
Essig.

Zubereitung: Die Kutteln in feine Streifen schneiden, die Zwiebel mit den Gewürznelken und 1 Lorbeerblatt spicken. In einem genügend großen Topf leicht gesalzenes Wasser mit einem guten Schuss Essig aufkochen und die Kutteln zusammen mit der gespickten Zwiebel etwa 1 Stunde vorkochen, in ein Sieb abgießen und gut abspülen. ☛ Beiseite stellen und die Zubereitung der Braunen Grundsauce beginnen, sofern Sie sie nicht vorrätig haben. Falls Sie sie frisch machen, können Sie auf die im Grundrezept genannte gespickte Zwiebel verzichten, da sie bereits beim Vorkochen der Kutteln zum Einsatz kam. ☛ In ein Tee-Ei, einen Teefilter oder ein Stoffsäckchen die Wacholderbeeren, Pimentkörner, etwa 4 cm Zitronenschale, die restlichen Lorbeerblätter und den Thymian geben und mitkochen. Die Kutteln zur Sauce geben und weichkochen. Gut vorgekochte Kutteln benötigen dafür noch etwa 1 Stunde. Die Sauce sollte schön sämig sein, ggf. stellt man mit etwas Rotwein oder Brühe die richtige Konsistenz ein. ☛ Zum Schluss die Gewürze entfernen und die Kutteln mit Salz, Pfeffer, Zucker, Essig und etwas Zitronenabrieb abschmecken.

Saure Nieren

Für 4 Personen benötigen Sie
800 g Schweinenieren,
2 kleine Zwiebeln,
1 EL Mehl,
1 EL Butter,
2 EL Butterschmalz,
400 ml dunklen Kalbsfond (siehe Seite 177),
125 ml Lemberger,
100 ml Rotweinessig,
Salz, Pfeffer.

Die Niere ist ein Organ, das für die Ausscheidung von Stoffwechselprodukten zuständig ist und das zu diesem Zweck Harn bildet. Dementsprechend heikel ist diese Innerei geschmacklich. Wichtig ist, dass die Schweinenieren, die für die klassisch-schwäbischen Sauren Nierle Verwendung finden, vom Metzger sorgsam behandelt und vom umgebenden Nierenfett befreit wurden. Ideal ist es, wenn die Organe von jüngeren Tieren stammen, bei denen der Geschmack feiner ist als bei älteren. Es empfiehlt sich, die Nieren vor der Zubereitung über Nacht zu wässern oder in Milch einzulegen. Diese Flüssigkeiten schüttet man nach dem Einlegen weg und beginnt mit dem Vorbereiten des Fleischs.

Zubereitung: Zunächst zieht man die nahezu durchsichtige äußere Haut der Nieren ab und schneidet sie weg. Dann die Nieren flach auf ein Schneidbrett legen und parallel zum Brett entlang der flachen Seite halbieren. Im Inneren der Nieren nun dunkle Stellen und weiße Gefäße großzügig wegschneiden, denn in ihnen verbergen sich unangenehme Aromen. ☛ Die Nieren quer in etwa 1 cm breite Streifen schneiden. Das Fleisch wird erst nach dem Anbraten gesalzen, da es sonst, wie Leber, hart und trocken wird. Die Zwiebeln fein würfeln. Das Butterschmalz in einer großen Pfanne erhitzen und die Nieren bei starker Hitze kräftig, aber wegen der Gefahr des Austrocknens nur kurz anbraten, dabei mehrfach wenden. ☛ Auf mittlere Hitze reduzieren und die Zwiebelwürfel dazugeben, die etwa 1 Minute mitgebraten werden. Dann aus der Pfanne in ein Sieb gießen und unter das Sieb eine Schüssel zum Auffangen des Bratensafts stellen. Die Nieren im Sieb salzen und pfeffern, dabei zum Verteilen der Gewürze ein wenig schwenken. ☛ Die Butter in der Pfanne schmelzen lassen, mit dem Mehl bestäuben und das Mehl unter Rühren bräunen. Erst mit dem Essig, dann mit dem Kalbsfond ablöschen, glattrühren, 5 Minuten kochen und dabei auf etwa die Hälfte einreduzieren lassen. ☛ Den Wein, die Nieren und den aufgefangenen Bratensaft (wem dessen Innereien-Aroma zu kräftig ist, lässt ihn weg) in die Pfanne geben. Nochmals aufkochen lassen, aber nicht mehr zu lange kochen, da die Nieren sonst trocken werden. Mit Salz und Pfeffer abschmecken und mit Spätzle oder mit Röstkartoffeln servieren.

Schweinebraten

Für 6 Personen benötigen Sie 1,2 bis 1,5 kg Schweinenuss, 1 kg Schweineknochen, 2 mittelgroße Zwiebeln, 1 mittelgroße Karotte, ¼ Sellerieknolle, 1 Tomate, 2 Knoblauchzehen, 2 EL Schweineschmalz oder Butterschmalz zum Braten, 1 EL Tomatenmark, 500 ml Fleischbrühe (siehe Seite 173) oder Wasser, 300 ml Trollinger, 8 Wacholderbeeren, 2 Lorbeerblätter, 1 Gewürznelke, ¼ TL Kümmel, Salz, weißen Pfeffer, Speisestärke.

Die Lust am Schweinebraten teilen sich die Schwaben mit ihren östlichen und südöstlichen Nachbarn in Franken, Bayern und im gesamten Donauraum. Wir machen den Braten aus der großen Nuss, die ein Stück der Keule ist. Wie bei allen Bratenstücken kommt es auch hier auf die Größe an; die Menge ist auf 6 Personen bemessen; allfällige Bratenreste schmecken auch als kalter Braten mit der Remoulade von Seite 186, oder sie werden zur Tellersülze von Seite 56 verwertet. Wir machen den Braten komplett im Backofen, und die Sauce entsteht zeitgleich mit dem Fleisch in der Bratenform.

Zubereitung: Ein tiefes Backblech oder eine große Bratenform bei 220 Grad im Backofen erhitzen. Die Röstgemüse schälen beziehungsweise waschen und grob würfeln, die Tomate ebenfalls grob würfeln, die Knoblauchzehen längs halbieren. ☛ Das Fleisch mit Salz und Pfeffer würzen, das Schmalz ins Backblech/die Bratenform geben, schmelzen lassen, gleichmäßig verteilen und das Fleisch darin rundherum anbraten. Beim Wenden und auch später beim Mitrösten von Knochen und Gemüse darauf achten, den Ofen nicht öfter als nötig und stets möglichst kurz zu öffnen, da jedes Mal viel Hitze entweicht, die sich nur langsam wieder aufbaut. ☛ Nach 20 Minuten Bratzeit die Knochen um das Fleisch herum verteilen und mitrösten. Fleisch und Knochen gelegentlich wenden. Nach 50 Minuten Bratzeit die gewürfelten Gemüse sowie die Gewürze zugeben und mit den Knochen vermischen. ☛ Nach 70 Minuten Bratzeit das Tomatenmark zugeben und 20 Minuten lang mitrösten, damit es Farbe nehmen kann. Nach 90 Minuten Bratzeit den Wein und die Brühe/das Wasser angießen. Den Backofen auf 160 Grad zurückschalten und den Braten weitere 30 Minuten garen. ☛ Dann den Ofen öffnen, das Backblech/die Bratenform herausnehmen. Den Braten in eine Auflaufform oder Ähnliches legen und bei 120 Grad noch etwa 30 Minuten im Ofen ziehen lassen. ☛ Den Saucenansatz mitsamt Knochen und Gemüse in einen geeigneten Topf abgießen, dabei auch den Bratensatz vom Blech/der Bratenform mit Brühe oder Wasser lösen und in den Topf geben. 20 Minuten köcheln lassen, durch ein feines Sieb passieren und, falls es der Sauce noch an Aroma fehlt, bei stärkerer Hitze etwas einreduzieren. ☛ Mit Salz und Pfeffer abschmecken, 1 EL Speisestärke in Brühe oder Wasser lösen und die Sauce vorsichtig zur gewünschten Konsistenz binden. Die ideale Schweinebratensauce ist relativ klar und dünnflüssig. ☛ Zum Braten passen Spätzle und Kartoffelsalat (Seiten 142/47), aber auch Weckknödel oder Kartoffelklöße. Der Schweinebraten ist eines der wenigen Fleischgerichte, zu denen ein Bier besser passt als ein Glas Wein.

Spanferkelkeule in Schwarzbiersauce

Für 10 Personen benötigen Sie
1 Spanferkelkeule mit Schwarte von 2,5 bis 3 kg Gewicht,
3 mittelgroße Zwiebeln,
2 mittelgroße Karotten,
¼ Sellerieknolle,
1 Knoblauchzehe,
1 l dunklen Kalbsfond (siehe Seite 177),
500 ml Schwarzbier,
2 EL Schweine- oder Butterschmalz,
1 EL Tomatenmark,
10 Wacholderbeeren,
1 Gewürznelke,
½ TL Kümmel,
3 Zweige Thymian,
1 Zweig Rosmarin,
Salz, weißen Pfeffer,
1 EL Speisestärke.

Was bei Rindern das Milchkalb, ist bei Schweinen das Spanferkel – ein Jungtier, das noch von der Mutter gesäugt wird. Spanferkel kommt vermutlich vom altdeutschen Wort »Spänen«, das »Saugen« bedeutet. Etwas größere Ferkel, die mehr als fünf Kilo wiegen und schon selbst fressen, nennt man Läufer, und unser Rezept lässt sich ebenso gut mit der Keule eines Läufers zubereiten. Spanferkel muss man in der Regel beim Metzger vorbestellen, und wenn dieser ein Tier anbieten kann, das auf einem Bauernhof in der Nähe aufgezogen wurde – umso besser. Wie der Mostbraten ist dieses Gericht etwas für eine große Tafel.

Zubereitung: Den Backofen auf 180 Grad vorheizen. Die Schwarte der Keule mit einem scharfen Messer rautenförmig einschneiden, aber nicht zu tief ins Fleisch schneiden, sonst trocknet es an diesen Stellen aus. Die Keule kräftig mit Salz und frisch gemahlenem Pfeffer einreiben. ☛ Die Röstgemüse grob würfeln, die Knoblauchzehe quer halbieren, Wacholderbeeren andrücken und zusammen mit Nelke und Kümmel (den weglassen kann, wer ihn nicht mag) zum Gemüse geben. ☛ Eine Saftpfanne oder ein tiefes Backblech in der Ofenmitte erhitzen, das Schmalz darauf zerlaufen lassen und die Keule rundherum anbraten. Dann die Keule herausnehmen, das Gemüse in die Saftpfanne/das Backblech geben und auf die unterste Schiene des Ofens schieben. ☛ Die Keule mit der Schwarte nach unten auf ein Gitterrost geben und auf die mittlere Schiene schieben. Die Röstgemüse etwas Farbe nehmen lassen, dabei mehrmals wenden. Dann das Tomatenmark zugeben und ebenfalls Farbe nehmen lassen. ☛ Mit einem Viertel des Kalbsfonds ablöschen und dabei mit einem Rührlöffel den Bratensatz vom Pfannen-/Blechboden lösen. Die Flüssigkeit nahezu komplett einreduzieren lassen, dann ein weiteres Viertel vom Fond angießen und nochmals einreduzieren. Schließlich den restlichen Fond angießen und die Temperatur auf 160 Grad reduzieren. ☛ Die Hälfte des Biers zum Fond gießen, den Rest in eine flache Schale, aus der die Keule während des Garens immer wieder eingepinselt wird. Insgesamt garen Keule und Saucenansatz 2 bis 2½ Stunden, nach etwa 1 Stunde die Schwartenseite nach oben drehen. Die Keule ist gar, wenn die Flüssigkeit, die nach einem knochentiefen Einstich mit einer Fleischgabel austritt, klar ist. Die fertig gegarte Keule aus dem Ofen nehmen, in Alufolie wickeln und vor dem Anschneiden entspannen lassen. ☛ Währenddessen die Saftpfanne/das tiefe Blech aus dem Ofen nehmen und den Saucenansatz durch ein Sieb in einen Topf gießen. Den Bratensatz am Boden und an den Seiten mit dem restlichen Bier aus der Schale und einem Rührlöffel oder Gummispatel

lösen und ebenfalls in den Topf seihen. Die Sauce aufkochen und bis zur gewünschten Geschmacksintensität einreduzieren lassen. Die Speisestärke in etwas Wasser auflösen, die Sauce leicht binden, dann mit Salz und Pfeffer abschmecken. ☛ Zu diesem gleichermaßen feinen wie deftigen Fleischgericht passen als Beilage Bauernbrot, Kartoffelpüree oder Knödel, in Herbst und Winter auch Sauerkraut (Seite 164).

Siedfleisch mit Bouillongemüse

Für 6 Personen benötigen Sie
1,5 Kilo leicht durchwachsenes Rind- oder Kalbfleisch aus dem Bug,
3 bis 4 Markknochen von Rind oder Kalb,
500 g fest kochende Kartoffeln,
2 Zwiebeln,
5 mittelgroße Karotten,
¼ Sellerieknolle,
2 Petersilienwurzeln,
1 Stange Lauch,
1 Knoblauchzehe,
2 EL Butter,
1 Zweig Thymian,
einige Stängel Schnittlauch,
1 Stängel Liebstöckel,
1 Lorbeerblatt,
5 Pimentkörner,
2 Nelken,
1 EL Estragon- oder Weißweinessig,
Salz, weißen Pfeffer,
etwas frisch geriebenen Meerrettich oder Sahnemeerrettich.

Der Tafelspitz ist dem Namen nach ein Einwanderer aus dem Donauraum: Bei diesem Fleischstück handelt es sich um das spitz zulaufende Ende eines Muskels der Rinderkeule. In unserem Rezept für gekochtes Fleisch wird statt dem Stück aus der Keule eines aus der Schulter verwendet, auch Bug genannt. Der Bug setzt sich aus verschiedenen Muskelsträngen zusammen, unter anderem dem Bugblatt, das leicht durchwachsen und von einer Sehne durchzogen ist, daher nicht so leicht austrocknet und sich auch hervorragend für Sauerbraten eignet. Am besten lassen Sie sich vom Metzger ein passendes Stück für Ihre Zwecke aussuchen.

Wenn Sie Kalbsbug und Kalbsknochen für das folgende Rezept verwenden, wird das Ergebnis besonders fein und die Kochzeit reduziert sich um etwa ein Viertel. Beim Siedfleisch verhält es sich so wie bei den Braten: Am besten schmeckt es, wenn größere Stücke zubereitet werden, deshalb ist die Menge Fleisch auf 6 Portionen bemessen. Übrig bleibendes Fleisch lässt sich einfrieren oder zum Rindfleischsalat von Seite 50 verarbeiten. Bei den Gemüsen passen Sie bitte die Mengen der Zahl der Esser am Tisch an oder essen den Rest am folgenden Tag als kräftige Gemüsesuppe.

Zubereitung: Das Fleisch und die Knochen in reichlich kochendem Wasser blanchieren, bis die Oberfläche des Fleischstücks durchgehend hellgrau ist. Das Blanchieren dient dazu, Verunreinigungen an der Oberfläche von Fleisch und Knochen zu entfernen, was später die Brühe klarer macht. ☛ Das Wasser abgießen, Fleisch und Knochen unter fließendem Wasser abwaschen, den Topf reinigen und mit etwa 3 l kaltem Wasser wieder aufsetzen. Das Wasser muss das Fleischstück komplett bedecken. ☛ 2 Karotten, 1 Petersilienwurzel, die Hälfte der geviertelten Sellerieknolle und die obere Hälfte der Lauchstange (bis knapp ins Grün hinein) waschen, säubern und mit Küchengarn zusammenbinden. In den Topf geben und das Wasser leicht salzen. Ohne Deckel aufkochen lassen. ☛ Den sich auf der Wasseroberfläche bildenden Schaum sich zunächst verfestigen lassen, bevor Sie ihn mit einer Schaumkelle oder einem Löffel abschöpfen. Die Brühe 45 Minuten ohne Deckel köcheln lassen, ohne dass das Wasser zu stark wallt. ☛ Dann 1 Zwiebel schälen, der Länge nach halbieren und die beiden Schnittseiten ohne Fett in einer beschichteten Pfanne dunkelbraun anrösten. Die Knoblauchzehe längs halbieren. Die gebräunte Zwiebel und eine Hälfte der Knoblauchzehe in den Topf geben und weitere 2 Stunden simmern lassen, ohne dass das Wasser stark kocht. ☛ 30 Minuten vor Ende der Garzeit den Zweig Thymian, das Lorbeerblatt, die Nelken und die angedrückten Pimentkörner zugeben, 10 Minuten vor dem Ende den Liebstöckel. Abschließend die Brühe mit Salz

und Pfeffer abschmecken und das Fleisch darin warm halten. ☛ Nun die Beilagengemüse vorbereiten. Kartoffeln, 3 Karotten, 1 Petersilienwurzel und den Rest der Sellerieknolle schälen. Alle Gemüse gleichmäßig und separat würfeln; am schönsten sieht es aus, wenn alle Gemüse etwa gleich groß in 1 cm große Würfel geschnitten sind. ☛ Die übrig gebliebene Zwiebel fein würfeln. Den Boden eines passenden Topfs mit der anderen Hälfte der Knoblauchzehe ausreiben, 1 EL Butter darin schmelzen lassen und die Zwiebelwürfel glasig dünsten. ☛ Die Kartoffelwürfel zugeben und mit 1 EL Estragon- oder Weißweinessig ablöschen. Die Karottenwürfel zugeben und eine Schöpfkelle Brühe aus dem Fleischtopf durch ein Sieb auf das Gemüse geben. Die Garzeit richtet sich nach der Größe der Gemüsewürfel, 1 cm fein gewürfelt brauchen sie etwa 10 Minuten lang. ☛ Sellerie- und Petersilienwurzelwürfel zugeben und so viel Fleischbrühe durch das Sieb angießen, dass die Gemüse knapp bedeckt sind. 5 Minuten bevor die Gemüse gar sind, den Lauch in feine Streifen schneiden und zusammen mit 1 EL Butter zum Gemüse geben. ☛ Zum Anrichten das Fleisch aus der Brühe nehmen, unter fließendem Wasser von Gemüseresten befreien und in dünne Scheiben schneiden. Auf vorgewärmten Tellern je zwei Scheiben Fleisch anrichten und mit Schnittlauchröllchen garnieren. ☛ Gemüse aus der Bouillon beilegen, etwas Brühe aus dem Fleischtopf durch ein Sieb darüberschöpfen und frischen Meerrettich über den Teller reiben. Alternativ dazu Sahnemeerrettich reichen. Was an Brühe übrig bleibt, wird durch ein Sieb abgeseiht und ist eine kräftige Fleischbrühe als Suppenbasis.

Beilagen

Es ist noch gar nicht so lange her, da war Fleisch so kostbar – und teuer – dass viele der hier vorgestellten Beilagen auch an Sonntagen als eigenständiges Hauptgericht durchgegangen wären. Gerichte wie Saure Kartoffelrädle oder Saure Bohnen erinnern daran, dass die ursprüngliche Schwäbische Küche oft aus dem Mangel eine Tugend machen musste. Kartoffelrädle mit einem grünen Salat oder Saure Bohnen mit Hefeknöpfle sind auch heute eine vollwertige, fleischlose Mahlzeit mit mittlerweile nostalgischem Flair.

Dass Spätzle sogar als Solisten mit wenig Beiwerk auf dem Teller eine gute Figur machen, muss man kaum lange erklären: Kässpätzle kennt ja jeder. Dass zwei je für sich einfache Dinge – Linsen in saurer Sauce und Spätzle – im Zusammenspiel eine kulinarische Nationalhymne intonieren und das charakteristischste Gericht überhaupt der Schwäbischen Küche sind, zeigt ebenfalls, wie tief diese Regionalküche in bescheidenen Verhältnissen wurzelt.

Linsen in Lemberger, Rahmlinsen

Linsen mit Spätzle – ein Linsengemüse mit Teigwaren kommt in der deutschen Küche ausschließlich im Schwäbischen vor. Klassisch werden die Linsen in einer sämigen, braunen, sauer abgeschmeckten Sauce zubereitet, die für verschiedene schwäbische Küchenklassiker typisch ist und deren Rezept Sie auf Seite 182 finden. Falls Sie die Sauce für die Linsen frisch zubereiten, können Sie die dort angegebene Fleischbrühe teilweise durch das Kochwasser der Linsen ersetzen. Als Rotwein eignet sich Lemberger oder ein anderer kräftiger Rotwein.

Ganz anders präsentiert sich die Hülsenfrucht, die früher in großen Mengen auf der Schwäbischen Alb und im Württembergischen Schwarzwald angebaut wurde, wenn sie als Rahmlinsen zubereitet wird: Rahmlinsen sind eine Beilage für gebratenen Fisch, etwa ein auf der Haut gebratenes Zanderfilet, je nach Gusto sogar zu einem kurz gebratenen Stück Fleisch.

Mittlerweile sind Linsen von der Schwäbischen Alb im Handel wieder zu finden; sie sind wie die sehr ähnlichen Puy-Linsen im Vergleich zu den gängigen Tellerlinsen kleiner, rundlicher und etwas festkochender. Für Rahmlinsen sind die kleineren, festeren Sorten uneingeschränkt empfehlenswert, bei der klassischen Zubereitung kann man geteilter Meinung sein. Wer die Linsen gerne sämig mag, darf getrost bei den Tellerlinsen bleiben.

Linsen klassisch

Für 4 Personen benötigen Sie
400 g getrocknete Linsen,
1 mittelgroße Zwiebel,
2 Knoblauchzehen,
750 ml der Braunen Grundsauce von Seite 182,
1 Lorbeerblatt,
2 Gewürznelken,
Salz, weißen Pfeffer,
Zucker,
Rotweinessig und Lemberger zum Abschmecken,
100 g mageren, mild geräucherten Bauchspeck am Stück,
4 Paar Saitenwürstchen (So jedenfalls ist es die klassische Art. Heute würde man pro Portion wohl ein Würstchen für ausreichend halten.).

Zubereitung: Die Knoblauchzehen und die Zwiebel schälen, die Zwiebel mit dem Lorbeerblatt und den Gewürznelken spicken. In einem Topf 2 l kaltes, ungesalzenes Wasser aufsetzen, den Bauchspeck, die gespickte Zwiebel, die Knoblauchzehen sowie die Linsen dazugeben und zum Kochen bringen. Das Wasser nicht salzen, weil die Linsen sonst nicht weich werden. ☛ Die Linsen in etwa 30 bis 40 Minuten weich kochen, Knoblauch, gespickte Zwiebel und Bauchspeck entfernen und die Linsen in ein Sieb abgießen. Das Kochwasser ggf. auffangen und weiterverwenden. ☛ Die Mehlschwitze für die Braune Sauce beginnen beziehungsweise die fertige Braune Sauce erwärmen. Die abgetropften Linsen und den Bauchspeck zur Sauce geben und erwärmen, aber nicht mehr kochen lassen. ☛ Währenddessen die Würstchen in Salzwasser langsam erwärmen. Abschließend die Linsen mit Salz, Pfeffer, Essig, Zucker und Lemberger abschmecken, Saitenwürstchen dazugeben und mit handgeschabten Spätzle servieren.

Rahmlinsen

Für 4 Personen benötigen Sie
250 g Alb- oder Puy-Linsen,
2 mittelgroße Zwiebeln,
1 mittelgroße Karotte,
¼ Sellerieknolle,
1 Petersilienwurzel,
das Weiße von 1 Stange Lauch,
1 Knoblauchzehe,
1 EL Butter,
500 ml dunklen Kalbsfond,
125 ml Trollinger mit Lemberger,
250 ml Schlagsahne,
150 ml Orangensaft,
150 ml Apfelsaft,
100 ml Balsamicoessig (je cremiger, desto besser),
1 TL Estragon (frisch oder getrocknet),
Salz, Pfeffer.

Zubereitung: Die Gemüse waschen, putzen, schälen und fein würfeln, Knoblauchzehe ebenfalls fein würfeln. 100 ml Kalbsfond, den Wein und den Balsamicoessig in einem kleinen Topf sirupartig einkochen und beiseite stellen. ☛ Währenddessen in einem größeren Topf die Gemüse bei mittlerer Hitze in der Butter 3 bis 4 Minuten anschwitzen, kurz vor Ende den Knoblauch zugeben, einmal durchschwenken, die Linsen zugeben und ebenfalls kurz anschwitzen. ☛ Den restlichen Kalbsfond mit den beiden Säften angießen und die Linsen ohne Deckel 35 bis 40 Minuten bei mittlerer Hitze köcheln, bis sie weich sind und die Garflüssigkeit kräftig einreduziert ist. Etwa 10 Minuten vor Ende der Garzeit den Estragon und die Sahne einrühren, zum Schluss mit Salz und Pfeffer abschmecken. ☛ Die Reduktion aus Fond, Wein und Balsamico dient als Dekoration, etwa wenn Sie auf einen Spiegel aus Rahmlinsen ein auf der Haut gebratenes Zanderfilet (Seite 89) geben und den dunklen Sirup rundherum träufeln.

Spätzle

Mit ihren Spätzle ist die Schwäbische Küche die einzige in Deutschland, in der frische, hausgemachte Teigwaren eine wichtige Rolle spielen und die dafür spezielle Gerätschaften erfunden hat: das Spätzlebrett und den zugehörigen Schaber sowie die Spätzlepresse. Mehr noch, die Spätzle sind das Zentralgestirn dieser Regionalküche. Sie sind Beilage, können aber auch zum Hauptgericht werden. Mit guten, frischen Spätzle ist es wie mit der Pasta aus Italien: Sie schmecken sogar ohne alles.

Klassisch werden Spätzle aus Eiern und Weizen- oder Dinkelmehl bereitet. Während die italienische Pasta lediglich aus Hartweizengrieß und Wasser besteht, brauchen die schwäbischen Spätzle die Zugabe von Eiern. Der nördlich der Alpen gedeihende Weichweizen hat nicht genügend Klebereiweiß, um alleine zusammen mit Wasser die notwendige Bindung für einen Nudelteig zu erzeugen. Für Spätzle wird ein Mehl verwendet, dessen Mahlgrad zwischen dem Mehl für Backwaren (feiner) und Grieß (gröber) liegt. Dieser Mahlgrad heißt Dunst; auch der Begriff doppelgriffiges Mehl ist gebräuchlich. Speziell angebotene Spätzlemehlsorten haben genau diese Körnung, die dafür sorgt, dass die Spätzle genügend fest im Biss werden.

Oftmals werden die Spätzle durch eine Presse oder über einen Hobel ins heiße Wasser gedrückt, doch eigentlich macht das Schaben von Hand – etwas Übung vorausgesetzt – gar nicht so viel mehr Mühe. Wie man Spätzle schabt, lässt man sich am besten von jemandem zeigen, der es kann.

Spätzle klassisch

Als Beilage für 4 Personen benötigen Sie
200 g Dunst oder Spätzlemehl,
3 Eier,
Salz.

Zubereitung: Zum Anrühren des Teigs das Mehl in eine Rührschüssel geben, dazu 3 Eier und eine Prise Salz. Klassischerweise wird der Spätzleteig mit einem Rührlöffel erst gerührt, dann geschlagen, bis er Blasen wirft. Ziel ist ein zäher Teig, der sich nur schwer vom Löffel löst. ☛ Ist der Teig noch zu trocken, kommt ein weiteres Ei dazu. Sind die Eier besonders klein, braucht der Teig eventuell noch ein bisschen Wasser. Statt mit dem Rührlöffel lässt sich der Teig auch mit den Knethaken der Küchenmaschine anrühren. ☛ Dann den Teig 20 Minuten ruhen lassen und in einem großen Topf kräftig gesalzenes Wasser zum Kochen bringen. Die Hitze reduzieren, so dass das Wasser nur noch leicht köchelt. Vor dem Schaben den Teig noch einmal gut durchrühren. ☛ Auf ein mit Kochwasser befeuchtetes Spätzlebrett einen etwa faustgroßen Klumpen Teig geben und ihn mit einem ebenfalls befeuchteten Spätzleschaber oder einer Palette zum vorderen Ende des Spätzlebretts hin dünn und glatt streichen. Vom vorderen Rand des Teigflecks her möglichst dünne Spätzle ins Kochwasser schaben. Wer keine Oma zum Über-die-Schulter-Schauen hat: Im Internet gibt es reichlich Anleitungen, wie man Spätzle schabt. ☛ Die Spätzle werden kurz aufgekocht, bis sie an die Wasseroberfläche steigen, mit einem Sieb aus dem Wasser gefischt, kalt abgeschreckt

und sollen dann gut abtropfen. ☛ Zum Servieren schwenkt man sie in einer Pfanne kurz in Butter, was ihnen einen schönen Glanz und ein feines Aroma verleiht. Wer mag, reibt etwas Muskatnuss darüber. Für den Hausgebrauch kann man die Schüssel mit den fertigen Spätzle auch für 1 Minute im Mikrowellenherd wärmen, wo sie schnell heiß und schön locker werden.

Leberspätzle

Zum Hauptgericht für 4 Personen benötigen Sie
400 g Spätzlemehl,
4 Eier,
150 g Leber von Kalb, Rind oder Schwein (nach Möglichkeit bereits beim Metzger fein hacken lassen),
1 mittelgroße Zwiebel,
1 TL Majoran, frisch oder getrocknet,
Butter,
Salz, weißen Pfeffer, Muskat.

Zusammen mit etwas Leber wird aus der Nudelbeilage ein eigenes Hauptgericht, zu dem ein grüner Salat oder Kartoffelsalat bestens passt.

Zubereitung: Die Hälfte der Zwiebel fein würfeln und zusammen mit dem fein gehackten Majoran kurz in etwas Butter dünsten. ☛ Mehl, Ei und Leber zu einem Spätzleteig verrühren. Welche Sorte Leber Sie verwenden, ist Geschmackssache: Am feinsten schmeckt Kalbsleber, am kräftigsten Leber vom Schwein. Da das Fleisch Feuchtigkeit mitbringt, lieber zunächst ein Ei weniger in den Teig schlagen. Wenn der Teig geschmeidig ist, die gedünstete Zwiebel und den Majoran unterkneten. Die Leberspätzle werden wie Beilagenspätzle vom Brett geschabt, kurz gekocht, abgeschöpft und abgeschreckt. ☛ Zum Servieren etwas Butter in Pfanne schmelzen lassen, die andere Hälfte der Zwiebel fein würfeln und darin glasig dünsten, dann die Leberspätzle in der Pfanne durchschwenken und mit Salz, Pfeffer, Muskat, evtl. nochmals etwas Majoran abschmecken. ☛ Noch gehaltvoller wird das Gericht, wenn zum Schluss 1 oder 2 verquirlte und mit Salz, Pfeffer und Muskat abgeschmeckte Eier über die Leberspätzle in der Pfanne gegeben und zum Stocken gebracht werden. ☛ Ebenfalls eine habhafte Speise sind geröstete Leberspätzle, wenn Sie wie mancherorts üblich auf Sauerkraut mit ausgelassenen Speckwürfeln serviert werden. Blieb beim Essen etwas übrig, hat man die Reste früher als Suppeneinlage verwertet.

Kässpätzle

Für 4 Personen benötigen Sie
400 g Spätzlemehl,
5 bis 6 Eier,
3 mittelgroße Zwiebeln,
1 EL Butterschmalz,
300 g Allgäuer Bergkäse oder Allgäuer Emmentaler,
Salz, Muskat.

Spätzle mit Käse sind nicht nur im württembergischen Allgäu mit seinen unerschöpflichen Emmentalervorkommen eine geschätzte Hauptspeise. Allgäuer Emmentaler und Allgäuer Bergkäse sind in der Herstellung sehr ähnlich; Bergkäse darf sich der Hartkäse nennen, wenn er mindestens vier Monate gereift ist; er ist daher etwas kräftiger im Geschmack. Beide Allgäuer Sorten sind heute auch in Bio-Qualität im Angebot.

Zubereitung: Die Spätzle wie oben beschrieben zubereiten, schaben und kochen, jedoch nicht mit kaltem Wasser abschrecken. ☛ Den Käse reiben, die Zwiebeln entweder fein würfeln oder längs halbieren und in Streifen schneiden. Den Backofen auf 180 Grad vorheizen, in einer Pfanne die Zwiebeln im Butterschmalz goldbraun rösten. ☛ In eine gebutterte Auflaufform eine Lage Spätzle geben und ein Drittel des Käses

darauf verteilen. Eine Lage Spätzle, Käse, wieder Spätzle in die Form schichten. Obenauf die Zwiebeln und den restlichen Käse verteilen und die Form für 10 bis 15 Minuten in den Backofen geben, bis die oberste Käseschicht zerlaufen bis goldbraun ist. ☛ Dazu passt Feldsalat oder grüner Salat.

Bärlauchspätzle, Haselnussspätzle

Die verwendeten Zutaten werden rechts im Zubereitungstext aufgezählt.

Variationen des Grundrezepts, die sich zu bestimmten Hauptgerichten besonders gut machen, sind Bärlauchspätzle zu Lamm und Haselnussspätzle zu Wildgerichten.

Zubereitung: Für die Bärlauchspätzle blanchieren Sie 10 Bärlauchblätter ohne Stiele etwa 1 Minute in kochendem Salzwasser und schrecken sie in eiskaltem Wasser ab. Gut abtropfen und die Flüssigkeit herausdrücken, grob zerkleinern und zusammen mit den Eiern im Mixer fein hacken. Zum Mehl geben und den Teig anrühren. ☛ Für die Haselnussspätzle rösten Sie 100 g Haselnusskerne in einer Pfanne ohne Fett leicht an, lassen sie abkühlen, mahlen sie in der Küchenmaschine sehr fein und geben sie zusätzlich zum Teig des Grundrezepts.

Bärlauchkartoffeln

Der Bärlauch ist in den letzten Jahren vom kaum beachteten Küchenkraut zu einer Modeerscheinung geworden. Er ist verwandt mit Zwiebel und Knoblauch, und ihm werden ähnlich blutreinigende Eigenschaften zugeschrieben wie dem Knoblauch. Auch sein Name soll von dieser Eigenschaft rühren, denn wenn er im März und April wächst und zur Blüte kommt, erwachen auch die einst in den Wäldern ganz Europas verbreiteten Bären aus dem Winterschlaf. Angeblich fraßen sie dann zunächst Bärlauch, um Blut und Darm zu reinigen und wieder munter zu werden.

Irgendetwas muss an den gesundheitsfördernden Eigenschaften von Bärlauch dran sein, denn schon die Germanen und die Römer sammelten Bärlauch als Nutz- und Heilpflanze. Bei uns kommt er heute als Kulturpflanze im Bund auf den Markt, womit sich das Selbersammeln erübrigt und auch die Verwechslungsgefahr mit anderen, teils giftigen Blattpflanzen nicht besteht. Viele der Inhaltsstoffe der Blätter verlieren beim Erhitzen ihre gesundheitliche Wirkung, weshalb man Bärlauch nicht allzu lange garen sollte. Kartoffeln aus neuer Ernte sind zusammen mit dem grünen Fitmacher eine Frühjahrsbeilage und passen zu allen geschmorten Fleischgerichten mit dunklen Saucen.

Für 4 Personen benötigen Sie
8 mittelgroße neue Kartoffeln,
1 Bund Bärlauch,
150 ml Sahne,
4 EL Butter,
300 ml Fleisch- oder Gemüsebrühe (siehe Seiten 173/175),
¼ TL ganzer Kümmel,
Salz, weißen Pfeffer, Muskat.

Zubereitung: Die gewaschenen, ungeschälten Kartoffeln mit dem Kümmel in leicht gesalzenem Wasser nicht ganz weich kochen. Kurz abkühlen lassen, schälen und der Länge nach das obere Drittel jeder Kartoffel wegschneiden, an der Unterseite jeweils parallel zur Oberkante eine etwa ½ cm dicke Scheibe wegschneiden. Auf dieser Schnittfläche stehen die Kartoffeln bei der weiteren Zubereitung. ☛ Aus den angeschnittenen Kartoffeln mit Hilfe eines Kugelausstechers oder eines Kaffeelöffels jeweils eine flache Mulde aushöhlen, die später gefüllt wird. Die Kartoffelstücke vom Zuschneiden und Aushöhlen nun durch eine Kartoffelpresse in eine kleine Schüssel drücken. ☛ Vom Bärlauch etwa 16 bis 20 Blätter waschen, gut trockenschütteln und fein hacken. Die Sahne in einem kleinen Gefäß erwärmen. Sahne, Bärlauch und die in kleine Stückchen geteilte Butter zu den durchgedrückten Kartoffeln geben, alles mit einem Kochlöffel oder einem Schneebesen gut zu einer glatten Masse verrühren. Mit Salz, Pfeffer und Muskat abschmecken. ☛ Die Brühe erwärmen und etwa einen Finger dick in eine kleine Auflaufform geben. Den Backofen auf 160 Grad vorheizen. Die ausgehöhlten Kartoffeln in die Form setzen und mit einem Löffel das Püree in die Mulden einfüllen. Soll es besonders schön werden, das Püree mit Hilfe eines Spritzsacks mit Dekortülle hineindrücken. Im Backofen erwärmen, bis die Füllung beginnt, oben goldbraun zu werden und die Brühe fast komplett aufgesogen ist.

Gratinierte Kohlrabi

Für 4 Personen benötigen Sie 2 bis 3 kleine weiße Kohlrabi, zusammen etwa 700 g schwer, 150 g Schafs- oder Ziegenkäse (Feta oder Ähnliches), 1 Ei, 2 EL Butter, ½ EL Mehl, 250 ml Milch, 125 ml Gemüse- oder Geflügelbrühe (siehe Seiten 174/175), Salz, weißen Pfeffer, Muskat.

Junger Kohlrabi ist ein zartes Gemüse, das gerne in einer Bechamelsauce, das heißt einer Sauce auf Basis von Butter und Milch zubereitet wird. In unseren Breiten ist Kohlrabi von Mai bis November erntefrisch auf dem Markt, wobei die frühen Sorten die zartesten sind. Somit ist unser Rezept im Idealfall ein frühsommerliches Gericht, beispielsweise mit neuen Kartoffeln oder einem Kartoffelgratin (Seite 154). Für eine pikante Note sorgt junger Schafs- oder Ziegenkäse aus Lake, mit dem das Gemüse im Ofen überbacken wird. Der Namensteil -rabi hat sich übrigens aus dem lateinischen Wort rapa (Rübe) herausgeschliffen. Kohlrabi bedeutet Rübenkohl, weil er äußerlich einer kleinen Rübe ähnelt.

Zubereitung: Die Kohlrabi schälen, quer halbieren und in etwa ½ cm dicke Stifte schneiden; einige der zarten Blättchen, die aus der Mitte des Kopfs wachsen, waschen und fein hacken. ☛ Die Brühe und die

Hälfte der Milch in einem Topf aufkochen, mit Salz abschmecken und die Kohlrabistifte und -blättchen 10 Minuten lang bissfest garen, auf keinen Fall weichkochen. Mit einer Schaumkelle herausnehmen und zugedeckt beiseitestellen. ☛ In einem anderen Topf 1 EL Butter schmelzen und aufschäumen lassen, das Mehl zugeben und ganz leicht Farbe nehmen lassen. Mit der Kohlrabi-Garflüssigkeit und der restlichen Milch eine Bechamelsauce herstellen. Gründlich glattrühren und mit Salz, frisch gemahlenem Pfeffer und einer deutlichen Muskatnote abschmecken. Den Kohlrabi zugeben und warm halten. ☛ Nun eine Auflaufform mit der restlichen Butter ausfetten, den Backofen auf 200 Grad vorheizen. Den Schafs- oder Ziegenkäse fein würfeln, die Eier trennen. Eigelb mit dem Käse vermengen, das Eiweiß steif schlagen und unterheben. ☛ Die Kohlrabi in Sauce in die Auflaufform geben, die Gratiniermasse als geschlossene Haube darüber verteilen. Im Backofen gratinieren, bis die Oberfläche zu bräunen beginnt. Ist sie nach 10 Minuten noch ohne Farbe, den Grill zuschalten.

Grünkernrisotto

Der Dinkel als Brotgetreide ist in den zurückliegenden Jahren wiederentdeckt worden. Manche meinen, Dinkel sei gesünder als Weizen, doch weil beide Getreidesorten miteinander nahe verwandt sind, ist bei solchen Einschätzungen Vorsicht geboten. Bei Unverträglichkeit gegen Weizenprodukte wird Dinkelmehl in vielen Fällen ebenfalls nicht vertragen. Früher war Dinkel in Württemberg weit verbreitet, weil er weniger wetterempfindlich und robuster gegen Krankheiten ist als der Weizen.

Der Grünkern, mit dem hier eine Art Risotto zubereitet wird, ist unreif geernteter Dinkel. In Jahren mit schlechter Witterung, in denen das Getreide am Halm zu faulen drohte, erntete man früher den Dinkel noch grün und machte ihn durch Rösten oder Darren haltbar. Hochwertigen Grünkern erkennt man an der olivgrünen Farbe. Weil beim Rösten das Eiweiß im Getreide verändert wird, ist Grünkern nicht mehr als Brotgetreide verwendbar. Die Eigenschaften von Grünkern beim Kochen ähneln denen von Reis, weshalb man ihn nach Art eines italienischen Risottos zubereiten kann. Für das Gelingen eines jeden Risotto ist entscheidend, dass die zugegebene Flüssigkeit mindestens lauwarm, am besten heiß ist. Zusammen mit Blattsalat ist der Grünkernrisotto eine vollwertige Mahlzeit

Für 4 Personen benötigen Sie
200 g Grünkern,
150 ml Fleisch- oder Gemüsebrühe (siehe Seiten 173/175),
1 mittelgroße Zwiebel,
100 g frische Erbsen oder Tiefkühlerbsen,
2 mittelgroße Karotten,
1 EL Schnittlauchröllchen,
1 EL fein gehackte Petersilie,
1 TL frische Thymianblättchen,
4 EL Butter,
70 g geriebenen Parmesan oder Bergkäse,
nach Belieben 2 EL Kürbiskerne oder 2 EL Mandelstifte.

Zubereitung: Den Grünkern in einem Sieb unter fließendem Wasser kurz waschen, die Zwiebel fein würfeln. Die Brühe erwärmen. ☛ 3 EL Butter in einem Topf schmelzen lassen, die Zwiebel darin glasig dünsten, den Grünkern zugeben und gut unterrühren, damit die Kerne gleichmäßig von Fett überzogen werden. Dann die Brühe zugeben und den Topfinhalt bei schwacher Hitze 50 Minuten ausquellen lassen; anders als bei einem echten Risotto kann man die Brühe mit einem Mal zugeben. ☛ Während der Grünkern quillt, die Karotten in Würfel von etwa der Größe der Erbsen schneiden. Erst die Karottenwürfel etwa 2 Minuten lang, dann die Erbsen 1 Minute lang in leicht gesalzenem, kochendem Wasser blanchieren, eiskalt abschrecken und in einem Sieb abtropfen lassen. Beide Gemüse sollten noch leicht bissfest sein. ☛ Der Risotto sollte weich im Biss sein. Ist er nach 50 Minuten noch zu fest, weiter köcheln lassen, bis der gewünschte Biss erreicht ist. Dann die Karotten und Erbsen im restlichen EL Butter in einer kleinen Pfanne anschwitzen, die Petersilie und die Thymianblättchen kurz mitdünsten und alles unter den Risotto heben. ☛ Zur Bindung den Käse einrühren und wer mag, auch ein ordentliches Stück Butter. Nach Belieben kann man in einer Pfanne eine Handvoll Kürbiskerne oder Mandelstifte ohne Fett anrösten und sie zusammen mit den Gemüsen unter den Risotto heben. ☛ Zum Servieren mit Schnittlauchröllchen bestreuen. Als Beilage zu einem Hauptgericht kann der Risotto ohne Käse zubereitet werden.

Hausgemachte Kerbelnudeln

Für den Nudelteig benötigen Sie
250 g Mehl,
150 g Grieß,
3 Eier,
2 Eigelb,
1 Bund Kerbel,
3 EL geschmacksneutrales Öl,
½ TL Salz.

Es gibt in der schwäbischen Küche nicht viele Gerichte, zu denen man lieber Nudeln als Spätzle serviert. Streng genommen gibt es nur eines: Eingemachtes Kalbfleisch (siehe Seite 83). Zu diesem hellen Ragout passen die hier vorgestellten Kerbelnudeln hervorragend. Wer eine Nudelmaschine besitzt und/oder den Teig für seine hausgemachten Maultaschen selbst herstellt, könnte bei nächster Gelegenheit zugleich auch Nudeln herstellen. Ersetzt man den Kerbel durch 100 g Blattspinat, entstehen auf die gleiche Weise Spinatnudeln.

Zubereitung: Die Kerbelzweige waschen und trockenschütteln oder -tupfen, dann die Blättchen von den Stielen zupfen. Zusammen mit Eiern, Öl und Salz im Mixer fein pürieren. ➨ Das Mehl auf eine bemehlte Fläche sieben, mit dem Grieß vermengen, in die Mitte eine Kuhle drücken und das Kerbel-Ei-Gemisch hineingeben. Daraus durch gründliches Kneten einen glatten Teig herstellen, ihn abschließend zu einer Kugel zusammenkneten und in Klarsichtfolie eingewickelt etwa ½ Stunde ruhen lassen. ☛ Nach dem Ruhen in mehreren Portionen bis zur gewünschten Stärke und Form durch die Nudelmaschine drehen und schneiden. Anschließend in reichlich gesalzenem Wasser kochen. ☛ Wer die Nudeln besonders schön haben möchte, kann folgenden Aufwand betreiben: Die Kerbelblättchen nicht im Mixer pürieren, sondern zunächst einen normalen Nudelteig bereiten. Dünn ausrollen und Blättchen für Blättchen des Kerbels auf einer Lage Teig verteilen. Eine weitere Lage Teig darüberlegen und den zusammengefügten Nudelteig in der Maschine so dünn ausrollen, dass am Ende die Kerbelblättchen durch den Teig scheinen.

Hefeknöpfle

Hefeknöpfle sind uns in diesem Buch bereits als Suppeneinlage in einer Hühnerbrühe begegnet. Sie sind – oder besser waren – aber auch eine einfache Beilage zu Saucengerichten. Deshalb an dieser Stelle ein Rezept für eine größere Menge als Beilage. Saure Bohnen (Seite 161) mit Hefeknöpfle waren ein oft serviertes fleischloses Arme-Leute-Essen, dem wohl nur der verklärte Blick zurück etwas Erfreuliches abgewinnen kann.

Für 4 Personen benötigen Sie
250 g Mehl,
20 g Hefe,
30 g zimmerwarme Butter,
3 Eier,
125 ml lauwarme Milch oder Wasser,
1 gestrichenen TL Salz,
Zucker.

Zubereitung: Das Mehl in eine Schüssel sieben, eine Vertiefung in die Mitte drücken. In einer Tasse die lauwarme Flüssigkeit, die zerbröselte Hefe und eine Prise Zucker verrühren und in diese Kuhle geben. Die Schüssel mit einem Tuch zudecken und den Vorteig an einem warmen Ort, etwa in der Nähe der Heizung, 30 Minuten gehen lassen. ☛ Dann die mit einer Gabel zerdrückte Butter, die Eier und das Salz zugeben. Zu einem glatten Teig verrühren und kneten. Erneut mit einem Tuch zudecken und 1 Stunde gehen lassen. ☛ Aus dem fertigen Teig eine etwa 2 cm dicke Rolle formen, davon etwa 2 cm dicke Stücke abschneiden, zu Kugeln formen und diese auf einer bemehlten Unterlage erneut ein wenig aufgehen lassen. ☛ Die Klößchen in siedendem Salzwasser etwa 20 Minuten garziehen lassen und zu Fleischgerichten mit viel Sauce servieren, etwa zu Gulasch.

Kartoffelgratin

Für 4 Personen zur Beilage benötigen Sie
8 mittelgroße Kartoffeln,
1 Schalotte,
1 Knoblauchzehe,
300 ml Sahne,
etwas Milch,
1 EL Butter,
Salz, weißen Pfeffer, Muskat,
falls gewünscht 60 g geriebenen Emmentaler.

Das Kartoffelgratin identifiziert sich schon mit seinem Namen als Zuwanderer aus der französischen Küche. Dort wird es Gratin Dauphinois genannt, oder, wenn Käse darüber gerieben wird, Gratin Savoyard. Unter Gratinieren versteht man ein Überbacken, bei dem an der Oberfläche Röstaromen entstehen. In der deutschen Küche ist die sahnige Kartoffelbeilage schon lange heimisch und wird gerne zu Lamm und anderem geschmorten Fleisch gereicht. Zusammen mit einem grünen Salat ist ein mit Käse überbackener Kartoffelgratin aber durchaus eine vollwertige Hauptmahlzeit, die dazuhin nicht viel Mühe bereitet. Je nach Verwendung kann das Gratin mit Kräutern aromatisiert werden, die man zwischen den Kartoffelreihen mitgart, zum Beispiel Zweige von Majoran, Oregano oder Salbei.

Zubereitung: Die Kartoffeln schälen und in Wasser legen, damit sie sich nicht verfärben; den Backofen auf 180 Grad vorheizen. Die Schalotte schälen und sehr fein würfeln, die Knoblauchzehe schälen und der Länge nach halbieren. ☛ Eine Auflaufform mit der Knoblauchzehe ausreiben und anschließend mit der Butter gut ausbuttern. Die fein gewürfelte Schalotte (die Sie auch weglassen können) auf dem Boden der Form verteilen und Salz, Pfeffer, Muskat darüberstreuen oder -mahlen. ☛ Von den Kartoffeln längs eine dünne Scheibe abschneiden und die Kartoffel auf diese Schnittfläche stellen. So lassen sich die Kartoffeln besser akkurat zuschneiden, und zwar quer in möglichst gleich dicke Scheiben von 3 bis 4 mm Stärke. Dabei die Kartoffeln zusammenhalten, damit sie sich quasi als Ganzes in die Auflaufform verfrachten lassen. ☛ Dort die geschnittenen Kartoffeln eng aneinanderrücken, weshalb man eine Auflaufform wählen sollte, die gerade groß genug für die 8 Kartoffeln ist. ☛ Die Sahne mit etwas Milch vermischen und über die Kartoffeln gießen, so dass diese nahezu bedeckt sind. Mit Salz, Pfeffer, Muskat würzen und die Form zunächst auf den Boden des Backrohrs stellen, weil sie sich dort am schnellsten aufheizt. Sobald das Gratin aufkocht, auf ein Gitter auf der zweituntersten Einschubleiste stellen und 10 Minuten garen. ☛ Wird es mit Käse zubereitet, diesen nun darüber verteilen. Weitere 15 bis 20 Minuten garen, bis das Gratin von oben her goldbraun ist und die Kartoffeln butterweich sind. ☛ Zum Anrichten die 8 Kartoffeln jede für sich aus der Form nehmen, auf den Serviertellern flach auffächern und etwas Sahne aus der Auflaufform darüberträufeln.

Rosenkohl und Wirsing

Beide Kohlsorten gelten als klassische Wintergemüse. Beim Wirsing ist das allerdings nur die halbe Wahrheit, denn das ursprünglich aus dem Mittelmeerraum stammende und deshalb früher auch Welschkraut oder Savoyer Kohl genannte Gemüse wird im Frühjahr als Frühwirsing und im Herbst als kräftiger schmeckender Herbstwirsing geerntet. Als Beilage passt Wirsing ausgesprochen gut zu gedünstetem oder gebratenem Fisch wie etwa dem Donauwaller von Seite 90, aber auch zu Ente und Gans.

Der Rosenkohl ist historisch gesehen eine der jüngsten gebräuchlichen Kohlsorten. Er wurde um 1820 erstmals in der Gegend von Brüssel angebaut und zunächst Brabanter oder Brüsseler Kohl genannt. Er wird im November und Dezember geerntet, und landläufig sagt man, er sei am besten, wenn er einen Nachtfrost erlebt habe. Gelegentlich wird sogar empfohlen, Rosenkohl für besseren Geschmack und bessere Verträglichkeit grundsätzlich kurz einzufrieren, bevor man ihn in der Küche verwendet. Der Rosenkohl eignet sich mit seinem kräftigen Geschmack als Beilage zu Wildgerichten, Ente und Gans. Wer etwa Rotkohl als Beilage nicht mag, kann ihn fast überall durch Rosenkohl ersetzen.

Wirsinggemüse, mit Meerrettich abgeschmeckt

Für 4 Personen benötigen Sie
½ Wirsingkopf von etwa 600 g,
200 ml Schlagsahne,
200 ml Fleisch- oder Gemüsebrühe (siehe Seiten 173/175),
100 ml Crème fraîche,
Salz, weißen Pfeffer, Muskat, frisch geriebenen Meerrettich.

Zubereitung: Vom Wirsingkopf die äußeren Blätter entfernen und den Strunk herausschneiden. Die Blätter vereinzeln,gleich große Blätter aufeinander legen und in möglichst gleichmäßige 5 x 5 cm große Rauten schneiden. In kochendem Salzwasser bissfest blanchieren, in Eiswasser abschrecken und in einem Sieb gut abtropfen lassen. ☛ Währenddessen Sahne und Brühe in einen flachen Topf geben und unter gelegentlichem Rühren auf 250 ml Flüssigkeit einreduzieren lassen. Dann die Crème fraîche einrühren, den Wirsing unterheben, erhitzen und 5 Minuten leicht köcheln lassen. ☛ Mit Salz, Pfeffer und Muskat abschmecken und je nach Gusto bis zu 2 EL Meerrettich darüberreiben. Den Meerrettich erst kurz vor dem Servieren zugeben, denn er oxidiert an der Luft, sprich, er wird rasch unansehnlich graubraun.

Die verwendeten Zutaten werden in den rechts stehenden Texten aufgezählt und erläutert.

Auch der Rosenkohl sollte vor der Zubereitung blanchiert werden, damit er nicht unansehnlich wird. Früher wurde er oft in einer dünnen Mehlschwitze weichgekocht, heute behandelt man ihn in der Küche respektvoller. Unverfälscht schmeckt er, wenn er in wenig Salzwasser gegart, anschließend in etwas Butter geschwenkt und mit Salz und Muskat abgeschmeckt wird. Für 4 Personen kalkuliert man etwa 600 g Rosenkohl.

Zubereitung: Die Garzeit ganzer Kohlröschen richtet sich nach ihrer Größe und dem gewünschten Biss, sie liegt bei 12 bis 15 Minuten. Hilfreich ist es, die Röschen am Strunk kreuzweise einzuschneiden, damit sie schneller gar werden. ☛ Etwas gewürfelter Speck in der Butter zum Schwenken macht den Geschmack kräftiger, auch kann man zum Schluss mit ein wenig Fleischbrühe ablöschen und die Röschen mit der Flüssigkeit überglänzen. ☛ Aufwändiger, aber lohnenswert ist es, von Hand die äußeren, grünen Blätter vom Rosenkohl zu zupfen, diese bissfest zu blanchieren, eiskalt abzuschrecken, nach dem Abtropfen in Butter zu schwenken und abzuschmecken. ☛ Besonders fein wird Rosenkohl, wenn er als Püree serviert wird. Dazu werden die Röschen geputzt, am unteren Ende kreuzweise ein wenig eingeschnitten und in einen Topf gegeben. Eine Mischung aus halb Sahne, halb Milch so hoch angießen, dass der Topfinhalt ungefähr zu zwei Dritteln bedeckt ist, den Rosenkohl mit Salz, Pfeffer und Muskat würzen. ☛ Die Kohlröschen bei milder Hitze in etwa 20 Minuten weichkochen. 100 ml süße Sahne erhitzen, den Kohl mit dem Mixstab pürieren und so viel erhitzte Sahne zugeben, dass ein geschmeidiges Püree entsteht. ☛ Mit Salz und Muskat abschmecken, nach Belieben mit fein gewürfelten, gerösteten Speckwürfeln garnieren. Rosenkohlpüree ist feine Beilage zu gebratenem Wild und zu Wildgeflügel.

Saure Bohnen

Die Sauren Bohnen werden mit Brauner Grundsauce zubereitet. Das Kochwasser der Bohnen dient dabei zum Auffüllen der Sauce, kann also die Fleischbrühe teilweise ersetzen, wenn man die Sauce frisch herstellt. Blieb früher beim Essen etwas von den Sauren Bohnen übrig, wurden sie mit Brühe oder Wasser gestreckt, mit frisch geriebener Muskatnuss und Essig abgeschmeckt und zur nächsten Mahlzeit als Suppe serviert. Zusammen mit Hefeknöpfle oder Spätzle sind die Sauren Bohnen eine einfache, aber komplette Mahlzeit.

Für 4 Personen benötigen Sie
600 g frische grüne Bohnen,
3 Stängel Bohnenkraut,
500 ml Braune Grundsauce von *Seite 182,*
Essig, Zucker, Salz und weißen Pfeffer zum Abschmecken.

Zubereitung: Von den Bohnen beide Enden abschnippeln und eventuelle Fäden abziehen. Die Bohnen einmal längs halbieren. In leicht gesalzenem Wasser zusammen mit dem Bohnenkraut etwa 5 Minuten bissfest garen und durch ein Sieb in eine Schüssel abseihen. ☛ In einem Topf die Braune Sauce aufkochen oder frisch zubereiten. In letzterem Fall mit knapp 500 ml Bohnenkochwasser aufgießen. Die Bohnen zugeben, erwärmen und mit Essig, Zucker, Salz und Pfeffer abschmecken.

Saure Kartoffelrädle

An diesem Gericht scheiden sich die Geister. Viele ältere Schwaben erinnern sich an die Sauren Kartoffelrädle als kulinarische Dauerbegleiter durch die Kriegs- und Notzeit der 1940er-Jahre und haben für den Rest ihres Lebens genug davon. Andere und viele Nachgeborene finden das fleischlose Gericht originell und lecker.

Für 4 Personen benötigen Sie
800 g festkochende Kartoffeln, am besten von den Sorten Sieglinde oder Linda,
1 mittelgroße Zwiebel,
500 ml der Braunen Grundsauce *von Seite 182,*
1 EL Butter,
Essig,
Salz, weißen Pfeffer,
etwas gehackte Petersilie.
Wer nicht ganz auf Fleisch verzichten will, gibt 100 g Bauchspeck hinzu.

Zubereitung: Die Kartoffeln waschen, schälen und quer in gleichmäßige, etwa 5 mm dicke Scheiben schneiden. Die Kartoffelscheiben in leicht gesalzenem Wasser fast gar kochen, auf keinen Fall zu weich werden lassen. In ein Sieb gießen und gut abtropfen lassen. Ebenso gut können Pellkartoffeln vom Vortag Verwendung finden, die entsprechend zugeschnitten werden. ☛ In der Zwischenzeit die Zwiebel und ggf. den Bauchspeck fein würfeln und in einem flachen Topf in der Butter glasig anschwitzen. Die Braune Grundsauce zugeben und unter Rühren aufkochen. Die Kartoffelscheiben zugeben und nur kurz mitkochen, damit sie nicht zerfallen. Die Sauren Kartoffeln mit Salz und Pfeffer, ggf. Essig

abschmecken. ☛ Hübsch sieht es aus, wenn man, statt die Kartoffeln im Topf mit der Sauce zu vermengen, die frisch gekochten Kartoffelrädle wie ein Gratin in eine Auflaufform schichtet, sie dort mit der abgeschmeckten Sauce übergießt und mit Petersilie bestreut serviert. Dazu passt ein grüner Salat.

Schupfnudeln

Für 4 Personen benötigen Sie
500 g mehlige Pellkartoffeln vom Vortag,
150 g Mehl,
3 Eigelb,
Muskat,
Salz.

Schupfnudeln sind wie Semmel- oder Weckenknödel im ganzen süddeutschen Sprachraum zu Hause. Im Alpenraum heißen sie Fingernudeln, was entweder darauf zurückgeht, dass sie mit den Fingern gerollt werden oder weil sie etwa fingerlang und fingerdick sind. Der Name Schupfnudel geht wohl ebenfalls auf die Art der Zubereitung zurück, denn das Verb schupfen bedeutet »rollen«. Was ihre Zusammensetzung angeht, sind Schupfnudeln den italienischen Gnocchi sehr ähnlich. Da sie relativ trocken sind, eignen sie sich vor allem als Beilage zu Saucengerichten. Eine populäre Zubereitung sind auch Krautschupfnudeln, die zusammen mit Speckwürfeln und Sauerkraut in der Pfanne angebraten werden. Damit Schupfnudeln gelingen, müssen die verwendeten Kartoffeln mehlig und stärkehaltig sein. Kartoffeln aus neuer Ernte eignen sich nicht.

Zubereitung: Die Kartoffeln schälen und durch eine Kartoffelpresse drücken. Die Eier trennen, das Eiweiß anderweitig verwenden. Mehl, Eigelb, Salz und Muskat zur Kartoffelmasse geben und rasch zu einem geschmeidigen Teig verarbeiten. ☛ Den Teig teilen und etwa daumendicke Rollen formen. Die Rollen in 3 bis 4 cm lange Stücke schneiden und auf einer bemehlten Arbeitsfläche mit bemehlten Händen jedes Stück zu einer Schupfnudel formen, das heißt zu einem zylinderförmigen Teigstück, das sich zu den Enden hin verjüngt. ☛ Die Schupfnudeln in leicht kochendem Salzwasser garen, bis sie an die Oberfläche steigen. Frisch aus dem Wasser oder in Butter goldbraun angebraten als Beilage zu Saucengerichten servieren.

Sauerkraut auf gut Schwäbisch, Rahmsauerkraut

Sauerkraut gilt als die deutscheste aller Speisen. Sie fehlt auch in der schwäbischen Regionalküche nicht, zumal der Weißkrautanbau in großem Stil auf der Filderebene südlich von Stuttgart sowie im Unterland um Heilbronn betrieben wurde und wird. Eine schwäbische Traditionsmarke aus Esslingen ist in Deutschland der Marktführer im Bereich Sauerkrautkonserven. Gar so urdeutsch ist Sauerkraut aber gar nicht. Schon die antiken Griechen und Römer haben Weißkraut milchsauer vergoren, und in China wurde die Methode schon angewandt, als man sie in Europa noch überhaupt nicht kannte. Aus Asien ist das Sauerkraut dann nach Mitteleuropa gekommen und wurde außer im deutschsprachigen Raum auch in Osteuropa und in Skandinavien populär. Unser Rezept ist wegen der herzhaften Verwendung von Schmalz und den empfohlenen Fleischeinlagen deftig. Genauso gut können Sie aber Butterschmalz oder pflanzliches Fett verwenden und mageres Fleisch nach Kasseler Art mitkochen. Als feinwürziges Rahmkraut passt Sauerkraut gut zu Fisch und zu Wildgeflügel.

Sauerkraut auf gut Schwäbisch

Für 4 Personen benötigen Sie
1 Dose Weinsauerkraut von 750 g Abtropfgewicht oder 750 bis 1000 g offen verkauftes Sauerkraut,
1 große Zwiebel,
1 große rohe Kartoffel (alternativ 1 EL Speisestärke mit etwas Weißwein verrührt),
750 ml Fleischbrühe (siehe Seite 173),
250 ml trockenen Riesling,
3 EL Schweineschmalz,
2 Lorbeerblätter,
8 leicht angedrückte Wacholderbeeren,
3 zerstoßene Pimentkörner,
1 TL Kümmel,
Salz, Pfeffer, Zucker.
Als Einlage gepökelte Schälripple oder Knöchle, frischer Schweinebauch oder Schweinehals, Leber- und Griebenwurst.

Zubereitung: Die geschälte Zwiebel halbieren und in Scheiben schneiden; in einem großen Topf das Schweineschmalz erhitzen. (Soll frischer Schweinebauch bzw. Schweinehals mitgegart werden, werden zunächst die Fleischscheiben mit Salz und Pfeffer gewürzt, von beiden Seiten kurz angebraten und wieder aus dem Topf genommen.) Die Zwiebel im Schmalz glasig dünsten, das Sauerkraut etwas zerpflücken, dazugeben und kurz mitdünsten. ☛ Dann mit Brühe und Wein so aufgießen, dass das Kraut gut bedeckt ist. Die Gewürze zugeben. Wer Beeren, Körner und Kümmel nicht im Kraut selbst haben will, füllt sie in ein Tee- oder Gewürzei und entnimmt sie später wieder. Die Fleischeinlage (außer Leber- und Griebenwurst) dazugeben und das Kraut 30 Minuten zugedeckt kochen lassen. ☛ Die Kartoffel schälen, durch eine feine Reibe über das Kraut reiben und unterrühren, um die Flüssigkeit zu binden. Alternativ dazu ganz zum Schluss des Garens die Speisestärke mit etwas Wein verrühren und das Kraut binden. ☛ Die Hitze reduzieren und bei gelegentlichem Umrühren weitere 20 Minuten leicht köcheln lassen; zum Ende der Kochzeit Leber- und Griebenwurst ins köchelnde Kraut geben; bei zu starker Hitze würden sie platzen. ☛ Als Beilage, speziell wenn Fleisch mit im Topf ist, eignet sich vielerlei: frisches Bauernbrot, Kartoffelpüree, Weckenknödel oder auch, gut schwäbisch, Spätzle. Nicht fehlen darf auf der herzhaften Herbst- und Winterspezialität ein Schwung kräftig angerösteter Zwiebelwürfel.

Rahmsauerkraut

Zubereitung: Die Gewürze in einen Gewürzbeutel oder in ein Tee-Ei geben, die Zwiebel halbieren und in feine Scheiben schneiden. Das Schmalz in einem Topf erhitzen, die Zwiebelscheiben darin glasig dünsten, das Kraut dazugeben und kurz mitdünsten. ☛ Dann mit dem Riesling ablöschen, mit der Brühe aufgießen und den Gewürzbeutel in den Topf geben. Einen Deckel auflegen und bei mittlerer Hitze 20 Minuten weichkochen. ☛ Die Sahne bis auf einen Rest von etwa 2 EL zugeben und das Kraut im offenen Topf weitere 30 Minuten köcheln lassen. Die Gewürze herausnehmen und das Rahmkraut mit Salz würzen. ☛ Die Temperatur erhöhen, die Speisestärke in etwas Wein oder Wasser lösen, das Kraut damit binden und einmal aufkochen lassen. Dann vom Feuer ziehen. ☛ Die restliche Sahne steif schlagen, unter das Rahmkraut heben und mit der gehackten Petersilie garnieren.

Für 4 Personen benötigen Sie
600 g Sauerkraut,
1 mittelgroße Zwiebel,
200 ml Fleischbrühe (siehe Seite 173),
125 ml trockenen Riesling,
200 ml Sahne,
1 EL Schweineschmalz,
1 EL gehackte Petersilie,
2 Lorbeerblätter,
8 Wacholderbeeren,
5 weiße Pfefferkörner,
3 zerstoßene Pimentkörner,
Salz,
1 TL Speisestärke.

Selleriepüree

Nur als Hintergrundaroma für Suppen und Saucen ist der Knollensellerie eigentlich zu schade. Als Selleriepüree schafft es die blumig duftende Wurzel, die im alten Ägypten und antiken Griechenland als Heilpflanze galt, hier einmal als Beilage auf den Teller. Selleriepüree passt unter anderem zu Medaillons und Bratenstücken vom Wild, zu Lamm und zu gedünstetem Fisch.

Für 4 Personen benötigen Sie
800 g Knollensellerie,
400 ml Schlagsahne,
1 EL Butter,
Salz, weißen Pfeffer, Muskat.

Zubereitung: Den Sellerie waschen, schälen und in etwa 2 cm große Würfel schneiden. Die Butter in einem Topf schmelzen lassen, die Selleriewürfel kurz anschwitzen, 300 ml der Sahne aufgießen, einen Deckel auflegen und das Gemüse bei geringer Hitze in etwa 15 Minuten weichkochen. ☛ Von der übrigen Sahne 2 EL halb steif schlagen, den Rest erhitzen. Die Selleriewürfel mit dem Pürierstab fein zerkleinern und mit der erhitzten Sahne zu einem geschmeidigen Püree verarbeiten. Mit Salz, Pfeffer und einer kräftigen Prise Muskat abschmecken. ☛ Zum Schluss die geschlagene Sahne unterheben. Das Püree ist von seinem Charakter her halb Sättigungs- und halb Gemüsebeilage und lässt sich mit einem Spritzsack dekorativ anrichten.

Weckenknödel aus Laugenwecken

Knödel und Klöße hat die hiesige Regionalküche von ihren Nachbarn übernommen. Semmelknödel sind Zuwanderer aus dem Alpenraum, speziell aus Bayern, Kartoffelklöße kommen ursprünglich aus Nord- und Ostdeutschland. In der schwäbischen Küche kann man statt der bayerischen Semmeln unsere Laugenwecken zu Knödeln machen und hat dann etwas ganz Eigenes auf dem Teller. Zu deftigen Gerichten wie Schweinebraten lassen sich die Knödel mit einer Handvoll kurz angerösteter Speckwürfel anreichern.
Für ein gutes Gelingen der Knödel ist es wichtig, dass sie mit nassen Händen gründlich abgedreht werden. Ist die Oberfläche geschlossen und mit einer glatten Schicht aus nasser Stärke bedeckt, dringt beim Sieden kein Wasser in die Knödel; sie werden innen weich und luftig, wie es sich gehört.
Vielerorts sind gebratene Knödel ein typisches Montagsessen: Vom Vortag übrig gebliebene Knödel werden in nicht zu dicke Scheiben geschnitten

Für 4 Personen benötigen Sie
6 altbackene Laugenwecken,
2 mittelgroße Zwiebeln,
2 bis 3 Eier,
300 ml Milch,
½ Bund Petersilie,
1 EL Butter,
Salz, weißen Pfeffer, Muskat,
ggf. Semmelbrösel.

und in Butter angebraten. Zum Schluss lässt man ein verquirltes, mit Salz, Pfeffer und Muskat gewürztes Ei in der Pfanne stocken und serviert die gebratenen Knödel mit grünem Salat.

Zubereitung: Die Brötchen längs halbieren und in feine Scheiben schneiden, die Milch aufkochen. In einer Schüssel die Brötchenscheiben mit der heißen Milch übergießen und zugedeckt 10 bis 15 Minuten ziehen lassen. ☛ Unterdessen die Zwiebeln schälen und fein würfeln, die Petersilienblätter von den Stielen zupfen und fein hacken. In einer Pfanne die Butter schmelzen lassen, die Zwiebelwürfel darin glasig dünsten, die Petersilie kurz mitdünsten. Abkühlen lassen und zu den Brötchenscheiben geben. ☛ Zunächst 2 Eier aufschlagen und zur Knödelmasse geben. Alles gründlich zu einem Knödelteig von zäher Konsistenz vermengen. Mit Salz, Pfeffer und Muskat abschmecken und einige Minuten ruhen lassen. Ist der Teig zu trocken, ein weiteres Ei unterrühren; ist er zu flüssig, mit Semmelbröseln binden. ☛ Dann mit nassen Händen wie oben erklärt tennisballgroße Knödel formen, gründlich zwischen den Händen drehen und in einem großen Topf in siedendem, leicht gesalzenem Wasser 20 Minuten garziehen lassen. Eventuell zunächst einen Probeknödel ins Wasser geben: Fällt er nicht auseinander, hat der Teig die richtige Konsistenz.

Winterlich gewürztes Rotkraut

Für 4 Personen benötigen Sie
1 kleinen Kopf Rotkohl von etwa 800 g Gewicht,
2 kleine säuerliche Äpfel,
2 mittelgroße Zwiebeln,
250 ml Trollinger,
125 ml Apfelsaft,
125 ml EL Himbeer- oder Weinessig,
Saft von ½ Zitrone,
4 EL Zucker,
2 EL Gänseschmalz,
2 EL Johannisbeergelee oder Ähnliches,
1 Zimtstange,
2 Gewürznelken,
1 TL Kartoffelstärke,
Salz.

Dass Rotkraut und Blaukraut zwei Namen für dieselbe Sache sind, stimmt nicht ganz. Die Kohlsorte reagiert nämlich auf ihre Umgebung. In der Kultur wächst sie auf eher sauren Böden mit einer rötlichen Färbung, auf kalkigen Böden färben sich die Blätter eher blau. Gleiches gilt in der Küche: Wird das Kraut mit Essig oder Wein mariniert bzw. gekocht, verfärbt es sich rötlich. Wird es mit wenig Säure und eventuell zusätzlich mit Zucker zubereitet, wird seine Farbe bläulich, fast schwarz. In unserem Rezept bereiten wir ein mariniertes Rotkraut zu, dessen winterliche Note dem Naturell des Gemüses entspricht: Rotkraut ist ein Kohl, der traditionell im Frühjahr ausgepflanzt und im Spätherbst geerntet wird und der den Winter über lagerfähig ist. Gleichwohl ist er fast ganzjährig frisch im Angebot, denn es werden auch Frühsorten angebaut. Gereicht wird Rotkohl vor allem zu Sauerbraten, Wildgerichten, Ente und Gans.

Zubereitung: Zunächst wird das Kraut mariniert. Dazu wird der Kohlkopf geviertelt, von den Vierteln der harte Strunk entfernt, das Kraut quer in feine Streifen geschnitten und in eine geeignete Schüssel (keine Metallschüssel) gegeben. ☛ Die Äpfel schälen, die Kerngehäuse entfernen und das Fruchtfleisch über den Kohl reiben oder in feine Stifte schneiden. Den Zitronensaft und 100 ml vom Essig zugeben, mit einer Prise Salz und 2 EL Zucker würzen und alles gut vermengen. Die Schüssel abdecken und das Kraut im Kühlschrank über Nacht oder etwas länger marinieren. ☛ Zur Zubereitung die geschälten Zwiebeln fein würfeln, Schmalz in einem Topf erhitzen, 2 EL Zucker darin schmelzen lassen, Zwiebelwürfel zugeben und glasig anschwitzen. Rotkohl zugeben, gründlich umrühren und Gelee oder Ähnliches, Zimt, Nelken und Wein zugeben. Im geschlossenen Topf 60 bis 70 Minuten sanft köcheln lassen. ☛ Dann Zimtstangen und nach Möglichkeit Nelken entfernen. Zur Bindung den Apfelsaft mit der Kartoffelstärke vermengen, unter das Kraut rühren und nochmals aufkochen. Mit Salz, Zucker und dem restlichen Essig abschmecken.

☛ Weil der Rotkohl süßsauer zubereitet wird, lässt er sich vielfältig aromatisieren. Je nach Gusto kann Apfelaroma durch Orange ersetzt werden, Rotwein durch Portwein, Essig durch Aceto Balsamico, Johannisbeergelee durch Cassis, Preiselbeergelee durch Honig. An Gewürzen passen auch angedrückte Wacholderbeeren und Lorbeerblatt zum Rotkohl.

Fonds und Brühen

Für ein schwäbisches Kochbuch ist ein separater Exkurs zu Fonds und Brühen ein Muss. Denn viele Liebhaber dieser Regionalküche bezeichnen sich selbst als Nassesser und meinen damit: An allem muss viel Sauce sein. Selbstverständlich sollte das Viele auch viel Geschmack haben, denn eine Sauce ist, nüchtern betrachtet, das Konzentrat der verwendeten Aromen; sie transportiert und vermittelt den Geschmack der Bestandteile des Essens.

Schaut man den Kochprofis im Fernsehen oder in einer Kochschule über die Schulter, stellt man fest: Sie erzielen den guten Geschmack ganz ohne geheime Zutaten oder Wunderrezepturen. Fast möchte man sagen, dass die Profis halt auch nur mit Wasser kochen. Doch genau das tun sie oft nicht, was den Unterschied macht. Die wirklich gute und ambitionierte Küche verwendet Brühen und Fonds statt Wasser und Gewürzmischungen oder Saucenpulver. Aus den Brühen und Fonds werden Saucen, und die so gekochten Saucen machen die Rezepte dieses Buches erst wirklich authentisch und gut.

Was die ambitionierten Profis in der Gastronomie können, lässt sich auch zu Hause bewerkstelligen, zumal sich Brühen und Fonds portionsweise einfrieren lassen und für Wochen oder Monate auf Vorrat zur Verfügung stehen. Die folgenden Rezepte sind daher auf mehrere Liter berechnet, denn kleinere Mengen zu kochen, lohnt sich nicht und wäre auch geschmacklich unbefriedigend.

Geflügelbrühe und Fleischbrühe sind die Grundlage für viele der Suppen im ersten Kapitel und Ausgangsprodukt für einige der Fonds im nun folgenden Kapitel. Gemüsebrühe ist eine fleischlose Alternative zu beiden. Über die hier dargestellten Fonds hinaus gibt es im Handel fertig zubereitete Fonds, die eine brauchbare Alternative zum Selbermachen sind, wenn es um Wild-, Lamm-, Fisch- oder Hummerfonds geht, die nur gelegentlich und oft nur in kleinen Mengen gebraucht werden. Für einen selbst gemachten dunklen Kalbsfond gibt es allerdings kaum einen käuflichen Ersatz; die im Handel angebotenen Kalbsfonds entsprechen am ehesten dem hellen Kalbsfond in diesem Kapitel.

Die saure Braune Grundsauce ist eine spezielle schwäbische Eigenheit, weshalb ihre Zubereitung ein eigenes Rezept verlangt, auf das bei den entsprechenden Gerichten verwiesen wird. Außerdem finden sich in diesem Kapitel eine feine Sauce zu Fisch, kalte Saucen wie Mayonnaise und Remoulade sowie Saucen für alle Arten von Salat.

Fleischbrühe

Als Saucen- und Suppenbasis werden Brühen bei der Zubereitung zunächst nicht oder nur schwach gesalzen. Abgeschmeckt wird erst, wenn die Flüssigkeit die Konsistenz hat, mit der man sie serviert. Würde man eine Brühe salzen und dann stark einkochen, wäre sie überwürzt. Wird die Brühe als Basis für eine Suppe verwendet, wird sie schöner, wenn man sie entfettet. Am leichtesten gelingt das, wenn man die Brühe auskühlen lässt, bis das oben aufliegende Fett fest geworden ist und sich abnehmen lässt. Wenn dafür nicht die Zeit ist, lässt sich das Fett vorsichtig mit einer Kelle abschöpfen, und verbleibende Fettaugen lassen sich mit einem Blatt Küchenkrepp aufnehmen, das über die Oberfläche der Brühe gezogen wird. Früher wurden Fleischbrühen nach ihrem Gehalt klassifiziert: Eine einfache Brühe hieß Bouillon. Eine Kraftbrühe war eine Bouillon, in der nach dem ersten Kochen nochmals Fleisch und Wurzelgemüse gekocht worden waren. Für eine doppelte Kraftbrühe wurde etwa die doppelte Fleischmenge wie in der Kraftbrühe verwendet, in der Regel gehacktes Fleisch und zusätzliches Eiklar, um die Brühe zu klären. Das im untenstehenden Rezept verwendete Fleisch kann als Suppeneinlage dienen oder zum Rindfleischsalat von Seite 50 werden.

Für etwa 3 Liter benötigen Sie
1 Kilo Rinderknochen,
500 Gramm Suppenfleisch von der Rinderbrust,
1 ½ mittelgroße Zwiebeln,
3 kleine Karotten,
1 Stange Lauch,
¼ Sellerieknolle,
1 Petersilienwurzel,
1 Knoblauchzehe,
1 Handvoll Petersilienstängel (oder etwas Selleriegrün),
2 Stängel Liebstöckel,
1 TL Pfefferkörner,
1 Lorbeerblatt,
5 Pimentkörner.

Zubereitung: In einem ausreichend großen Topf Wasser zum Kochen bringen, Knochen und Fleisch vorsichtig hineingeben und einmal aufkochen lassen. Abgießen und Knochen und Fleisch mit kaltem Wasser abspülen. Dieses so genannte Blanchieren entfernt oberflächliche Verunreinigungen und Trübstoffe vor dem eigentlichen Kochen. ☛ Dann den Topf reinigen, die Knochen mit 3 Litern frischem Wasser kalt aufsetzen. Das Fleisch zugeben, sobald das Wasser siedet; es sollte ganz von Wasser bedeckt sein. Die Brühe langsam zum Kochen bringen, wobei sich an der Wasseroberfläche gräulicher Schaum aus gelöstem Eiweiß bildet. Den Schaum sollte man sich erst ein wenig verfestigen lassen, damit er sich mit einem Schaumlöffel oder einer Kelle leichter abschöpfen lässt. Versucht man zu früh, ihn zu entfernen, verteilt man ihn nur im Topf. Eventuell nach einiger Zeit nochmals abschöpfen. ☛ Die Hitze reduzieren und die Brühe 2 Stunden lang sanft köcheln lassen. Sollte die Brühe anfangs zu stark kochen, einfach etwas kaltes Wasser entlang des Topfrandes zugießen, bis die Brühe aufhört zu brodeln. ☛ Zum Ende dieser Garzeit die Gemüse mit Ausnahme der Zwiebeln grob würfeln, die Knoblauchzehe schälen und andrücken, die Pimentkörner andrücken; Gemüse und Gewürze – mit Ausnahme von Zwiebeln und Liebstöckel – zur Brühe geben und 30 Minuten köcheln lassen. ☛ Ein Stück Alufolie mit der glänzenden Seite nach oben auf ein Kochfeld legen. Die ungeschälten Zwiebeln halbieren und mit der Schnittseite nach unten auf die Alufolie legen.

Auf der Folie ohne Fett gut anbräunen und in die Brühe geben. Liebstöckel 10 Minuten vor Ende der Kochzeit zur Brühe geben. ☛ Das Fleisch ist gar, wenn der Fleischsaft, der nach dem Anstechen mit einer Gabel austritt, klar ist. Dann die Brühe durch ein feines Sieb gießen und, sofern sie zum sofortigen Verzehr bestimmt ist, mit Salz, frisch gemahlenem weißem Pfeffer und Muskatnuss abschmecken.

Geflügelbrühe

Für etwa 3 Liter Brühe benötigen Sie
1 Suppenhuhn von 1,5 Kilo oder die gleiche Menge Geflügelknochen und -reste,
1 mittelgroße Zwiebel,
2 kleine Karotten,
1 Stange Lauch,
¼ Sellerieknolle,
1 Petersilienwurzel,
1 Stängel Liebstöckel,
5 kleine Champignons,
1 Knoblauchzehe,
1 TL weiße Pfefferkörner,
1 Lorbeerblatt,
2 Gewürznelken.

Geflügelbrühe ist Basis für viele Cremesuppen und helle Saucen. Zur Erkältungszeit kann eine klare Hühnersuppe außerdem wahre Wunder tun. Suppenhühner sind in der Regel Legehühner, die im Alter von zwölf bis 15 Monaten, wenn die Legeleistung nachlässt, geschlachtet werden. In der Regel sind sie etwa 1,5 Kilo schwer. Aromatischer wird die Brühe, wenn man eine gleich schwere Poularde, die etwa zwölf Wochen alt ist, verwendet. Das feine Aroma einer Geflügelbrühe wird vor allem vom stets leicht flüssigen Fett transportiert, weshalb man sie zur Verwendung in Saucen nicht komplett entfettet.

Zubereitung: Das Suppenhuhn unter fließendem Wasser gründlich abwaschen, mit 3 Liter leicht gesalzenem Wasser aufsetzen und langsam zum Kochen bringen. Nach dem Aufkochen den in der Brühe aufsteigenden Schaum sich verfestigen lassen und dann mit einem Schaumlöffel oder einer Kelle abnehmen (siehe Fleischbrühe). Das Wasser sollte während der gesamten Garzeit nur sanft köcheln. Wenn nach dem ersten Aufkochen keine Trübstoffe mehr aufsteigen, die Brühe bei schwacher Hitze 1 Sunde lang köcheln lassen. ☛ Zum Ende dieser Garzeit die Zwiebel schälen und mit dem Lorbeerblatt und den Gewürznelken spicken. Die Gemüse grob würfeln, die Champignons halbieren, die Knoblauchzehe schälen und andrücken. ☛ Gemüse und Gewürze bis auf den Liebstöckel zugeben und die Brühe 1 weitere Stunde sachte köcheln lassen. Damit sein feines Aroma nicht verloren geht, gibt man den Liebstöckel erst 10 Minuten vor Ende der Kochzeit zu. ☛ Wer Wert auf das Hühnerfleisch als Suppeneinlage legt, kann das Suppenhuhn nach und nach vom Fleisch befreien: Die Brüste sind zuerst gar, was man daran erkennt, dass der beim Hineinstechen mit einer Fleischgabel austretende Saft klar ist. Dann nimmt man das Huhn aus dem Topf, lässt es kurz abkühlen, schneidet das Brustfleisch heraus und gibt den Rest zurück in den Topf. Gleiches mit den Keulen, die etwas länger brauchen. In mundgerechte Stücke geschnitten, lässt sich das Fleisch zu einem Geflügelsalat oder zusammen mit einem Teil der frischen Brühe zum Frikassee verarbeiten. Nach Ende der Kochzeit die Brühe durch ein feines Sieb gießen.

Als Basis für eine helle Sauce oder als Zugabe beim Zubereiten von Gemüse kann statt einer Brühe ein Geflügelfond hergestellt werden. Vor allem in alten Kochbüchern finden sich solche Zubereitungen. Bei fast identischen Zutaten wird für den Geflügelfond das Huhn zunächst mit der Geflügelschere zerteilt und in 50 g Butterschmalz angeröstet. Die grob gewürfelten Gemüse werden kurz mit angeschwitzt, dann wird mit ¼ Liter trockenem Weißwein aufgegossen, den man etwas einreduzieren lässt, bevor mit Wasser aufgegossen wird. Kochzeit und Zugabe der Gewürze wie bei der Brühe.

Gemüsebrühe

Wenn es fleischlos sein soll, ergeben auch Gemüse – richtig zubereitet – eine ordentliche Brühe. Sie lässt sich für alle Rezepte dieses Buchs, soweit sinnvoll, als Ersatz für Fleisch- oder Geflügelbrühe verwenden. Am bestimmendsten für das Aroma der Brühe sind die Wurzelgemüse, also Karotte, Sellerie, Petersilienwurzel und die Zwiebel. Die Auswahl der übrigen Gemüse ist variabel, je nach Gusto und Saison. Ganz ohne Fett lässt sich die Gemüsebrühe nicht herstellen, denn die Gemüse enthalten Substanzen, die sich nur in Fett gelöst entfalten. Wichtig für eine aromatische Gemüsebrühe ist die Kochzeit. 45 Minuten reichen völlig, denn längeres Kochen laugt die Gemüse nur aus, und der Geschmack, der sich gerade erst entwickelte, würde wieder verfliegen. Zum Kochen müssen die Gemüse lediglich von Erde befreit und gewaschen, nicht aber geschält werden. Auch die Zwiebeln können ungeschält zugegeben werden und geben der Brühe einen dunklen Farbton. Aroma und Farbe der Brühe werden besonders kräftig, wenn man eine der beiden Zwiebeln zuvor auf einem Stück Alufolie auf dem Herd bräunt, wie beim Rezept für die Fleischbrühe auf der vorhergehenden Seite erklärt.

Für etwa 3 Liter Brühe benötigen Sie
2 mittelgroße Zwiebeln,
3 Karotten,
1 Stange Lauch,
¼ Sellerieknolle,
2 Petersilienwurzeln mit Grün (oder 2 Petersilienwurzeln und etwa 10 Stängel Petersilie),
1 Stängel Liebstöckel,
1 vollreife Tomate,
einige getrocknete oder eine Handvoll frische Champignons,
2 Knoblauchzehen,
1 Zweig Rosmarin,
1 Zweig Thymian,
1 großes Lorbeerblatt,
¾ TL grob gemahlener weißer Pfeffer aus der Mühle,
3 Gewürznelken,
1 TL Majoran (frisch oder getrocknet),
2 EL Raps- oder Olivenöl.

Zubereitung: In einem ausreichend großen Topf 3 Liter kaltes Wasser aufsetzen und zunächst Karotten, Sellerie, das Weiße vom Lauch, Petersilienwurzeln und Zwiebeln grob würfeln, ins Wasser geben und bei geschlossenem Deckel aufkochen lassen. ☛ Deckel abnehmen, die Tomate halbieren oder vierteln und zugeben (je kleiner sie geschnitten wird, desto rötlicher wird der Farbton der Brühe. Für eine klare Brühe kann auf die Tomate verzichtet werden). Die Knoblauchzehen in der Schale etwas andrücken und zugeben. Eine der Gewürznelken von Anfang an mitkochen. ☛ Auch beim ersten Aufkochen einer Gemüsebrühe entsteht während des Kochens gräulicher Schaum, der abgeschöpft werden muss, sobald er sich etwas verfestigt hat. Dann bei schwacher Hitze köcheln lassen. ☛ Nach etwa 35 Minuten Kochzeit die Pilze, Kräuter und Gewürze sowie das Öl zugeben. Weitere 10 Minuten kochen, dann durch ein feines Sieb gießen, weiterverwenden oder portionsweise einfrieren.

Heller Kalbsfond

Für etwa 3 Liter Fond benötigen Sie
1,5 kg Kalbsknochen, möglichst von den Haxen,
500 g Kalbsfuß, alles gut zerkleinert,
1 mittelgroße Zwiebel,
2 mittelgroße Karotten,
1 Stange Lauch,
½ Sellerieknolle,
1 Knoblauchzehe,
1 Petersilienwurzel,
einige Blätter glatte Petersilie,
½ Liter Weißwein,
1 Zweig Thymian,
einige weiße Pfefferkörner,
1 Lorbeerblatt,
4 Pimentkörner,
2 Gewürznelken,
1 TL Salz.

Der helle Kalbsfond steht in diesem Kapitel zwischen Brühen und Fonds. Er wird angesetzt wie eine Brühe, aber länger gekocht, und bekommt durch die Zugabe von Wein zusätzliches Aroma. Er dient vor allem als Basis für helle Saucen und lässt sich grundsätzlich durch Geflügelbrühe ersetzen, der beim Zubereiten der Sauce Weißwein zugegeben wird. Die im Handel erhältlichen Kalbsfonds im Glas entsprechen ungefähr dem hier beschriebenen hellen Kalbsfond.

Zubereitung: In einem Topf Wasser zum Kochen bringen und Kalbsknochen und -fuß darin blanchieren, um oberflächliche Verunreinigungen und Trübstoffe zu entfernen. Wenn das Wasser einmal aufgekocht hat, abgießen und Kalbsknochen und -fuß kalt abspülen. ☛ Dann in einem ausreichend großen Topf kalt mit 3 Litern frischem Wasser aufsetzen. Deckel auflegen, aufkochen lassen und den sich bildenden Schaum abschöpfen, sobald er sich verfestigt hat. Den Deckel abnehmen und bei schwacher Hitze 2 Stunden köcheln lassen, dabei mehrmals Schaum abschöpfen. ☛ In der Zwischenzeit die Zwiebel schälen und mit Lorbeerblatt und Nelken spicken, die übrigen Gemüse grob würfeln, die Knoblauchzehe nicht schälen, nur andrücken. Gemüse, Gewürze und Wein zugeben und den Fond weitere 1 bis 2 Stunden köcheln lassen. ☛ Am Ende der Garzeit durch ein feines Sieb gießen.

Dunkler Kalbsfond, (sowie Rinderfond, Lammfond, Wildfond)

Die bestmögliche Basis für praktisch alle Saucen, die zu geschmortem oder gebratenem Fleisch gereicht werden, ist der dunkle Kalbsfond, auf dessen Basis unter anderem fast alle Rahmsaucen hergestellt werden.

Wie die eingangs beschriebenen Brühen werden auch Fonds bei der Herstellung zunächst praktisch nicht gesalzen. Eine Bratensoße oder ein Bratenjus wird erst ganz zum Schluss abgeschmeckt, weil der Fond und die weiteren flüssigen Zutaten zum Erzielen des bestmöglichen Aromas oftmals kräftig eingekocht (einreduziert) werden. Wäre der Fond vorab gesalzen, wäre die Sauce am Ende wohl versalzen. Im Handel erhältliche Fonds im Glas können grundsätzlich als Alternative dienen, Vorsicht ist allerdings beim Einreduzieren geboten, denn sie sind in der Regel gesalzen. Die meisten im Handel angebotenen Kalbsfonds entsprechen einem hellen Kalbsfond und können den hier erklärten dunklen Kalbsfond nicht ersetzen.

Das Rösten der Knochen beginnt man am besten auf einem Blech im Backofen. Dabei die Ofentür während des Röstens nur öffnen, um die Zutaten zügig zu wenden. Man unterschätzt, wie rasch und nachhaltig die Hitze beim Öffnen der Ofentüre abfällt. Die auf das Rösten folgende lange Kochzeit von 3 Stunden ist erforderlich, um die Gelatine, welche die Sauce sämig machen soll, aus den Knochen zu lösen. Knochen von den Haxen enthalten am meisten Gelatine. Die ganz große Schule des Kochens wäre es, würde man die gerösteten Knochen nicht wie im Rezept angegeben mit Wasser, sondern mit Brühe aufgießen. Auch die Fonds von Lamm oder Wild gewinnen an Klasse, wenn sie mit Brühe statt Wasser aufgegossen werden.

Für etwa 3 Liter Fond benötigen Sie
reichlich 2 Kilogramm gut zerkleinerte Kalbsknochen, möglichst von den Haxen,
3 kleine Zwiebeln,
2 mittelgroße Karotten,
½ Stange Lauch,
¼ Sellerieknolle,
2 Knoblauchzehen,
2 Petersilienstängel,
2 EL Tomatenmark,
½ Liter Rotwein,
2 Zweige Thymian,
1 Zweig Estragon,
½ EL weiße Pfefferkörner,
3 EL Butterschmalz oder Öl,
nach Belieben etwas Zucker.

Zubereitung: Den Backofen auf 220 Grad vorheizen. Das Fett in eine große Bratenform oder in ein tiefes Backblech geben, erhitzen und verteilen. Die Hitze auf 200 Grad reduzieren, die Knochen in den Ofen geben und etwa 30 Minuten lang kräftig braun anrösten, dabei einmal wenden. ☛ Das in etwa 1 cm große Würfel geschnittene Gemüse mit Ausnahme des Knoblauchs zugeben und kurz mitrösten. Das Tomatenmark auf eine freie Stelle des heißen Blechs geben und anrösten, bis es beginnt, braun zu werden. Dann Gemüse und Tomatenmark mit den Knochen vermengen. ☛ Um eine besonders kräftige Farbe zu erhalten, kann man zusammen mit dem Tomatenmark ½ EL Zucker zugeben. Der Zucker karamellisiert und macht den Fond dunkler braun. Den Fondansatz mit wenig Wasser ablöschen und die Flüssigkeit einkochen lassen. Diesen Vorgang zweimal

wiederholen, dann den Wein angießen und den Bratensatz mit einem geeigneten Spatel vom Blech/Boden lösen. Dann den Inhalt des Bräters/ Blechs in einen ausreichend großen Topf geben und mit 3 Liter Wasser so aufgießen, dass die Knochen ganz bedeckt sind. Die ungeschälten, angedrückten Knoblauchzehen zugeben. Deckel auflegen, aufkochen und den aufsteigenden Schaum abschöpfen, sobald er sich verfestigt hat. ☛ Deckel abnehmen und den Fond mindestens 3 Stunden auf kleiner Flamme köcheln lassen, dabei mehrmals Schaum und nach oben steigendes Fett abschöpfen. Etwa 30 Minuten vor Ende der Kochzeit die Kräuter und die Pfefferkörner zugeben. ☛ Am Ende der Garzeit den Fond durch ein feines Sieb passieren, erkalten lassen und die sich oben absetzende Fettschicht abheben.

Aus dem Grundrezept für Kalbsfond lassen sich weitere Fonds ableiten: Nimmt man bei ansonsten identischer Menge und Zubereitung statt Kalbsknochen Knochen vom ausgewachsenen Rind, entsteht ein kräftiger Rinderfond. Ein Wildfond entsteht aus derselben Menge Wildknochen und, falls verfügbar, zusätzlich 500 g Fleischabschnitten vom Wild (ohne Blutreste und Haare), die im Ofen mitgeröstet werden. Achtung beim Rösten: Die Wildknochen nur hellbraun werden lassen, sonst entwickeln sie eine Bitternote. Der Wildfond wird mit mehr Rotwein (bis zur doppelten Menge) aufgegossen, und zusätzlich zu den Gewürzen des Kalbsfonds werden 10 angedrückte Wacholderbeeren und 2 getrocknete Lorbeerblätter mitgekocht. Man kann ihn durch Zugabe von Zucker leicht süßlich aromatisieren. Ein Lammfond entsteht mit Lammknochen, mehr Rotwein, etwa der doppelten Menge Knoblauch, 2 Zweigen Rosmarin und mindestens doppelt so viel Thymianzweigen wie beim Kalbsfond. An die Knochen von Wild oder Lamm zu kommen, dürfte sich oft schwierig gestalten, in diesem Fall helfen die Fertigfonds im Glas aus dem Handel.

Fischfond

Ein Fischfond gehört nicht unbedingt zu den klassisch schwäbischen Zubereitungen. Aber da in diesem Kapitel der Grund für möglichst alle wichtigen Saucen gelegt werden soll, hat auch dieses Grundprodukt hier seinen Platz. In diesem Fall sind es Fischreste und Gemüse, die dem Fond ihr Aroma verleihen. Geeignet sind Gräten, Köpfe und Filetier-Abschnitte von weißfleischigen Seefischen. Von Fischköpfen müssen unbedingt die Kiemen entfernt werden, damit der Fond nicht bitter und trüb wird. Besonders aromatisch sind Reste von Steinbutt und Heilbutt, ungeeignet sind Lachs, Hering, Makrele und Aal wegen ihres zu tranigen Aromas. Reste von Süßwasserfischen wie Forellen sind notfalls brauchbar. Am besten sind die Chancen, geeignete Fischreste zu bekommen, bei Fischgeschäften, die ihre Fische selbst filetieren. Auch an den Fischtheken guter Lebensmittelgeschäfte sind Fischreste zu bekommen. Wichtig ist es, die relativ kurze Kochzeit von 30 Minuten zu beachten; bei zu langer Kochzeit wird der Fond leimig in der Konsistenz und tranig im Geschmack.

Für gut 1,5 Liter Fond benötigen Sie
600 bis 800 g Fischreste,
3 Schalotten,
1 Stange Lauch,
2 Stangen Staudensellerie,
1 kleine Petersilienwurzel,
1 Stängel glatte Petersilie,
5 kleine weiße Champignons,
1 Knoblauchzehe,
2 dicke Scheiben Zitrone,
½ Liter trockenen Weißwein,
1 Zweig Dill,
1 Zweig Thymian,
½ EL weiße Pfefferkörner,
1 Lorbeerblatt,
1 Gewürznelke,
2 EL Butterschmalz oder 3 EL Öl.

Zubereitung: Zunächst die Fischreste unter fließendem Wasser reinigen und anschließend in einem Topf mindestens 1 Stunde lang kalt wässern. Das Wasser abgießen und den Topf mit den Fischresten anschließend nochmals bis über den Rand mit kaltem Wasser füllen, damit die letzten aufsteigenden Trübstoffe über den Rand ablaufen. Dann die Fischreste in einem Sieb gut abtropfen lassen. ☛ Schalotten, das Weiße vom Lauch, den Staudensellerie und die Petersilienwurzel würfeln, die Champignons in Scheiben schneiden. Butterschmalz (keine Butter verwenden; ihr Eiweiß würde den Fond trüben) oder Öl in einem breiten Topf erhitzen und die Gemüse anschwitzen, ohne sie Farbe nehmen zu lassen. ☛ Die Fischreste zugeben und kurz mit anschwitzen, dann mit dem Wein und 1,5 Liter Wasser aufgießen. Einmal aufkochen, die Temperatur reduzieren und 10 Minuten lang sanft köcheln lassen. Keinesfalls zu stark kochen, sonst wird der Fond trübe. ☛ Sollte der Fond doch einmal zu hoch wallen, gießt man rasch etwas kaltes Wasser entlang des Topfrandes an. Aufsteigenden Schaum mehrmals abschöpfen, sobald er sich verfestigt hat. ☛ Wenn kein neuer Schaum mehr aufsteigt, die ungeschälte, leicht angedrückte Knoblauchzehe, Zitronenscheiben und Gewürze zugeben und weitere 20 Minuten köcheln lassen. ☛ Dann den Fischfond abseihen, indem man ein Sieb mit einem Passiertuch, einem Mulltuch oder ggf. einem großen Kaffeefilter auslegt und den Fond Schöpfkelle für Schöpfkelle durch das Sieb laufen lässt. Ist der Fond nahezu klar, ist er bestens gelungen. ☛ Für spezielle Zubereitungen lässt sich Fischfond weiter aromatisieren. Kocht man ein paar angeröstete Schalen und Köpfe von Krebstieren mit, etwa als Basis für das Flusskrebspfännchen von Seite 72, bekommt der Fond eine elegant-süßliche Note und eine leicht orangerote Farbe.

Weissweinsauce zu Fisch

Für 4 Portionen benötigen Sie
400 ml Fischfond,
150 ml Riesling oder Weißen Burgunder,
100 ml Schlagsahne,
20 ml Crème fraîche,
einen Schuss trockenen Wermut der Marke Noilly Prat,
ca. 1 EL Mehlbutter,
etwas Zitronensaft,
Salz, Pfeffer.

Die Weißweinsauce, die sich aus dem zuvor beschriebenen Fischfond herstellen lässt, ist ein Klassiker der gehobenen Küche. Je nach Bedarf oder Wunsch lässt sie sich weiter verfeinern.

Zubereitung: Zunächst die Mehlbutter bereitstellen, die zur Bindung von Saucen dient und immer eiskalt verwendet wird. Zimmerwarme Butter und Mehl im Verhältnis 1 : 1 mischen und kaltstellen. ☛ Dann den Fischfond, den Wein und die Mehlbutter langsam in einem Topf zum Kochen bringen und auf die Hälfte einreduzieren. Dabei häufig und gründlich umrühren, denn das Mehl tendiert dazu, auf den Boden zu sinken und sich dort anzusetzen. ☛ Wenn die Sauce auf die Hälfte reduziert ist, Sahne und Crème fraîche zugeben und erneut um etwa ein Drittel einkochen. Ist die Sauce etwas zu dicklich, behutsam mit Wein oder Fischfond verdünnen. ☛ Dann mit Zitronensaft, Salz, weißem Pfeffer aus der Mühle und einem Schuss Noilly Prat abschmecken. Die französische Marke, die in Eichenfässern reift und mit Kräutern besonders würzig aromatisiert ist, gilt als der beste Wermut zum Abschmecken von hellen Saucen und wird in der Küchenliteratur praktisch als gleichbedeutend mit »trockener Wermut« verwendet.

Varianten: • Für eine Estragon-Sauce hackt man einen Zweig Französischen oder Deutschen Estragon, mischt ihn mit 30 g Butter und stellt die Estragonbutter kalt. Kurz vor dem Servieren wird sie kalt unter die Sauce gerührt oder gemixt; die Sauce darf anschließend nicht mehr kochen.
• Mit etwas Hummerbutter oder Hummerpaste wird die Weißweinsauce zur Hummersauce.
• Reduziert man pro Portion ein Glas Champagner in einem Topf auf die Hälfte ein, gibt etwa die gleiche Menge Weißweinsauce zu, montiert sie mit etwas eiskalter Butter auf und macht sie abschließend mit einem Schuss Champagner und 1 EL Sahne servierbereit, erhält man eine der edelsten Fischsaucen, die die französische Haute Cuisine kennt.

Mehlschwitze

Die verwendeten Zutaten werden links am Ende des Einleitungstextes aufgezählt und erläutert.

In einem Kapitel über Fonds und Saucen sollten auch einige Anmerkungen über deren Bindung nicht fehlen. In vielen gegenwärtigen Kochbüchern werden Saucen auf Basis von Butter und Mehl als überholt abgetan, als pappig und schwer. Zugegeben, wird eine Sauce nur mit Kartoffelstärke gebunden, braucht man dazu kein Fett. Doch an Geschmack und Aussehen sind die klassisch gebundenen Saucen nicht leicht zu übertreffen: Das feine Butteraroma hebt den Geschmack der Sauce, und an die samtige, homogene Erscheinung der Mehlbindung kommen die Alternativen schwerlich heran. Zumindest am Sonntag sollte man sich eine »richtige« Sauce gönnen dürfen. Die schwäbische Küche wäre ohne Mehlsaucen ohnehin deutlich ärmer: Kräftig angeröstetes Mehl gibt allen schwäbisch-sauren Gerichten von Linsen bis Kutteln Farbe und Gerüst, und helle Ragouts wie Eingemachtes Kalbfleisch oder Kalbsbriesragout wären ohne das Butteraroma der Sauce weniger reizvoll.

Fast so hartnäckig wie das Gerücht, Spinat enthalte besonders viel Eisen, hält sich die Legende, eine Mehlschwitze sei heikel und misslinge oft. Dabei ist in der Praxis die Sache eigentlich ganz einfach: Die Flüssigkeit – in den Rezepten dieses Buchs meist eine Brühe –, die man mit dem Gemisch aus Butter und Mehl verrühren möchte, ohne dass sich Klümpchen bilden, darf nicht kalt oder kühl sein. Ist sie mindestens lauwarm oder besser heiß, lässt sich die Mehlsauce problemlos glattrühren.

Pro ½ Liter Flüssigkeit rechnet man für eine sämige Sauce etwa 60 g Butter und 60 g Mehl. Für dieses Maß braucht man keine Küchenwaage: 1 EL Butter sind etwa 30 g, ein gehäufter EL Mehl ebenfalls 30 g. ½ l Flüssigkeit und je 2 EL Butter und Mehl sind also die Basis für eine sämige Sauce.

Zubereitung: Die Flüssigkeit (Brühe, Bratensaft oder Kochwasser von Gemüse) aufkochen und beiseite stellen, damit sie wieder etwas abkühlt. Währenddessen in einem Topf bei mittlerer Hitze die Butter schmelzen lassen, bis sie zu schäumen beginnt, den Topf vom Herd ziehen und mit einem Schneebesen die flüssige Butter und das Mehl verrühren. ☛ Dann gibt man den Topf mit der Butter-Mehl-Mischung wieder auf den Herd und erhitzt den Inhalt, bis er leicht schäumt, das Mehl eine hellgelbe Farbe annimmt und beginnt, leichte Röstaromen zu entwickeln. Mit der heißen, aber nicht mehr kochenden Brühe aufgießen – entweder portionsweise, indem man die Flüssigkeit zwischendurch immer wieder mit dem Schneebesen glattschlägt, oder in einem Schwall. ☛ Wichtig ist, die Sauce so kräftig mit dem Schneebesen glattzurühren, dass sich die Mehl-Butter-Mischung komplett auflöst. Ebenso wichtig ist es, mit einem Löffel gründlich entlang der Kante zwischen Topfwand und -boden zu schaben, damit Mehl, das sich dort abgesetzt hat, gelöst und verrührt wird. Noch besser gelingt das in einer Sauteuse mit schräger Seitenwand. ☛ Dann die Temperatur erhöhen und die Sauce aufkochen. Etwa 15 Minuten lang leicht köcheln lassen, damit sich die Sauce stabilisiert, dabei immer wieder gründlich mit dem Schneebesen durchschlagen und Mehl, das sich am Topfboden ansetzt, lösen und glattrühren. Auch die Topfecken nicht vergessen, in denen gerne Mehlreste einbrennen. Am besten den Topf auf dem Herd mehrmals um 90 Grad drehen, denn man neigt beim Rühren dazu, immer an den gleichen Stellen über den Topfboden zu streichen – und die anderen Stellen auszulassen, wo die Sauce auch anbrennen könnte.

Sehr ähnlich wird die klassische Sauce Bechamel hergestellt, die man vor allem von Gemüsezubereitungen kennt: Bei ihr wird Milch statt Brühe verwendet, und sie wird meist mit einer kräftigen Muskatnote versehen. Die nun folgende braune schwäbische Sauce ist insofern ein Spezialfall der Mehlschwitze, als das Mehl vor dem Ablöschen kräftig braun geröstet wird.

Braune schwäbische Grundsauce

Für 4 Portionen oder etwa 750 ml brauchen Sie
4 EL Butter,
3 EL Mehl,
2 mittelgroße Zwiebeln,
ggf. 1 EL Tomatenmark,
1 kleine gespickte Zwiebel (mit 1 Lorbeerblatt und 2 Gewürznelken),
750 ml lauwarme bis heiße Fleischbrühe,
nach Belieben 125 ml Trollinger oder Lemberger,
Rotweinessig,
Zucker, Salz, Pfeffer.

Diese Zubereitung ist typisch und ziemlich einzigartig schwäbisch. Sie ist die Basis für das Nationalgericht Linsen und Spätzle, sie gibt Kutteln, Sauren Kartoffelrädle, Sauren Bohnen oder Sauren Spatzen ihren Geschmack und ihren Charakter. Die Basis für diese gebundene Sauce ist eine Mehlschwitze. Die fertige Sauce lässt sich gut portionsweise einfrieren, man kann sie also auch in größeren Mengen zubereiten.

Zubereitung: Die mittelgroßen Zwiebeln fein würfeln und in einem Stückchen Butter glasig andünsten, die restliche Butter zugeben und schmelzen lassen. ☛ Das Mehl zugeben, gleichmäßig mit dem Fett verrühren und mittel- bis dunkelbraun anrösten – für Linsen und Kutteln zusätzlich 1 EL Tomatenmark kräftig mit anrösten, was in erster Linie für die Farbe der Sauce sorgt. ☛ 250 ml der Brühe angießen und mit der Mehlschwitze glattrühren, dann die restliche Brühe zugeben und glattrühren. Die Sauce aufkochen lassen, die gespickte Zwiebel sowie den Rotwein (etwa für Kutteln und Linsen) zugeben und für 15 bis 20 Minuten sanft köcheln lassen. Auch ohne Zugabe von Wein gelingt die Sauce, für die Sie in diesem Fall etwas mehr Fleischbrühe verwenden und sie kräftig mit Essig abschmecken sollten. ☛ Zum Ende der Kochzeit die

gespickte Zwiebel entfernen und die Sauce mit Essig, Zucker (Faustregel: Überall, wo Essig verwendet wird, nimmt eine Prise Zucker der Säure die unangenehme Spitze), Salz und Pfeffer abschmecken. ☛ Übrig gebliebene Spätzle vom Vortag, in dicke Scheiben geschnittene Kartoffeln (Saure Kartoffelrädle, Seite 161) oder grüne Bohnen (Saure Bohnen, Seite 161) werden in dieser Sauce zu einem einfachen, aber vollwertigen Essen. Beim Zubereiten von Linsen kann man einen Teil der Fleischbrühe durch das Kochwasser der Hülsenfrüchte ersetzen.

Salatsaucen und kalte Saucen

Die Schwaben seien keine Salatesser? Stimmt nicht, sie mögen Kartoffelsalat und Wurstsalat. Und selbstverständlich zeichnet sich eine gute schwäbische Wirtschaft dadurch aus, dass sie einen abwechslungsreichen Beilagensalat frisch anrichtet und die Salatsaucen selbst macht. Unsere drei hier vorgeschlagenen Dressings – klassisches, Joghurt-, Kartoffeldressing – decken von frisch bis herzhaft die wichtigsten Salatcharakteristika ab. Das klassische Dressing passt auch zu einem Wurstsalat, das Kartoffeldressing zu einem angemachten Backsteinkäse, aber auch zu einem herbstlichen Feldsalat, vielleicht ergänzt durch gehackte Walnüsse oder angeröstete Speckwürfel. Die Remoulade ist die klassische Beigabe zu einem panierten, gebackenen Kalbsbries mit Salatteller, passt außerdem zu kaltem Braten. Die selbst gemachte Mayonnaise, die auf dem Weg zur Remoulade entsteht, ist vielfach einsetzbar. Zum Beispiel zu einem panierten Schnitzel mit Kartoffelsalat als Alternative zur Bratensauce. Oder zu gebratenem Fisch.

Klassische Salatsauce für fast alle Zwecke, auch für Wurst- und Ochsenmaulsalat

Für 4 Portionen benötigen Sie
2 EL Weinessig (oder anderen Essig, der zum Salat passt),
6 EL geschmacksneutrales Keim- oder Sonnenblumenöl,
1 EL Honig oder Zucker,
1 EL mittelscharfen Senf,
1 Schalotte,
1 Knoblauchzehe,
1 EL Schnittlauchröllchen,
Salz, fein gemahlenen schwarzen Pfeffer.

Zubereitung: Die Schalotte schälen und fein würfeln, die Knoblauchzehe schälen und halbieren. Mit den Knoblauchzehenhälften die Salatschüssel ausreiben, dann Essig, Honig/Zucker und Senf in der Schüssel gründlich vermischen. ☛ Das Öl in dünnem Strahl einrühren, damit eine homogene Emulsion entsteht, in der keine einzelnen Öltropfen zu erkennen sind. Faustregel: 3 Teile Öl lassen sich in 1 Teil Essig glattrühren. ☛ Schalottenwürfel und Schnittlauchröllchen zugeben, mit Salz und Pfeffer abschmecken, gründlich verrühren und das Dressing einige Minuten durchziehen lassen.

Joghurtsauce zu feinen Blattsalaten, weißem Rettichsalat, aber auch zu Nudelsalat

Zubereitung: Joghurt, Zitrone/Essig und Öl mit dem Schneebesen cremig rühren. Mit Salz, fein gemahlenem schwarzem Pfeffer, einer Prise Zucker und den Kräutern abschmecken. ☛ Die Kräuter lassen sich je nach Salat, Geschmack und Saison wählen. Typische Salatkräuter sind Petersilie, Dill, Schnittlauch, Zitronenmelisse, Kerbel und Basilikum. Zu Gurken und Tomaten passen auch Koriander und Borretsch.

Für 4 Portionen Salat benötigen Sie
6 EL Naturjoghurt (für Rettich- und Nudelsalat so viel Joghurt und entsprechend mehr Zitrone, Essig und Öl, bis die gewünschte Konsistenz des angerichteten Salats erreicht ist),
2 EL Zitronensaft oder Weißweinessig,
1 EL Sonnenblumen- oder Keimöl,
1 EL Schnittlauchröllchen,
1 EL andere gehackte Kräuter nach Wahl,
Zucker, Salz, fein gemahlenen schwarzen Pfeffer.

Kartoffeldressing zu angemachtem Backsteinkäse, aber auch zu kräftigen Blattsalaten wie Feldsalat oder Radicchio

Dieses Dressing macht man am besten in einer größeren Menge und bewahrt es in einer Flasche im Kühlschrank auf, wo es etwa eine Woche haltbar bleibt.

Zubereitung: Die Kartoffeln schälen und grob zerkleinern, die Knoblauchzehe schälen und in Scheiben schneiden. Kartoffeln in der Brühe mit Knoblauch und Lorbeerblatt weich kochen und abkühlen lassen. ☛ Das Lorbeerblatt entfernen, 2 EL Essig und Sahne zugeben und die Brühe mit dem Pürierstab kurz durchmixen. Nicht zu lange mixen, sonst wird die Kartoffelstärke zu fein vermahlen und klebrig. Mit dem übrigen Essig, Salz und Pfeffer nach Gusto abschmecken. ☛ Bauchspeck ohne Schwarte und Knorpel sowie die Schalotte sehr fein würfeln und in etwas Öl glasig dünsten. Zum Dressing geben, verrühren, dann das Öl in dünnem Strahl mit dem Schneebesen einrühren. ☛ Abschließend mit Majoran, Salz und Pfeffer kräftig abschmecken. Die Salatsauce mindestens 1 Stunde durchziehen lassen; bei stärkereichen Kartoffelsorten zum Servieren ggf. mit etwas Brühe verdünnen.

Für etwa 750 ml Kartoffeldressing benötigen Sie
200 g mehlig kochende Kartoffeln,
50 g Bauchspeck,
250 ml Fleischbrühe,
125 ml Rapsöl,
1 mittelgroße Schalotte,
1 Knoblauchzehe,
3 EL Weißweinessig,
3 EL Sahne,
1 Lorbeerblatt,
etwas gerebelten Majoran,
Salz, fein gemahlenen schwarzen Pfeffer.

Mayonnaise, Remoulade

Für 4 Portionen oder knapp 200 ml Mayonnaise benötigen Sie 150 ml Öl (ein wertvolles, geschmacksneutrales Öl wie Distel-, Keim- oder Sonnenblumenöl),
1 EL Weißweinessig oder ½ EL Zitronensaft,
½ EL mittelscharfen Senf,
1 Eigelb.

Zur Remoulade wird die Mayonnaise mit
1 hartgekochten Ei (nach Belieben),
1 Sardellenfilet,
2 Cornichons,
1 Zweig frischer Petersilie,
etwas frischem deutschem Estragon,
Salz, Pfeffer.

Zubereitung: Zunächst eine Mayonnaise aus Essig, Senf, Eigelb und Öl zubereiten. Wichtig für das Gelingen ist, dass alle Zutaten Zimmertemperatur haben. Zuerst das Eigelb, den Senf (er dient als Gewürz und unterstützt das Emulgieren) und die Hälfte des Essigs in einer kleinen Rührschüssel gründlich verrühren und mit einem Schneebesen aufschlagen. Dazu die Schüssel auf ein feuchtes Tuch stellen, damit sie nicht auf der Arbeitsfläche hin und her rutscht. ☛ Beginnt das Ei, schaumig zu werden, zunächst Öl tröpfchenweise hinzugeben und kräftig rühren, bis die Masse dickflüssig wird. Dann das Öl unter ständigem Rühren in dünnem Strahl dazugeben, bis eine cremige Mayonnaise entstanden ist. ☛ Zum Rühren lässt sich auch eine Küchenmaschine verwenden. Die Mayonnaise mit dem restlichen Essig, Salz und Pfeffer abschmecken.

Für die Remoulade das Sardellenfilet fein hacken und die Cornichons sehr fein würfeln, die Petersilienblätter und einige Blätter Estragon fein hacken und alles unter die Mayonnaise heben. ☛ Scheint die Remoulade zu dick, lässt sie sich mit etwas Einlegewasser der Cornichons flüssiger machen. ☛ Nach Belieben ein hartgekochtes Ei fein würfeln und unter die Remoulade heben. Abschließend mit Essig, Salz und Pfeffer abschmecken.

Bei den Zutaten Öl, Essig und Senf können Sie nach Belieben geschmacklich variieren, ebenso bei den Kräutern, so lässt sich statt Estragon Kerbel verwenden. Auch Kapern passen in eine Remoulade. Falls Sie keine Sardellen mögen, lassen Sie sie einfach weg, und würzen die Remoulade in diesem Fall mit entsprechend mehr Salz.

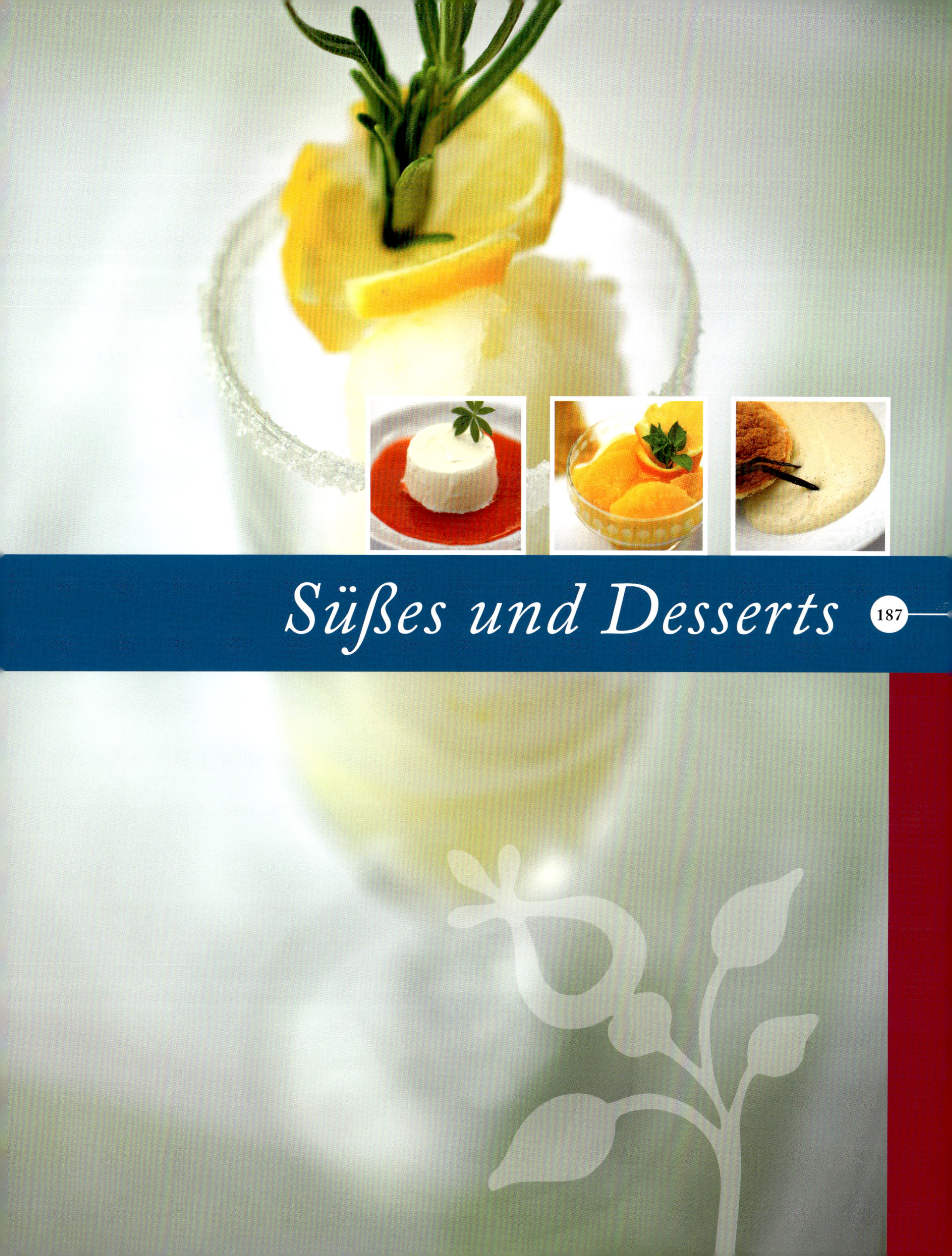

Süßes und Desserts

Süßspeisen kommen heute in der Gastronomie und in den Kochbüchern fast ausschließlich als Desserts vor. Doch in den Rezeptbüchern unserer Mütter und Großmütter standen auch etliche süße Hauptspeisen von meist einfachem Charakter. Ihre Zutaten sind nicht teuer, sie machen nicht viel Arbeit und trotzdem satt. Und vor allem: Sie schmecken. Mit Ofenschlupfer, Reisauflauf, Dampfnudeln und Co. sind schon Generationen schwäbischer Kinder und Enkel satt und zufrieden gemacht worden. Viele dieser Süßspeisen wurden und werden von selbst gemachtem Früchtekompott begleitet, das wir mit einigen Rezepten in Erinnerung rufen wollen. Bei entsprechend verringerter Menge lassen sich die süßen Hauptgerichte natürlich auch als Dessert servieren. Die übrigen Dessertrezepte dieses Kapitels sind eine Auswahl von einfach und schnell bis hin zu ambitioniert.

Eine Zubereitungsart kommt in mehreren der folgenden Rezepte vor und wird hier vorab erklärt, denn sie ist der Schlüssel zum Gelingen vieler klassischer Desserts. Es handelt sich um das Schaumigrühren einer Masse aus Eigelb und anderen Zutaten über einem Wasserbad. In vielen Rezeptbüchern findet man diese Technik auch unter der etwas verwirrenden Bezeichnung »zur Rose aufschlagen« oder »zur Rose abziehen«. Eigelb hat die Eigenschaft, zwischen flüssigem (roh) und festem Zustand (Dotter eines hartgekochten Eis) eine zähflüssige Konsistenz einzunehmen, in der es eine Bindung mit weiteren Zutaten eingeht, wenn es zu diesem Zweck schaumig geschlagen wird. Das Resultat sind Saucen oder Grundmassen für Dessertcremes, die schaumig-cremig-zähflüssig und von appetitlich gelber Farbe sind, wie etwa ein Sabayon (Seite 237).

Die zur Spargelzeit populäre Sauce Hollandaise funktioniert ebenfalls nach dem Prinzip der Eigelbbindung, die in diesem Fall mit flüssiger Butter hergestellt wird. Das Vertrackte an der Eigelbbindung ist, dass man das Eigelb dazu erwärmen muss, es aber keinesfalls zu heiß werden darf. Bei einer Temperatur von 82 Grad flockt es aus, gerinnt, und es ist vorbei mit der Schaumigkeit.

An Rüstzeug für diese Küchentechnik braucht man eine Rührschüssel mit rundem Boden (in einer Schüssel mit Kante zwischen Boden und Schüsselwand setzt sich fast zwangsläufig etwas Eigelb an, das dort gerinnt und die Sauce verdirbt), einen Schneebesen sowie einen größeren Topf, in den die Rührschüssel passt und in dem auf dem Herd Wasser erhitzt wird. Das Wasser im Topf darf während des Schaumigschlagens keinesfalls kochen, sollte aber knapp unter dem Siedepunkt sein, damit die Bindung entstehen kann. Am besten übt man diese Technik an einer bestimmten Herdplatte mit einem bestimmten Topf und der Rührschüssel, bevor man für Gäste kocht. Es gilt zu verhindern, dass das Wasser im Topf sich weiter erwärmt, während in der Schüssel gerührt wird. Ist das Wasser zu kühl, dauert es zu lange, bis die Bindung entsteht. Ein wenig Übung schadet auch im Umgang mit dem Schneebesen nicht, denn man ist eine Weile beschäftigt, bis die Sauce/Creme schaumig geschlagen ist.

Mit »abziehen« meinen Köche übrigens meist das Herstellen einer Bindung und das mit der Rose kommt daher, dass man die richtige Konsistenz früher dadurch getestet hat, dass man ein paar Tropfen des Schaums auf den Rücken eines Holzlöffels fallen ließ und hineinblies. Dabei läuft der Schaum zu einer Art Rosette auseinander, und wenn diese einen Moment stabil blieb, bevor sie wieder zusammenlief, war die Masse korrekt »zur Rose abgezogen«.

Apfelküchle, Mostmus, karamellisierte Apfelspalten

Hier kommen zwei Produkte aus den heimatlichen Obstwiesen, die der Schwabe gerne zum »Stückle« oder »Gütle« verniedlicht, zusammen: der Apfel als Frucht und Apfelsaft in vergorener Form als Most. Das alkoholhaltige Getränk ist ein wenig aus der Mode gekommen, was schade ist, denn ein guter, nicht zu trocken gekelterter Most, der vielleicht dazu noch leicht prickelt, ist eine Erfrischung, die sich vor einer Trollingerschorle nicht verstecken muss.

Sitzen Kinder mit am Tisch, lässt sich beim Bierteig der Alkohol durch Milch ersetzen, beim Mus der Most durch Apfelsaft, bei den Apfelspalten der Calvados ebenfalls durch Apfelsaft. Je nach Gusto muss für genügend Säure mehr Zitronensaft oder ein Schuss Apfelessig zugegeben werden. Apfelküchle und Mostmus lassen sich gemeinsam servieren, wenn Sie auf einen Dessertteller einen Spiegel aus Mus setzen und die Apfelküchle darauf anrichten. Die Apfelküchle sind als süße Hauptmahlzeit bemessen, als Dessert halbieren Sie bitte die angegebenen Mengen. Die karamellisierten Apfelspalten sind eine schnell gemachte Alternative zu einem Kompott.

Apfelküchle

Für dieses Rezept benötigen Sie
3 bis 4 säuerliche, nicht zu mehlige Äpfel,
200 g Mehl,
3 Eier,
40 g Zucker,
250 ml Bier,
Öl oder Butterschmalz,
1 TL gemahlenen Zimt,
ggf. etwas Mehl.

Zubereitung: Die Äpfel schälen, mit Hilfe eines Apfelausstechers vom Kerngehäuse befreien und in 1 cm dicke Scheiben schneiden. ☛ 2 Eier trennen und die Eiweiß zu festem Schnee schlagen. Mehl, Ei/Eigelbe, Bier und Zucker nach und nach in einer Schüssel verrühren und zum Schluss den Eischnee unterheben. Die Apfelscheiben in diesem Bierteig gut wenden und in Öl oder Butterschmalz schwimmend goldgelb ausbacken. ☛ Sollte der Teig nicht recht an den Apfelringen haften bleiben, hilft folgendes: Die Äpfel zuerst in etwas Mehl wenden und dann durch den Teig ziehen. ☛ Nach dem Backen gut auf Küchenkrepp abtropfen lassen und anschließend in Zucker oder Zimtzucker wenden.

Mostmus

Für dieses Rezept benötigen Sie
1 Apfel,
1 EL Zucker,
125 ml Apfelmost,
3 EL Zitronensaft,
1 EL Rum,
¼ Zimtstange,
1 Gewürznelke.

Zubereitung: Den Apfel schälen, vierteln und entkernen. Zusammen mit den übrigen Zutaten zu einem Kompott verkochen. Zimtstange und Nelke herausnehmen, das Kompott mit dem Stabmixer zu einem Mus pürieren und durch ein Sieb streichen.

Karamellisierte Apfelspalten

Für dieses Rezept benötigen Sie
2 säuerliche Äpfel,
80 g Zucker,
1 EL Butter,
60 ml Calvados oder Apfelbrand,
1 bis 2 EL Zitronensaft,
Zimt,
ggf. Apfelsaft.

Zubereitung: Die Äpfel schälen, halbieren, vom Kerngehäuse befreien und jede Hälfte in 4 Spalten schneiden. ☛ Währenddessen Butter und Zucker in einer beschichteten Pfanne bei mittlerer Hitze karamellisieren lassen, die Apfelspalten dazugeben und unter Schwenken der Pfanne einige Minuten braten. Mit Zimt je nach gewünschter Intensität abschmecken. ☛ Mit Calvados ablöschen, kurz ausdampfen lassen, mit Zitronensaft je nach gewünschtem Säuregrad beträufeln und bei aufgelegtem Deckel weichschmoren. Erscheinen die Apfelspalten zu trocken, etwas Apfelsaft angießen.

Apfelmaultaschen, Pflaumenmaultaschen

Eine süße Reverenz an die Maultasche, jene Charaktertype der schwäbischen Küche, für die es so unendlich viele Familienrezepte gibt und die von der Vorspeise bis zum Hauptgericht fast alles sein kann. Die süße Maultaschenvariante wird in Wasser gegart und schmeckt zur Schokoladensauce von Seite 231; in dieser Kombination ist sie eine süße Hauptmahlzeit, bei halbierten Mengen eine Nachspeise. Man könnte sie aber auch in einer kalten Fruchtsuppe servieren, quasi in der Brühe. Eine unkomplizierte Variante sind Pflaumenmaultaschen, die mit Pflaumenmus statt wie hier beschrieben mit gegarten Äpfeln gefüllt sind und die in brauner Butter geschwenkt und mit Zimtzucker bestreut serviert werden. Sozusagen die schwäbische Interpretation der berühmten Powidldatschkerln aus Böhmen.

Für 4 Personen benötigen Sie
300 g Nudelteig, wie im Maultaschenrezept auf Seite 79 beschrieben oder fertig gekauft,
500 g mehlige Äpfel,
100 g Walnusskerne,
80 g Zucker,
50 g Rosinen,
½ EL Butter,
½ TL Zimt,
Saft von 1 Zitrone,
Salz.

Zubereitung: Während der Nudelteig ruht, die Äpfel waschen, schälen, entkernen und grob würfeln. In einem Topf die Butter schmelzen, die Äpfel hineingeben und mit Zitronensaft beträufeln, damit sie nicht braun anlaufen. Dosieren Sie die Zitrone aber so, dass die Äpfel nicht zu sehr gesäuert werden. Den Zucker darüberstreuen und die Äpfel zugedeckt 10 Minuten lang bei schwacher Hitze dünsten. ☛ Dann den Deckel lüften und die Hitze erhöhen, damit der Zucker im Topf karamellisiert. Sobald der Zucker sich goldbraun verfärbt, den Topf vom Feuer ziehen, denn dunklerer Karamell würde geschmacklich bitter. Den Topfinhalt gründlich umrühren, dann mit dem Stabmixer pürieren und auskühlen lassen. ☛ Die Walnusskerne grob hacken und in einer Pfanne ohne Fett anrösten. Drei Viertel der Walnusskerne anschließend im Mörser fein zerstoßen. Die Rosinen grob mit dem Messer wiegen. Apfelpüree, fein gestoßene Walnüsse, Rosinen und Zimt verrühren. Die Masse sollte etwa die zähe Konsistenz von Pflaumenmus haben. ☛ Den Nudelteig in der Nudelmaschine zu mehreren gleich großen, dünnen Platten von etwa 60 cm Länge und 10 cm Breite ausrollen. Auf je eine Platte in Abständen von je 6 cm mit einem Teelöffel Häufchen aus Apfelmasse setzen. Die Zwischenräume mit Wasser bestreichen. ☛ Eine zweite Teigplatte vorsichtig auf die erste Platte legen, die beiden Teigschichten rund um die Füllungen gut aufeinander drücken. Mit einem Teigrädchen quadratische Maultaschen ausschneiden, die Maultaschen vereinzeln und etwa 15 Minuten antrocknen lassen. ☛ Dann in einem großen Topf Wasser zum Sieden bringen, leicht salzen und die Maultaschen in mehreren Portionen je 4 Minuten lang garziehen. Zum Servieren mit den restlichen gerösteten Walnüssen garnieren.

Bratapfel mit Marzipanfüllung, Bratapfel mit Mandelkrokantfüllung, Bratapfeleis

Der Bratapfel ist eine Süßigkeit, die zu Herbst und Winter gehört wie Regen und Wind. Früher lagerten viele Haushalte Äpfel in einer Kiste im Keller, deren Vorrat oft bis in den Spätwinter reichte. Bratäpfel sind ein Dessert, passen aber auch als dekorative Beilage zu einem Gänsebraten oder schmecken zu Tee oder Kaffee am Nachmittag, wenn man sich nach einem ausgiebigen Spaziergang wieder aufwärmt. Für Kinder lässt man den im Rezept angegebenen Alkohol natürlich weg. Eine originelle Variante ist das Bratapfeleis, zu dessen Herstellung Sie eine Eismaschine brauchen.

Bratapfel mit Marzipanfüllung

Für 4 Personen benötigen Sie
4 säurebetonte, festfleischige Äpfel wie Boskoop, Cox Orange oder Gloster,
100 g Marzipanrohmasse,
100 g Rosinen,
60 g Mandelblättchen,
60 g Zucker,
60 g Butter,
1 Prise gemahlenen Zimt,
100 ml Weißwein oder Apfelsaft,
20 ml Rum oder Calvados.

Zubereitung: Zunächst die Mandelblättchen in einer beschichteten Pfanne ohne Fett etwas anbräunen, um ihren Geschmack zu verstärken. Die Rosinen in Rum oder Calvados marinieren, den Backofen auf 200 Grad vorheizen. Zimt und Zucker mischen, die Äpfel waschen, abtrocknen und mit einem Ausstecher das Kerngehäuse entfernen. ☛ Eine Auflaufform mit 20 g der Butter gut ausbuttern und die ausgehöhlten Äpfel hineinstellen. Das untere Ende der ausgestochenen Äpfel mit etwas Marzipanmasse verschließen. Die marinierten Rosinen mit den Mandelblättchen und der restlichen, fein gehackten Marzipanrohmasse mischen und in die Äpfel füllen. ☛ Die restliche Butter auf den Äpfeln verteilen, den Weißwein oder Apfelsaft in die Form gießen. Die Auflaufform mit Alufolie oder einem Deckel verschließen und die Äpfel im Backofen insgesamt etwa 40 Minuten garen. Nach 25 Minuten aufdecken und eine Garprobe vornehmen, die Äpfel sollen nicht zu weich werden. ☛ Die Äpfel mit ihrer Garflüssigkeit übergießen und mit dem Zimtzucker bestreuen. Je nachdem, wie weich sie bereits sind, die Äpfel noch 10 bis 15 Minuten ohne Deckel garen, wobei der Zimtzucker karamellisiert. Die Bratäpfel heiß oder lauwarm servieren, dazu passt die Vanillesauce von Seite 234.

Bratapfel mit Mandelkrokantfüllung

Mit selbst gemachtem Mandelkrokant gefüllt, braucht der Bratapfel etwas mehr Vorbereitungszeit.

Für 4 Personen benötigen Sie
4 säurebetonte, festfleischige Äpfel wie Boskoop, Cox Orange oder Gloster,
60 g Butter,
100 g Mandelstifte,
200 g Zucker,
100 ml Weißwein oder Apfelsaft.

Zubereitung: Aus 100 g Mandelstiften und 200 g Zucker wird zunächst ein Krokant bereitet. Dazu die Mandeln in einer beschichteten Pfanne ohne Fett leicht anrösten. Ein mit der Unterseite nach oben gedrehtes Backblech mit geschmacksneutralem Öl oder mit Nussöl leicht einstreichen. ☛ Den Zucker als Haufen in die Mitte eines Topfes geben und ihn dort nicht verteilen, damit er nach und nach schmilzt. Bei starker Hitze warten, bis der Zucker am Rand zu schmelzen beginnt; den noch nicht geschmolzenen Zucker in kleinen Kreisen verrühren, bis auch er schmilzt. ☛ Die gerösteten Mandeln in den Topf geben, gut mit dem Zucker verrühren und den Topf rasch vom Feuer ziehen. Den Krokant flach auf dem Backblech verstreichen und auskühlen lassen. Das umgedrehte Backblech hat den Zweck, dass man den Krokant anschließend leichter vom Blech lösen kann, indem man von oben gegen das Blech drückt. ☛ Den gelösten Krokant in einen Gefrierbeutel geben und ihn mit einem Fleischklopfer oder dem Boden einer Pfanne bis zur gewünschten Körnung zerstoßen. Dann in die Äpfel füllen, in der gebutterten Form mit dem Wein oder Saft wie oben beschrieben garen.

Bratapfeleis

Als Dessert für 4 Personen benötigen Sie
4 aromatische Äpfel wie Gewürzluiken,
140 g Zucker,
40 g Butter,
2 Eier,
4 Eigelb,
500 ml Sahne,
2 Vanilleschoten,
1 TL Zimtpulver.

Zubereitung: Die Äpfel schälen, vierteln und vom Kerngehäuse befreien. Den Backofen auf 220 Grad vorheizen, die Apfelviertel mit der Butter, dem Zimt und 40 g Zucker vermischen und auf einem Blech auf der zweituntersten Einschubleiste 20 Minuten garen. Aus dem Ofen nehmen, abkühlen lassen und fein pürieren. ☛ Die Vanilleschoten längs halbieren und das Mark herauskratzen (die ausgekratzten Schoten können Sie als Aromatisierung in die Zuckerdose geben oder sie als Aroma bei geeigneten Gerichten mitkochen). ☛ Eier, Eigelb und die restlichen 100 g Zucker in einem Rührbecher mit dem Quirl kurz schaumig schlagen. In einem Topf die Sahne mit dem Vanillemark aufkochen und unter ständigem Rühren zur Ei-Zucker-Masse geben. ☛ Dann die Masse über dem Wasserbad schaumig schlagen wie auf Seite 188 beschrieben. Vom Herd nehmen, das Bratapfelmus unterrühren und die Masse unter gelegentlichem Rühren abkühlen lassen. Dann in der Eismaschine zu einem Speiseeis rühren.

Dampfnudeln

Für 4 Personen als Hauptgericht benötigen Sie
500 g Mehl,
250 ml lauwarme Milch,
100 g Butter,
2 Eier,
30 g Hefe,
25 g Zucker,
Salz,
nach Belieben das Mark einer ½ Vanilleschote.

Zum Dämpfen benötigen Sie einen (eventuell antihaftbeschichteten) Topf mit großem Durchmesser,
150 ml Milch,
50 g Butter,
25 g Zucker,
eine Prise Salz.

Über die Herkunft der Dampfnudel liegen Bayern und Pfälzer im Streit, denn beide Küchenkulturen beanspruchen sie für sich. In Bayern wie auch der Pfalz ist die Dampfnudel oft Teil des Hauptgerichts. In der Pfalz vorwiegend meist mit einer süßen Beilage, in Bayern gerne auch mal mit einer herzhaften wie Kraut oder Pilzragout. Die Schwaben haben die süße Variante in ihre Regionalküche aufgenommen, in der Regel als Hauptgericht mit Vanillesauce oder mit Kompott. Aber es würde sich durchaus lohnen, diese Mehlspeise auch einmal zusammen mit einem Pilzragout zu servieren – im Frühsommer mit Pfifferlingen oder etwas später im Jahr mit Steinpilzen. Für diese Zubereitung lässt man den im Rezept angegebenen Zucker weg.

Dampfnudeln werden in einem Topf mit Deckel im Dampf gegart und zugleich an der Unterseite gebraten. Das unterscheidet sie vom recht ähnlichen Germknödel, der ausschließlich gedämpft wird und unten keine Kruste hat. Ein wenig spannend ist das Dampfnudelmachen schon, denn der Deckel darf während des Garens auf keinen Fall gelupft werden, sonst fallen die Hefeteigkugeln in sich zusammen. Man weiß also erst ganz zum Schluss, ob die Dampfnudeln so geworden sind wie gewünscht: unten goldbraun, oben gleichmäßig halbrund mit einer glatten Haut.

Zubereitung: Um den Teig zuzubereiten, sollten alle Zutaten handwarm sein. Das Mehl in eine Schüssel sieben und eine Kuhle hineindrücken. Die 250 ml Milch in einer Tasse erwärmen, die Hefe und 1 Prise Zucker darin auflösen und in die Kuhle im Mehl gießen. Zu einem weichen Vorteig verkneten und an einem warmen Ort mit einem Tuch bedeckt 20 Minuten gehen lassen. ☛ Dann die übrigen Zutaten zugeben und mit dem Knethaken der Küchenmaschine zu einem geschmeidigen Hefeteig rühren. Gut glattkneten, mit einem Tuch bedecken und nochmals 20 bis 30 Minuten gehen lassen. Dann den Teig auf einer bemehlten Arbeitsfläche zusammenkneten, halbieren, 2 Rollen daraus formen und diese Rollen in je 6 Stücke schneiden. ☛ Aus jedem dieser Stücke mit bemehlten Händen eine Kugel rollen und diese auf einem bemehlten Tuch ablegen. Sind alle Teigkugeln fertig, nochmals mit dem Tuch bedecken und kurze Zeit gehen lassen. ☛ Im großen Topf Milch, Butter, Zucker und die Prise Salz aufkochen, dann die Nudeln dicht nebeneinander einlegen – die Flüssigkeit sollte etwa halb so hoch stehen, wie die Nudeln sind. Den Topf mit einem gut schließenden Deckel verschließen, damit kein Dampf entweicht. Am besten ist ein schwerer Glasdeckel, der während des Garens nicht geöffnet werden darf. ☛ Auf dem Herd bei mittlerer

Hitze etwa 30 Minuten garen. Man braucht ein wenig Übung und/ oder ein gutes Gehör, um zu wissen, wann die Dampfnudeln gar sind: Ist die Flüssigkeit verdampft, beginnt es im Topf leise zu knistern. Nun bildet sich unten eine Kruste, die je nach Gusto goldbraun oder bei längerem Weitergaren auch dunkelbraun wird. Dann Deckel abnehmen und die Dampfnudeln mit dem Pfannenwender einzeln herausstechen.

Erdbeerragout

Die Erdbeere ist wie die Himbeere eine Frucht des Frühsommers, und beide sind sehr empfindlich. Sie beginnen an Druckstellen rasch zu faulen. Im Vergleich zur Himbeere ist die Erdbeere noch etwas heikler, denn während Himbeeren sich recht gut einfrieren lassen, werden Erdbeeren dabei matschig. Auch beim Einkochen leidet die Qualität. Die einzige Art, die Erdbeere mit Gewinn zu konservieren, ist eine Marmelade. An dieser Stelle allerdings werden die Erdbeeren frisch verwendet – durch eine Marinade aromatisiert und sehr unkompliziert zubereitet.

Für ein Erdbeerragout für 4 Personen benötigen Sie 500 g vollreife Erdbeeren, 100 g Puderzucker, ½ l Spätburgunder Spätlese oder einen anderen fruchtigen, auf keinen Fall trockenen, hochwertigen Rotwein. Der Spätburgunder passt am besten, da sein Bukett oft Erdbeeraromen beinhaltet.

Zubereitung: Von den gewaschenen und gut abgetropften Erdbeeren den Stielansatz entfernen und die Beeren je nach Größe halbieren oder vierteln. In eine Schüssel geben, den Puderzucker darübersieben, leicht vermengen und 15 Minuten ziehen lassen. Dann mit Rotwein übergießen und über Nacht durchziehen lassen. ☛ Pikant – und alkoholfrei – ist ein Erdbeerragout, bei dem Erdbeeren und Zucker wie oben angegeben vermengt werden, das aber statt mit Rotwein mit 2 EL gutem, reifen Balsamicoessig angesetzt wird. ☛ Nach Belieben lässt sich die Menge Balsamico erhöhen und lassen sich gründlich abgespülte (da sie in Salzlake liegen), eingelegte grüne Pfefferkörner zugeben. Experimentierfreudige Profi- und Hobbyköche aromatisieren Erdbeeren gelegentlich auch mit grob gemahlenem schwarzem Pfeffer.

Fruchtsaucen

Pürierte, leicht aromatisierte Früchte sind eine schnelle und einfache Möglichkeit, einen Pudding oder eine Eiscreme begleiten zu lassen. Man setzt die Fruchtsauce als so genannten Spiegel auf den Teller und platziert den festen Bestandteil des Desserts darauf. In unserem Rezept machen wir die Fruchtsauce mit Erdbeeren. Auf die gleiche Weise lässt sich eine Himbeersauce herstellen, eine Kiwisauce oder eine Beerensauce, für die je nach Saison und Verfügbarkeit Johannisbeeren, Brombeeren, Heidelbeeren und Himbeeren gemischt werden.

Die Menge des zugegebenen Puderzuckers ist variabel, richtet sich nach dem persönlichen Geschmack sowie dem Reifegrad der Beeren. Bei allen Saucen, die aus Früchten mit kleinen Kernen gemacht werden, ist es

Für 4 Dessertportionen benötigen Sie 250 g Erdbeeren, etwa 50 g Puderzucker, 20 ml Wacholdergeist, 1 EL Zitronensaft, nach Belieben etwas Orangenabrieb oder eine Prise Zimt.

wichtig, dass sie so kurz wie möglich püriert werden. Je mehr der Kerne beim Pürieren vermahlen werden, desto mehr verändern sich Farbe und Geschmack der Sauce zum Nachteil. Speziell bei Kiwis ist es so, dass zu langes Pürieren die Farbe der Sauce von Grün in Bräunlich umschlagen lässt und dass die aus den Kernen austretende Gerbsäure unangenehm schmeckt.

Nach dem Pürieren müssen die Fruchtsaucen durch ein Sieb gestrichen werden, um sie von den Kernen zu trennen. Bei roten Fruchtsaucen sieht es hübsch aus, wenn man sie weiß verziert. Dazu vermengt man ½ EL Crème fraîche mit 1 bis 2 EL flüssiger Sahne, lässt von einem Löffel aus feine Sahnestreifen auf die Fruchtsauce tropfen und zieht mit der Spitze eines Zahnstochers Muster aus dem Weißen ins Rote und/oder umgekehrt.

Zubereitung: Die Erdbeeren zusammen mit Puderzucker, Zitronensaft, Wacholdergeist sowie den Aromaten im Mixer oder mit dem Stabmixer kurz pürieren und durch ein feines Sieb streichen. Ggf. mit Puderzucker und etwas Zitronensaft nochmals abschmecken und auf die Dessertteller geben.

Griessflammeri

Für 4 Personen benötigen Sie
125 g Zucker,
50 g Grieß,
5 Eier,
500 ml Milch,
325 ml Sahne,
8 Blatt Gelatine,
1 Vanilleschote,
1 TL Zitronenabrieb,
Salz.

Ein Dessert aus Grieß zu bereiten, lag früher auf der Hand, denn Weizenprodukte waren am leichtesten und preiswertesten verfügbar. Grieß ist wie Mehl ein Mahlgrad von Weizen, nur eben gröber. Wobei man heute einen Unterschied machen muss: Hier ist die Rede von Weichweizen, und nur mit solchem lassen sich Grießbrei, Grießauflauf oder eben Grießflammeri machen. Hartweizen eignet sich ausschließlich für die Herstellung von Nudeln. Der Begriff Flammeri wird nahezu gleichbedeutend mit Pudding gebraucht, beides sind Süßspeisen, die mit Milch aufgekocht und nach dem Abkühlen halbfest werden, so dass man sie aus der Form stürzen kann. Der Grießflammeri passt zum Zwetschgenkompott von Seite 214 oder zur Schokoladensauce von Seite 231.

Zubereitung: Die Eier trennen. Von den Eiweiß werden 3 benötigt und mit einer Prise Salz steifgeschlagen, die beiden anderen anderweitig verwenden. Die Vanilleschote längs halbieren und auskratzen. Die Gelatine in kaltem Wasser einweichen. ☛ Die Milch in einem hohen Topf zum Kochen bringen, Vanillemark und Zitronenabrieb dazugeben. Unter

ständigem Rühren den Grieß zugeben und aufkochen lassen. Vom Feuer ziehen, die Gelatine gut ausdrücken und zur Grießmasse geben. ☛ In einer Rührschüssel mit dem Quirl das Eigelb mit dem Zucker schaumig schlagen und ebenfalls unter die Grießmasse rühren, dann vorsichtig den Eischnee unterheben. ☛ Die Grießmasse weiter abkühlen lassen und kurz bevor sie sich verfestigt, die Sahne steif schlagen und vorsichtig unterheben. Dann die Flammerimasse in geeignete, kalt ausgespülte Formen füllen und im Kühlschrank erstarren lassen. ☛ Zum Servieren auf einen Teller stürzen und mit Kompott oder Sauce umgeben.

Gugelhupf von Musmehl

Für eine mittelgroße Gugelhupfform benötigen Sie
250 g Musmehl oder Dinkelvollkornmehl,
250 g Zucker,
100 g Butter,
6 Eier,
½ Päckchen Backpulver,
½ EL gemahlenen Zimt,
Salz.

Schwarzes Mus ist ein berühmt-berüchtigtes Nationalgericht der Schwäbischen Alb und ein Stück Kulturgeschichte. Die Alb war über Jahrhunderte das Armenhaus Württembergs, weil auf ihren kargen, trockenen Böden wenig gedieh. Ein Brei, der aus Mehl, Wasser, ein bisschen Salz und, wenn man hatte, etwas Milch bestand, war lange Zeit das hauptsächliche und allzu oft einzige Nahrungsmittel. Von solchem Getreidebrei lebte übrigens bis weit in die Neuzeit hinein die Landbevölkerung in ganz Mitteleuropa, nur mussten sich die armen Älbler eben ein bisschen länger damit begnügen als die Menschen in anderen Landstrichen.

Auf der Alb wuchs vor allem Dinkel, dessen Vollkorn gemahlen und zur Zubereitung des Muses angeröstet wurde. Das dunkle Mehl wurde dann in kochendes Wasser gerührt und mit mehr oder weniger Salz geschmacklich angereichert. Grundsätzlich eine gesunde Sache, nur halt auf die Dauer eintönig. Einige schwäbische Mühlen haben dieses gesunde Naturprodukt – mit ein wenig Verklärung – wiederentdeckt und bieten geröstetes Musmehl an. Das Rezept funktioniert aber auch mit gängigem Dinkelvollkornmehl. Den Gugelhupf kann man sich zum Kaffee schmecken lassen, oder man serviert ihn zusammen mit dem Aprikosenkompott von Seite 212.

Zubereitung: Die Butter rechtzeitig aus dem Kühlschrank nehmen, um sie bei Zimmertemperatur verarbeiten zu können. Die Eier trennen. Den Backofen auf 180 Grad vorheizen. ☛ Butter, Zucker und das Eigelb weißschaumig rühren. Mehl, Zimt und Backpulver unterrühren. Das Eiweiß mit einer Prise Salz steif schlagen und den Eischnee vorsichtig unterheben. ☛ Die Gugelhupfform ausbuttern, mit Teig füllen und im unteren Drittel des Ofens bei 180 Grad 30 Minuten lang backen. Dann Ofen auf 130 Grad herunterregeln und weitere 30 Minuten backen. Nach dem Abkühlen aus der Form stürzen und mit Puderzucker bestäuben.

Heisse gefüllte Pfirsiche, überbackene Pfirsiche mit Grand-Marnier-Schaum

Der Pfirsich kommt ursprünglich aus dem Mittleren Osten. Sein deutscher Name leitet sich von persicus her, also aus Persien kommend, was nahelegt, dass Pfirsichbäume wärmebedürftige Gewächse sind. Jedoch gibt es auch Sorten, die sich in unseren Breiten wohl fühlen. In den Weinbaugebieten Württembergs werden sie als so genannte Weinbergpfirsiche kultiviert. Vorausgesetzt, der Winter war nicht zu hart, und kein später Frost hat die frühe Blüte der Bäume gestört, tragen sie jährlich Früchte, die zwar klein, aber sehr aromatisch sind. Für die hier vorgestellten gefüllten Pfirsiche sollte man allerdings größere Früchte nehmen; am besten eignen sich die in letzter Zeit populär gewordenen weißfleischigen Pfirsiche.

Beide Rezepte sind eigenständige Desserts für jeweils 4 Personen. Sie lassen sich aber auch kombinieren und sind dann – bei jeweils halbierter Menge – eine Nachspeise der Extraklasse, vor allem wenn sie aus vollreifen Früchten zubereitet werden. Wenn Sie die beiden Rezepte kombinieren, bereiten Sie zunächst die heißen gefüllten Pfirsiche zu. Während diese im Ofen garen, bereiten Sie die zu überbackenden Pfirsiche vor, erhöhen nach dem Herausnehmen der gefüllten Pfirsiche die Ofentemperatur auf 220 Grad plus Grill und gratinieren die überbackenen Pfirsiche auf den Desserttellern für wenige Minuten hellbraun. Aus dem Ofen nehmen, jeweils einen halben gefüllten Pfirsich mit auf den Teller geben, mit etwas Puderzucker bestäuben und servieren.

Heisse gefüllte Pfirsiche

Für 4 Personen benötigen Sie
4 reife Pfirsiche,
80 g getrocknetes Weißbrot ohne Rinde,
60 g gehackte Mandeln,
60 g Zucker,
2 EL Butter,
2 Eier,
40 ml Mandellikör,
1 Prise Zimt,
nach Belieben 2 Tropfen Bittermandelöl.

Zubereitung: Die Pfirsiche halbieren, den Stein herauslösen und mit einem Kugelausstecher die Hohlräume etwas vergrößern. Das Weißbrot in der Küchenmaschine zu Bröseln zermahlen, die gehackten Mandeln in einer kleinen Pfanne ohne Fett leicht bräunen, die Eier trennen und das Eiweiß anderweitig verwenden. ☛ In einer kleinen Schüssel die Brösel, das ausgestochene und fein gehackte Fruchtfleisch, die gerösteten Mandeln, das Eigelb, den Mandellikör und das Bittermandelöl zu einer geschmeidigen Masse verarbeiten. ☛ Den Backofen auf 180 Grad vorheizen, eine geeignete Auflaufform ausbuttern und die 8 Pfirsichhälften hineingeben. Zu gleichen Teilen mit der Masse füllen, die Butter in kleinen Flöckchen über die Füllung verteilen und die Pfirsiche im Ofen für 30 Minuten backen.

Überbackene Pfirsiche mit Grand-Marnier-Schaum

Für 4 Personen benötigen Sie
4 vollreife Weinbergpfirsiche oder andere kleine Pfirsiche,
60 g Zucker,
4 Eigelb,
125 ml Orangensaft,
125 ml Weißburgunder oder trockenen Kerner,
100 ml Bitterorangenlikör (Grand Marnier),
etwas Puderzucker zum Bestäuben.

Zubereitung: Die Pfirsiche einige Sekunden lang in kochendem Wasser blanchieren, bis die Haut reißt, in kaltem Wasser abschrecken und die Haut abziehen. Die Früchte längs halbieren und den Stein entfernen, dann die Pfirsichhälften in dünne Spalten schneiden. ☛ Den Backofen auf 220 Grad vorheizen und den Grill zuschalten. 4 feuerfeste Teller mit Puderzucker bestäuben und die aufgeschnittenen Pfirsichhälften halbkreisförmig und überlappend auf den Tellern auffächern. ☛ In einer Rührschüssel das Eigelb mit dem Zucker schaumig schlagen, Orangensaft, Wein und Likör zugeben und die Masse über dem Wasserbad schaumig aufschlagen (siehe Seite 188). ☛ Den Grand-Marnier-Schaum über die Pfirsichfächer verteilen und diese im Ofen in wenigen Minuten hellbraun überbacken. Mit Puderzucker bestäubt servieren.

Holunderblüte auf Zimtschaum

Für 4 Personen benötigen Sie
4 große Holunderdolden,
125 g Mehl,
2 Eier,
1 EL Zucker,
150 ml Milch,
1 TL abgeriebene Zitronenschale,
1 EL Vanillezucker,
Puderzucker,
Butterschmalz oder Öl.

Für den Zimtschaum:
100 g Zucker,
30 g Speisestärke,
5 Eier,
500 ml Milch,
250 ml Schlagsahne,
gemahlener Zimt nach Geschmack.

Ein Holunderstrauch stand früher in vielen Hausgärten, denn Holunder spielte in der Volksmedizin eine wichtige Rolle: Saft und Früchte, aber auch Tees aus der Rinde und den Blüten wurden gegen Erkältungskrankheiten, Blasenleiden und bei Magenschmerzen verabreicht. Wichtig zu wissen ist, dass die Beeren in rohem Zustand leicht giftig sind, also nur durch Kochen genießbar werden. In Norddeutschland, wo der Holunder fälschlicherweise auch Flieder genannt wird, sind die Beeren eine der Zugaben zum angedickten Fruchtkompott Rote Grütze.

In unserem Dessertrezept finden die weißen Blütenrispen Verwendung, die sich im Mai und Juni bilden. Auch wenn der Holunder zunehmend aus den Hausgärten verschwindet: In freier Natur ist er noch immer einer der häufigsten Sträucher der heimischen Flora und gibt zur Blütezeit ein paar Blütendolden für diese Zubereitung her. Begleitet wird er von einem Zimtschaum aus Milch, Eiern und Sahne. Statt des Zimtschaums passen auch Erdbeer- oder Kirschenkompott gut zu den Holunderblüten.

Zubereitung: Für den Zimtschaum 350 ml Milch und den Zucker aufkochen. Die Eier trennen, das Eiweiß anderweitig verwenden. Die Eigelb mit der restlichen Milch und der Speisestärke verrühren. ☛ Sobald die Milch kocht, die Eier-Milch-Stärke-Mischung unterrühren und die Flüssigkeit auf diese Weise binden. Vom Feuer ziehen, mit dem Zimt abschmecken, erkalten lassen und durch ein Sieb streichen. Die Sahne steif schlagen und vorsichtig unter die kalte Masse heben. ☛ Die Holunderblüten mit einem Pinsel von Verunreinigungen befreien, aber nicht abwaschen, weil sie sonst verkleben. Die Eier trennen und das Eigelb mit Milch, Mehl, Zucker, Vanillezucker und Zitronenschale zu einem Teig verrühren. Das Eiweiß steifschlagen und unter den Teig heben. ☛ In einer Pfanne Butterschmalz oder Öl auf mittlere Hitze erwärmen. Das Fett sollte etwa 1,5 cm hoch in der Pfanne stehen. Die Holunderdolden am Stiel nehmen und mit dem Blütenstand nach unten gründlich durch den Ausbackteig ziehen. Im heißen Fett goldgelb ausbacken und auf Küchenkrepp abtropfen lassen. ☛ Zum Servieren den Zimtschaum auf 4 Teller verteilen, eine Holunderblüte darauf anrichten und das Dessert mit Puderzucker bestäuben.

Kirschenmichel

Für 4 Personen benötigen Sie
400 g entsteinte Kirschen,
80 g Puderzucker,
40 g Zucker,
40 g fein gemahlene Mandeln,
4 Eier,
1 EL Mehl,
100 ml Orangensaft,
100 ml Portwein oder Madeira,
4 EL Kirsch- oder Obstessig,
2 EL Orangenmarmelade,
Saft und abgeriebene Schale von ½ Zitrone,
abgeriebene Schale von ½ Orange,
Butter.

Ein Auflauf mit Kirschen, in der schwäbischen Küche Kirschenmichel genannt, hat Generationen von Müttern und Großmüttern zur Sommerzeit geholfen, hungrige Mäuler zu stopfen. In seiner einfachsten Form ähnelt der Kirschenmichel dem Ofenschlupfer, wo Weißbrot, Früchte und eine Eiermilch die Basis bilden. Wir machen hier eine verfeinerte Dessertvariante nach Art eines Soufflés, und auch die Kirschen werden zunächst über Nacht mariniert. Zubereitet wird der Auflauf am besten in einer Pfitzaufform oder in Souffléformen im Wasserbad auf einem tiefen Blech im Backofen. Außerhalb der Kirschensaison lässt sich auch mit Kirschen aus dem Glas behelfen, die gut abgetropft in die Marinade gegeben werden.

Zubereitung: Zunächst die Kirschen marinieren. Dazu in einem Topf bei schwacher Hitze den Zucker schmelzen. Sobald der geschmolzene Zucker zu bräunen beginnt, mit dem Essig ablöschen und so lange rühren, bis sich der Zucker gelöst hat. Orangensaft, Portwein/Madeira, Zitronensaft, Zitronen- und Orangenschalen zugeben und aufkochen. ☛ Die Kirschen in den Sud geben, etwa 2 Minuten erhitzen, dann mit einer Schaumkelle herausheben und zum Abtropfen in ein Sieb geben. Den Topf mit dem Sud darunter stellen und die abtropfende Flüssigkeit auffangen. ☛ Sind die Kirschen abgetropft, den Sud erneut zum Kochen bringen, kräftig einreduzieren lassen und die Orangenmarmelade zugeben, so dass eine sirupartige Bindung entsteht. Vom Feuer ziehen, die Kirschen zurück in den Sud geben und gut verrühren. Im Topf mehrere Stunden, am besten über Nacht, durchziehen lassen. ☛ Für den Auflauf Puder-

zucker, Mandeln und Mehl mischen, 2 Eier trennen. Das Eigelb sowie die 2 weiteren Eier mit der Puderzucker-Mandel-Mehl-Mischung schaumig rühren. Die 2 Eiweiß steif schlagen und vorsichtig unter die übrige Masse heben. ☛ Den Backofen auf 200 Grad vorheizen, die Backformen gründlich ausbuttern, etwa ein Viertel der Kirschen in einem Sieb über dem Mariniertopf gut abtropfen lassen. Die Auflaufformen jeweils zur Hälfte mit Teig füllen, die Kirschen darüber verteilen und die Formen mit Teig auffüllen. ☛ Ein Backblech zwei Finger hoch mit Wasser füllen und auf die mittlere Schiene des Ofens schieben. Die Backformen ins Wasserbad stellen und in 15 Minuten hellbraun backen. Währenddessen die übrigen Kirschen in ihrem Sud erwärmen. ☛ Zum Servieren den Auflauf auf 4 vorgewärmte Teller stürzen, mit Kirschen im Sud umgeben und mit Puderzucker bestäuben.

Aprikosen-, Quitten- und Zwetschgenkompott

Kompott zu kochen ist aus der Mode gekommen, weil wir es gewöhnt sind, unsere meistgegessenen Obstsorten rund ums Jahr im Supermarkt zu finden. Zu Zeiten, als es Obst wirklich nur dann gab, wenn es gerade reifte, war Kompott kochen ein probates Mittel, die Saison zu verlängern. In Einmachgläsern konserviert, bleibt das Obst sogar jahrelang genießbar.

Das Kompott ist sprachlich übrigens mit dem Kompost verwandt. Kompott leitet sich von dem französischen Wort compote her, das Gemisch bedeutet. Das wiederum fußt auf dem lateinischen Wort compositum, was für zusammengesetzt oder vermischt steht. Unser Kompost heißt so, weil er sich aus vermischten Gartenabfällen zusammensetzt. Kompott selbst zu kochen ist deshalb spannend, weil man die gekochten Früchte mit zusätzlichen Aromen anreichern kann.

Aprikosenkompott

Für 4 Portionen benötigen Sie 600 g vollreife Aprikosen, 100 g Zucker, 400 ml Orangensaft, 1 EL Zitronensaft, 2 Stück Sternanis, nach Belieben 20 ml Mandellikör.

Man glaubt es kaum: In guten Jahren ohne Spätfrost kommen auch im Neckartal Aprikosen aus heimischem Anbau auf die Märkte. Doch die meisten dieser samtigen Früchte kommen von Mitte Juli bis Ende August aus dem Mittelmeerraum zu uns. Auch in der Ungarischen Tiefebene, die sich bis in den Südosten Österreichs zieht, gibt es große Aprikosengärten; die meisten der dort Marillen genannten Früchte werden zu Marmelade, Schnaps und Likör verarbeitet. Das größte Anbaugebiet der Welt ist in der Osttürkei, wo fast alle weltweit gehandelten getrockneten Aprikosen hergestellt werden. In letzter Zeit findet man die kleinen, sehr süßen türkischen Früchte gelegentlich auch in unseren Lebensmittelmärkten.

Zubereitung: In einem Topf Wasser zum Kochen bringen, die Aprikosen portionsweise kurz darin blanchieren, bis sich die Haut löst. In kaltem Wasser abschrecken, die Haut abziehen, die Früchte halbieren und den Stein entfernen. ☛ Einen Topf auf mittlere Temperatur erhitzen und den Zucker in die Mitte des warmen Topfes geben. Nicht im Topf verteilen, sondern warten, bis der Zucker vom Rand her schmilzt. Dann in kleinen Kreisen den Zucker von innen nach außen rühren, bis er ganz geschmolzen ist. ☛ Sobald er hellbraun ist, die Sternanis zugeben und den Orangensaft aufgießen. Den Karamell vor dem Ablöschen auf keinen Fall dunkel werden lassen, er schmeckt sonst bitter. Sternanis hat einen sehr intensiven Geschmack. Sobald Sie während des folgenden Kochvorgangs das Gefühl haben, der Anis habe genug Aroma entwickelt, entnehmen Sie ihn. ☛ Nach dem Orangensaft auch den Zitronensaft zugeben und im Topf

rühren, bis sich der Karamell ganz in der Flüssigkeit gelöst hat. Dann die Aprikosen zugeben und leicht bissfest garen. Haben sie den gewünschten Garpunkt, die Aprikosen wieder aus dem Sud nehmen und die Flüssigkeit im Topf sirupartig einkochen. Nach Belieben mit Mandellikör abschmecken. ☛ Zum Anrichten Aprikosenhälften dekorativ auf einen Teller drapieren und mit dem Sirup beträufeln.

Quittenkompott

Für gut 4 Portionen benötigen Sie
1 kg Quitten,
200 g Zucker,
2 Gewürznelken,
1 Zimtstange,
150 ml Wasser.

Was haben unsere Mütter und Großmütter früher Quittengelee und Quittensaft gekocht, und wie verführerisch hat es immer geduftet, wenn Quitten verarbeitet wurden. In vielen Hausgärten stand selbstverständlich auch ein Quittenstrauch oder -baum. Heute stehen in den Hausgärten Koniferen, und auch auf den Streuobstwiesen macht sich die harte, bittere Frucht rar, die sich ihr blumiges Aroma nur mit liebevollem Aufwand entlocken lässt.

Quitten kommen ursprünglich aus Kleinasien, brauchen sehr viel Wärme, und nur südlich der Alpen gedeihen Formen, die roh genießbar sind. Nördlich der Alpen tragen sie überhaupt nur in Weinbauklimaten brauchbare Früchte, und die haben wir Schwaben ja am Neckar und seinen Nebenflüssen. Alte Sorten wie Konstantinopeler Apfelquitte oder Portugiesische Birnenquitte verraten schon durch ihre Namen, dass ihnen bei uns eigentlich ein bisschen zu kalt ist.

Übrigens leitet sich der Name Marmelade, den wir für gezuckerte Fruchtzubereitungen verwenden, vom Namen der Quitte ab: Sie heißt auf portugiesisch »Marmelo«. Ein frisch zubereitetes Quittenkompott ist ein schönes Herbstdessert und lässt sich gerne von einem Vanilleeis oder von Vanillesauce (Seite 234) begleiten.

Zubereitung: Die Quitten waschen, schälen, vierteln und gründlich vom Kerngehäuse befreien. Das erfordert etwas Kraft, weil Quitten wirklich hart sind. ☛ Wasser, Zucker und die Gewürze aufkochen und 5 Minuten kochen lassen, dann die Quitten dazugeben. Bei milder Hitze zugedeckt etwa 35 bis 40 Minuten köcheln lassen, bis die Früchte weich sind.

Zwetschgenkompott

Für 4 Portionen benötigen Sie
600 g Zwetschgen,
50 g Zucker,
das Mark von ½ Vanilleschote,
80 ml Zwetschgenbrand,
60 ml Johannisbeersaft,
2 Gewürznelken,
1 TL Speisestärke.

Zwetschgen sind die letzte Sorte von Steinobst, die in unseren Gärten im Lauf des Jahres reif werden. Hat man schon im Sommer Lust auf dieses Kompott, lässt es sich auch mit Pflaumen zubereiten, die den Zwetschgen vom Geschmack her ähnlich, aber in der Regel größer, runder und süßer sind.

Zubereitung: Die Zwetschgen waschen, halbieren und entsteinen. In einem Topf den Zucker und den Zwetschgenbrand erhitzen und die Zwetschgen zugeben, sobald der Zucker karamellisiert. Das Vanillemark

und die Nelken zugeben, und die Zwetschgen bei mittlerer Hitze in etwa 20 Minuten bissfest garen, ggf. etwas Wasser angießen. ☛ Die Speisestärke im Johannisbeersaft lösen, zugeben, einmal aufkochen und das Kompott auf diese Weise binden. Das Zwetschgenkompott passt besonders gut zum Grießflammeri von Seite 202.

Lavendeleis

Lavendel ist ein Aroma mit eindeutig südeuropäischem Migrationshintergrund. In der Mittelmeerküche werden Lavendeltriebe ähnlich wie Rosmarin zum dezenten Würzen von Fleisch und Gemüse eingesetzt. Auch die populäre Kräutermischung »Herbes de Provence« enthält Anteile von Lavendelblättern. Aus den sehr stark riechenden Blüten werden traditionell Duftwässerchen extrahiert.

Weil der dekorative und robuste Lavendel in unseren Gärten längst heimisch geworden ist, hier ein Vorschlag, ihn auch einmal in der Küche zu verwenden, und zwar mit seinem Blütenaroma. Am intensivsten schmecken getrocknete Blütenblätter. Diese gewinnt man, indem man im Hochsommer die Stiele mit den Blütenähren um die Mittagszeit abschneidet, auf ein Tablett oder auf Küchenkrepp ausbreitet und sie an einem sehr sonnigen Platz etwa einen Tag lang trocknen lässt. Dann zupft man die sehr kleinen, zart bis kräftig violetten Blütenblättchen von den Ähren und lässt sie nochmals trocknen.

Wenn die Blättchen komplett trocken sind, mischt man sie mit Zucker (2 Teile Zucker auf 1 Teil Lavendelblüten oder aber, falls das Aroma besonders kräftig sein soll, im Mischungsverhältnis von 1 zu 1), gibt den Lavendelzucker in ein Glas mit Schraubdeckel und verschließt es gut. Auf diese Weise lässt sich das Lavendelaroma monatelang konservieren.

Für 4 Personen benötigen Sie
150 g Lavendelzucker (oder 130 g Zucker und 20 g leicht angetrocknete Lavendelblüten, die wie oben beschrieben von den Blütenähren gezupft und sofort weiterverwendet werden),
5 Eigelb,
250 ml Milch,
200 ml Schlagsahne,
100 ml Crème fraîche,
abgeriebene Schale von 1 Zitrone.

Zubereitung: Die Milch zusammen mit dem Zitronenabrieb und den Lavendelblüten aufkochen und etwa 15 Minuten ziehen lassen, damit sich die Aromen entwickeln. ☛ Eigelb und Zucker über dem heißen Wasserbad aufschlagen (siehe Seite 188), bis eine cremige Masse entsteht, dann vom Feuer nehmen und die Milch schubweise durch ein Sieb einrühren. Crème fraîche unterrühren und die Masse unter gelegentlichem Rühren auf Zimmertemperatur abkühlen lassen. ☛ Die Sahne steif schlagen und vorsichtig unterheben, dann die Eismasse in die Eismaschine geben und dort kaltrühren.

Rosmarin-Zitronen-Sorbet

Schon der Name lässt keinen Zweifel: Auch hier kann es sich nicht um einen schwäbischen Klassiker handeln. Weil aber fruchtig-frische Sorbets immer beliebter werden und weil in vielen Kräutergärten oder Töpfen auf hiesigen Terrassen ein Rosmarinstrauch gehegt wird, hat diese mühelos herzustellende Erfrischung hier ihren Platz gefunden. Sorbets eignen sich

Für 4 Personen benötigen Sie
150 g Zucker,
Saft und Abrieb von 1 unbehandelten Zitrone,
2 frische Rosmarinzweige (etwa 25 g),
700 ml Wasser.

sowohl als Vor- oder Nachspeise wie auch als Zwischengang. Vollends im Trend liegt, wer die im Rezept angegebene Zitrone durch zwei Limetten ersetzt, die geschmacklich und farblich mindestens so gut mit dem Rosmarin harmonieren wie die Zitrone. Für Erwachsene bietet sich noch die Variante an, vor dem Einfrieren ein Gläschen sehr trockenen Sekt unter das noch flüssige Sorbet zu mischen oder das Sorbet mit einem Schlückchen Sekt übergossen zu servieren.

Zubereitung: Wasser und Zucker in einem Topf erhitzen, bis sich der Zucker gelöst hat. Dann 2 bis 3 Minuten kräftig kochen lassen. Den Zuckersirup in 2 gleiche Portionen teilen. ☛ In die eine Portion den Zitronenabrieb geben und bei geringer Temperatur 10 Minuten köcheln lassen, dann vom Herd nehmen, den Zitronensaft unterrühren und abkühlen lassen. Die andere Portion Sirup mit den Rosmarinzweigen aufkochen, den Herd abschalten und den Sirup auf dem Kochfeld 10 bis 15 Minuten ziehen lassen. ☛ Den Rosmarinsirup durch ein Sieb zum Zitronensirup geben, verrühren, ggf. mit etwas Zucker abschmecken. Dann kalt stellen und in einer Eismaschine cremig rühren. Oder das Sorbet in einer geeigneten Rührschüssel ins Gefrierfach stellen. ☛ Wenn das Sorbet nach etwa 1 Stunde beginnt, fest zu werden, mit einem Schneebesen kräftig durchrühren. Dies mehrfach wiederholen, damit es nicht zum Block gefriert, sondern zu ganz kleinen, geschmeidigen Kristallen. Nach etwa 2 Stunden ist das Sorbet servierbereit. ☛ Haben Sie es länger im Gefrierfach, sollten Sie es vor dem Servieren 30 Minuten im Kühlschrank antauen lassen und dann nochmals kräftig zu einem geschmeidigen Sorbet rühren.

Ofenschlupfer

Der Ofenschlupfer ist so schwäbisch, wie sein Name klingt. Und bitte nicht Ofenschlüpfer sagen, auch wenn das schwäbische »schlupfen« und das hochdeutsche »schlüpfen« fast bedeutungsgleich sind. Schwäbisch ist der Ofenschlupfer, weil er Produkte verwendet, die nicht teuer oder an anderer Stelle übrig sind. Er ist ein süßes Hauptgericht und vor allem bei Kindern beliebt. Sitzen keine Kinder am Tisch, kann man etwas Alkohol ins Rezept mischen und die Süßspeise zum beschwipsten Ofenschlupfer machen.

Für 4 Portionen benötigen Sie
4 Milchbrötchen oder die entsprechende Menge anderen Weißmehlgebäcks vom Vortag,
2 große säuerliche Äpfel,
500 ml Milch,
2 Eier,
50 g Rosinen,
50 g Mandelblättchen,
40 g Zucker,
1 TL gemahlenen Zimt,
etwas Butter,
Puderzucker,
nach Belieben 40 ml Calvados und 20 ml Rum.

Zubereitung: Die Äpfel schälen, vierteln, vom Kerngehäuse befreien und in feine Spalten schneiden. Soll es ein beschwipster Ofenschlupfer werden, werden die Apfelspalten nun im Calvados mariniert, die Rosinen im Rum. ☛ Die Milchbrötchen/das Weißbrot in feine Scheiben schneiden, Zimt und 20 g Zucker vermischen. Den Backofen auf 180 Grad vorheizen. ☛ Eine Auflaufform mit der Butter gut ausfetten und zunächst mit einer Schicht Brötchenscheiben auslegen, dann eine Schicht Äpfel hineinlegen, diese mit Zimtzucker und einem Teil der Rosinen bestreuen. In dieser Abfolge die Form füllen; die oberste Schicht soll aus Brot bestehen. ☛ Den restlichen Zucker mit den Eiern und der Milch verquirlen und gleichmäßig über den Ofenschlupfer gießen. Noch einige Butterflöckchen und die Mandelblättchen auf dem Ofenschlupfer verteilen. ☛ Nun die Form auf die zweitunterste Schiene des Backofens geben und in etwa 40 Minuten goldbraun backen; drohen die Mandelblättchen zu dunkel zu werden, die Form mit Alufolie bedecken. Nach der Backzeit noch etwa 10 Minuten im Backofen ruhen lassen, dann mit Puderzucker bestreuen und servieren. Dazu passt die Vanillesauce von Seite 234 oder ein Fruchtkompott (Seiten 212 ff.).

Orangensalat, Blutorangenkompott

Zwei winterliche Desserts, mit denen sich auf angenehmste Art Vitaminversorgung und Genuss verbinden lassen. Wie süß die Orangen abgeschmeckt werden, lässt sich je nach Vorliebe steuern. Der Orangensalat eignet sich vor allem für kalte Desserts, so als Begleitung einer Schokoladen- oder Vanilleeiscreme, denn er ist mit Gelatine gebunden, die sich in einer warmen Umgebung wieder verflüssigt. Das Blutorangenkompott schmeckt solo oder als Beilage zu Quarkknödeln (Seite 225).

Orangensalat

Zubereitung: 4 der Orangen schälen, dabei die weiße Haut an der Außenseite gründlich entfernen. Die geschälten Orangen mit dem Messer filetieren, das heißt, die Fruchtspalten von den Zwischenhäuten befreien. Die Gelatine in kaltem Wasser einweichen. Die Spalten in eine Schüssel geben. ☛ Die restliche Orange auspressen und die Hälfte des Safts in einen kleinen Topf geben, dorthin mit der Hand auch den Saft aus den Zwischenhäuten der filetierten Orangen pressen. ☛ Den Saft zusammen mit 1 EL Zucker erhitzen, die eingeweichte Gelatine darin auflösen, den Rest des Orangensafts dazugeben und mit etwas Zitronensaft, nach Belieben Orangenlikör und ggf. etwas Zucker abschmecken. Den Topfinhalt über die Fruchtspalten in der Schüssel gießen und unterrühren. ☛ Im Kühlschrank etwas gelieren lassen. Sofern Sie den Orangensalat im Voraus zubereiten, nehmen Sie ihn etwa 1 Stunde vor dem Servieren aus dem Kühlschrank, damit er Zimmertemperatur annehmen kann. ☛ Besonders schön sieht der Orangensalat aus, wenn Sie vor dem Servieren von einem halben Granatapfel die Kerne herauslösen und unter den Salat mischen.

Für 4 Personen benötigen Sie
5 Orangen,
2 Blatt Gelatine,
1 bis 2 EL Zucker,
etwa 1 EL Zitronensaft,
nach Belieben 2 EL Orangenlikör und
½ Granatapfel.

Blutorangenkompott

Zubereitung: Die Blutorangen schälen und filetieren wie oben beschrieben, dabei den abtropfenden Saft auffangen. Die 2 Orangen auspressen. ☛ Den Zucker in einen kleinen Topf geben und karamellisieren lassen. Dabei den Zucker nicht im Topf verteilen, sondern von den Rändern her schmelzen lassen und noch nicht geschmolzenen Zucker in kleinen Kreisen zum Rand hin rühren. ☛ Sobald der Zucker komplett geschmolzen und goldbraun ist, mit dem Orangensaft ablöschen. Den Karamell nicht zu dunkel werden lassen, sonst wird er bitter. Den Karamell komplett im Saft auflösen und aufkochen lassen. Die Speisestärke in etwas Wasser auflösen und die Flüssigkeit damit binden. ☛ Vom Feuer ziehen und das Vanillemark, den Orangenlikör sowie den Campari einrühren. Mit Zucker und Zitronensaft abschmecken und abkühlen lassen. Dann die Orangenfilets untermischen.

Für 4 Personen benötigen Sie
4 Blutorangen,
2 Orangen,
250 bis 300 g Zucker,
das Mark von ½ Vanilleschote,
4 cl Orangenlikör,
2 cl Campari,
Zitronensaft zum Abschmecken,
1 TL Speisestärke.

Quark mit frischen Beeren und Honig

Für 4 Personen benötigen Sie
250 g Quark der Fettstufe 40 %,
250 g gemischte Beeren der Saison,
3 EL Blütenhonig,
1 EL Zucker,
100 ml Sahne,
1 Vanilleschote,
1 TL abgeriebene Zitronenschale.

Gutes kann so einfach sein. Fruchtige Beeren der Saison, die sich mit der kühlen Frische von Quark mischen. Damit die Quarkspeise schön locker wird, hebt man geschlagene Sahne unter. Selbstverständlich kann dieses Dessert außer mit Beeren auch mit anderen Früchten gemacht werden. Es schmeckt solo als sommerliches Dessert oder, wenn es etwas opulenter sein darf, zusammen mit dem Schaumomelette von Seite 231. Für 2 Personen sind Schaumomelette und Quark eine süße Hauptmahlzeit.

Zubereitung: Den Quark etwas abtropfen lassen, die Vanilleschote auskratzen. In einer Schüssel Quark und Honig, Zucker, Vanillemark und Zitronenabrieb gut verrühren. Die Sahne steif schlagen und unter den Quark heben. ☛ Die gewaschenen und abgetropften Beeren vorsichtig unterheben, damit die Beeren möglichst wenig zerdrückt werden und keinen Saft verlieren.

Quarkauflauf

Für 4 Personen benötigen Sie
250 g Quark der Fettstufe 40 %,
4 Eier,
150 ml Crème double (Sahne in Doppelrahmstufe),
2 bis 3 EL Blütenhonig,
abgeriebene Schale von 1 Zitrone,
1 TL Zucker,
Butter.

Ein Quarkauflauf ist zusammen mit einem Kompott eine vollwertige süße Mahlzeit, deren Zubereitung nicht allzu aufwendig ist – vor allem dann, wenn das Kompott bereits fertig eingekocht im Keller steht, wie es früher üblich war. Alternativ dazu sind die karamellisierten Apfelspalten von Seite 190 eine schnell gemachte Beilage.

Zubereitung: Den Quark etwas abtropfen lassen, die Eier trennen, 2 der Eiweiß anderweitig verwenden. Den Quark in einer Rührschüssel mit den 4 Eigelb, Crème double, Zitronenabrieb und 2 EL Honig gut verrühren. Je nach Geschmack mit Honig nachsüßen. ☛ Die 2 Eiweiß steif schlagen, dabei den Zucker einrieseln lassen. Den Eischnee vorsichtig unter die Quarkmasse heben. Den Backofen auf 180 Grad vorheizen, eine Auflaufform gut ausbuttern. ☛ Die Quarkmasse einfüllen, die Auflaufform mit einem Stück Alufolie abdecken und im Backofen 20 bis 25 Minuten garen. Nach gut 15 Minuten die Alufolie entfernen, damit der Auflauf sich oben goldbraun färben kann.

Quarkknödel

Quarkspeisen sind vielen Lesern sicherlich als sommerliche Desserts in Erinnerung, in denen sich das säuerlich-frische Quarkaroma mit der Süße von Zucker und Früchten verbindet. Unsere Quarkknödel übertragen diesen Sauer-Süß-Kontrast in den Herbst und Winter, denn sie passen sehr gut zum Zwetschgenkompott von Seite 214 oder zum Orangensalat von Seite 221.

Für 4 Personen benötigen Sie
200 g Magerquark,
75 g Butter,
50 g Zucker,
25 g Puderzucker,
2 Eier,
6 Scheiben getrocknetes Toastbrot,
1 Vanilleschote,
2 TL abgeriebene Zitronenschale,
ggf. Semmelbrösel.

Zubereitung: Von den Toastbrotscheiben mit einer feinen Reibe zunächst die Rinde entfernen und beiseite stellen. Dann die Brotscheiben im Mixer zu Bröseln zermahlen. Die Vanilleschote auskratzen. 1 Ei trennen, das Eiweiß anderweitig verwenden. ☛ 25 g Butter mit dem Puderzucker schaumig rühren, dann mit dem ganzen Ei und dem Eigelb glattrühren. Quark, Mark der Vanilleschote, Zitronenabrieb und die Weißbrotbrösel zur Masse geben und zu einem homogenen Teig verrühren. Zwei Stunden ruhen lassen. ☛ Aus den übrigen 50 g Butter, dem Zucker und der Weißbrotrinde Brösel zum Bestreuen herstellen. Dazu die Butter in einem kleinen Topf schmelzen, den Zucker und die Brösel zugeben und bei schwacher Hitze goldbraun rösten, bis die Bröselmasse fest wird. Bleibt sie zu flüssig, nach Bedarf Semmelbrösel zugeben. ☛ In einem Topf Wasser zum Kochen bringen und leicht salzen. Hitze reduzieren, bis das Wasser nur noch siedet. Aus dem Quarkteig 4 gleich große Knödel formen und ins Wasser geben. 12 Minuten lang knapp unter dem Siedepunkt garziehen lassen, dann herausnehmen und abtropfen lassen. ☛ Zum Anrichten in die Mitte von 4 Tellern Kompott oder Orangensalat geben, je einen Knödel daraufsetzen und mit Bröseln bestreuen.

Reisauflauf

Für 4 Portionen benötigen Sie
150 g Milchreis,
65 g Zucker,
40 g Butter,
2 Eier,
650 ml Milch,
2 TL Zitronenabrieb,
Salz.

Der Reisauflauf ist ein Bespiel dafür, wie aus relativ wenig relativ viel gemacht werden kann. Der Reis ist zwar in der hiesigen Küche schon lange heimisch, doch hat er es nie in ein klassisches schwäbisches Rezept geschafft. Mit einem süßen Reisauflauf hat schon manche Großmutter ihren Enkeln die hungrigen Schnäbel gestopft, denn er macht auf schmackhafte Art satt. In älteren Rezepten wird meist der küchengängige Langkornreis verwendet, der zunächst in Wasser vorgegart wird. Wir nehmen an dieser Stelle den populären Milchreis und kochen ihn direkt in Milch auf. Zum Reisauflauf passt beinahe jede Art von Kompott.

Zubereitung: In einem Topf die Milch zum Kochen bringen, den Reis und eine Prise Salz hineingeben und bei niedriger Temperatur die Reiskörner bissfest ausquellen lassen. Auf Zimmertemperatur abkühlen lassen. ☛ Die Eier trennen und das Eiweiß steif schlagen. Das Eigelb zusammen mit Butter, Zucker und Zitronenabrieb schaumig rühren. Mit einem Spatel oder Teigschaber den Reis gut mit der Butter-Zuckermasse vermengen, dann das Eiweiß vorsichtig unterheben. ☛ Den Backofen auf 200 Grad vorheizen, eine Auflaufform ausbuttern, den Reisauflauf einfüllen und in etwa 45 Minuten goldgelb backen.

Rhabarberschaum

Dies ist ein luftiges Dessert aus jenen säuerlichen Stängeln, die man meist nur als Kompott oder Kuchenbelag kennt. Wie und wieso es der Rhabarber in die Küche geschafft hat, ist bis heute ein Rätsel, denn er ist so sauer und so bitter, dass er nur zusammen mit Zucker überhaupt genießbar ist. Mit dem Erdbeerragout oder einer Fruchtsauce aus Erdbeeren (siehe Seite 201) ist das gestürzte Rhabarberdessert eine spannende Kombination.

Zu einem Dessert für 4 Personen benötigen Sie
120 g Rhabarber,
75 g Zucker,
3 Erdbeeren,
1 Eigelb,
100 ml Sahne,
Saft und Abrieb von
1 unbehandelten Zitrone,
2 Blatt weiße Gelatine,
¼ Vanilleschote,
3 bis 4 EL Apfelsaft.

Zubereitung: Den Rhabarber in kleine Würfel schneiden, die Erdbeeren etwas zerkleinern. Die Gelatine in kaltem Wasser einweichen, die Sahne schlagen. ☛ Die Vanilleschote auskratzen, das Mark mit dem Apfelsaft und 50 g Zucker aufkochen. Rhabarber und Erdbeeren zugeben, die Hitze reduzieren und das Obst in 10 Minuten weichdünsten. Vom Herd nehmen und noch heiß mit dem Mixstab pürieren. ☛ In einer Rührschüssel das Eigelb mit den restlichen 25 g Zucker schaumig rühren und das warme Rhabarberpüree zufügen. Die Gelatine gut ausdrücken und einrühren. Die Masse mit Zitronensaft und -abrieb abschmecken und in der Rührschüssel über einer größeren Schüssel mit sehr kaltem Wasser kaltrühren. ☛ Dann die steif geschlagene Sahne unterheben. Den Rhabarberschaum in 4 geeignete, zuvor mit Wasser ausgespülte Förmchen füllen und 3 bis 4 Stunden in den Kühlschrank geben. ☛ Zum Servieren aus den Förmchen stürzen und auf Erdbeerragout oder einem Spiegel aus Fruchtsauce anrichten.

Rotweinbirnen mit weisser Schokoladenmousse

Für 4 Personen benötigen Sie
2 ganze Birnen,
300 g Zucker,
60 g weiße Schokolade,
3 Eier,
500 ml Trollinger oder Schwarzriesling,
200 ml Sahne,
1 TL Vanillezucker,
1 TL weißen Rum,
1 ½ Blatt Gelatine,
2 Zitronenscheiben,
4 Gewürznelken,
2 Zimtstangen,
Speisestärke,
ggf. Zitronensaft.

Ein Dessert, gedacht als großartiger Abschluss eines herbstlichen Menüs. Ohne Schokoladenmousse ist die marinierte Birne eine raffinierte Alternative zur ewig gleichen Preiselbeerbirne eines Wildgerichts (siehe Bild).

Zubereitung: Den Rotwein erhitzen, aber nicht kochen lassen und 100 g Zucker, die Zitronenscheiben, Gewürznelken und Zimtstangen zugeben. 20 bis 30 Minuten im warmen Wein ziehen lassen, dann den Glühwein durch ein Sieb in einen Topf geben, dessen Bodenfläche genügend groß für 4 Birnenhälften ist. Die Zimtstangen eventuell als Garnitur zurückbehalten. Die Säure des Glühweins ggf. mit etwas Zitronensaft nachregulieren; er sollte nicht zu süß sein. ☛ Die Birnen schälen, zusammen mit dem Stiel halbieren und mit einem Kugelausstecher das Kerngehäuse und ein wenig vom Fruchtfleisch drumherum entfernen. Die Birnenhälften mit der Öffnung nach oben in den Wein einlegen, aufkochen, halbfest garen, vom Feuer nehmen und im Topf mehrere Stunden ziehen lassen, am besten über Nacht. ☛ Für die Schokoladenmousse die Gelatine in kaltem Wasser einweichen, 2 Eier trennen und nur die Eigelb weiterverwenden. Die Eigelb zusammen mit dem ganzen Ei, 200 g Zucker und dem Vanillezucker in einer Rührschüssel über einem heißen Wasserbad mit einem Schneebesen schaumig schlagen (siehe Seite 188), vom Herd ziehen und kaltschlagen, bis die Masse dicklich schaumig ist. ☛ Die weiße Schokolade in einer Schüssel über dem Wasserbad schmelzen. Schokolade und Eimasse in der Rührschüssel vermengen, wobei beide Komponenten die gleiche Temperatur haben müssen. Die Sahne steifschlagen. ☛ Die Gelatine gut ausdrücken und in einem Töpfchen zusammen mit dem Rum erwärmen und darin auflösen, aber keinesfalls kochen lassen. Rum und Gelatine durch ein Sieb in die Schokoladenmasse fließen lassen und verrühren. Die steif geschlagene Sahne gut unterheben und die Mousse mindestens 3 Stunden im Kühlschrank kaltstellen. ☛ Zum Anrichten die Birnenhälften aus der Marinade nehmen, an der Unterseite eine Standfläche wegschneiden. Den Glühwein aufkochen und mit etwas in Wasser gelöster Speisestärke binden. ☛ Etwas Glühwein als Spiegel auf die Teller träufeln, die Birnen in die Mitte setzen, von der Mousse mit zwei Löffeln Nocken abstechen und in die ausgehöhlte Birnenhälfte setzen. Nach Gusto eine zweite Nocke neben die Birne setzen. Schöner, aber aufwendiger ist es, die Schokoladenmousse durch eine Spritztüte in die Birnenhälfte zu drücken.

Schaumomelette

Ein Schaumomelette stellt die spannendste Herausforderung im Bereich der Eierspeisen wie Pfannkuchen oder Kaiserschmarrn dar. Während man Pfannkuchen einmal wendet und sieht, ob sie von beiden Seiten gelungen sind, und während man den Kaiserschmarrn rupft, sieht man beim Schaumomelette erst zum Schluss, ob es gelungen ist. Um es im Ofen oder unter dem Grill fertig garen zu können, braucht man eine beschichtete Pfanne mit hitzefestem Griff.

Für 4 Personen benötigen Sie
4 Eier,
30 g Zucker,
1 TL abgeriebene Zitronenschale,
1 TL Speisestärke,
Butter,
Puderzucker.

Zubereitung: Die Eier trennen. Das Eigelb zusammen mit dem Zucker und der Zitronenschale in einer Rührschüssel weißschaumig rühren. Das Eiweiß steif schlagen und mit einem Spatel oder einem Teigschaber unter die Eimasse heben. Die Speisestärke durch ein Sieb auf den Teig stäuben und verrühren. ☛ Den Backofen auf 200 Grad Oberhitze oder Grillfunktion vorheizen. In einer beschichteten Pfanne mit hitzefestem Griff auf dem Herd bei mittlerer Hitze ein Stück Butter schmelzen lassen und den Teig in der Pfanne verteilen. ☛ Damit die Masse auch an der Oberfläche stockt, die Pfanne nach etwa 1 Minute Backzeit unter den Grill oder in den gut vorgeheizten Ofen stellen. Wenn das Omelette an der Oberseite trocken ist, aus dem Ofen nehmen, durch ein Sieb mit Puderzucker bestreuen und zurück in den Ofen geben. ☛ Wenn der Puderzucker goldbraun karamellisiert ist, aus dem Ofen nehmen. Das Omelette vierteln und anrichten. Dazu passen Erdbeer-, Himbeer- oder Aprikosenkompott oder der Quark mit Beeren von Seite 222.

Schokoladensauce

Warm oder kalt serviert, zu Eis, Cremes oder Früchten – es gibt nur wenige, die eine Schokoladensauce von sich weisen würden. Und dabei ist sie so einfach gemacht, dass man sich fragt, warum es überhaupt Instant-Schokosaucen gibt. Wichtig für die Zubereitung ist wie bei vielen Dessertsaucen und -cremes eine Rührschüssel mit rundem Boden. Die Rundung verhindert, dass etwas in den Ecken kleben bleibt, außerdem verteilt sich beim Rühren über dem Wasserbad die Temperatur gleichmäßiger. Wenn keine Kinder mit am Tisch sitzen, kann man die Sauce nach Belieben mit Cognac, Orangenlikör oder Rum aromatisieren.

Für 4 Dessertportionen benötigen Sie
je 80 g Vollmilch- und Zartbitterkuvertüre,
100 ml Milch,
100 ml Sahne,
50 g Butter,
½ Vanilleschote.

Zubereitung: Die Kuvertüre klein hacken und bei mittlerer Temperatur in einer Rührschüssel über einem heißen Wasserbad langsam schmelzen lassen. ☛ Währenddessen Milch, Sahne und Vanilleschote in einem Milchtopf aufkochen und dabei mit einem Schneebesen öfter durchrühren. Wenn die Milch kocht, die Vanilleschote entfernen. Auch die Schokolade beim Schmelzen in der Rührschüssel öfter umrühren. ☛ Wenn die Schokolade ganz geschmolzen ist, Milch und Sahne zugeben und unterrühren. Die Sauce aus der Schüssel in den Topf gießen und nochmals erwärmen. Dann vom Feuer nehmen und die Butter in kleinen Stücken unterschlagen, bis eine glatte, glänzende Sauce entsteht. ☛ Soll die Sauce gekühlt serviert werden, erhöht man die Milchmenge auf 150 ml und süßt mit etwa 1 EL Zucker nach.

Schokoladen-Walnuss-Flan

Für 4 Personen benötigen Sie
70 g dunkle Kuvertüre,
70 g Puderzucker,
70 g Butter,
4 Eier,
3 EL gehackte Walnusskerne,
1 EL Mehl,
Butter und Zucker für die Förmchen.

Die Küchensprache ist alles andere als eindeutig, was Kochbuchautoren die Arbeit nicht unbedingt einfacher macht. Was wir Ihnen in diesem Rezept als Schokoladen-Flan vorstellen, würden Sie wahrscheinlich als Pudding bezeichnen. Und Sie hätten damit grundsätzlich recht, denn ursprünglich bezeichnet Pudding eine Speise, die in einer Form im Wasserbad gegart wird, die ihre Festigkeit dadurch erhält, dass das verarbeitete Eigelb stockt, und die zum Servieren gestürzt wird.

Puddings müssen nicht zwingend süß sein. In der gutbürgerlichen Küche Deutschlands waren im 19. Jahrhundert Puddings populär, für die Gemüse gegart, püriert, mit Eigelb, Sahne und Gewürzen verrührt und mit Eischnee aufgelockert wurde und die man im Wasserbad zum Stocken brachte. Sie wurden als Beilage zum Hauptgericht serviert. Heute ist ein Pudding üblicherweise aber eine kalte Süßspeise, die zunächst gekocht wird und ihre Festigkeit durch stärkehaltige Zutaten bekommt. Dumm nur, dass auch Begriffe wie Flammeri oder Dessertcreme für genau diese Art der Zubereitung verwendet werden.

Mit dem Flan sind wir begrifflich aber eindeutig, denn er muss per Definition in einem Wasserbad gegart werden. Wir bereiten ihn in Portionsförmchen zu, deren konische Form sich zum Stürzen eignet. Zum Schokoladenflan passt die hausgemachte Vanillesauce von Seite 234 oder eine Fruchtsauce nach dem Rezept von Seite 201.

Zubereitung: Die Butter rechtzeitig aus dem Kühlschrank nehmen, damit sie beim Verarbeiten Zimmertemperatur hat. Die Eier trennen. Die Kuvertüre zerkleinern und in einer geeigneten Schüssel über einem Wasserbad

langsam schmelzen lassen. ☛ Die Hälfte des Puderzuckers mit der Butter und den 4 Eigelb in der Küchenmaschine schaumig rühren, das Mehl und die Nüsse einrühren. ☛ In einer Rührschüssel das Eiweiß steif schlagen und dabei den restlichen Puderzucker einrieseln lassen. Erst den Teig aus der Küchenmaschine, dann den Eischnee zur Schokoladenmasse geben und vorsichtig unterheben. Den Backofen auf 180 Grad vorheizen, ein Backblech zwei Finger hoch mit Wasser füllen und auf die mittlere Schiene schieben. ☛ Vier Portionsförmchen ausbuttern und auszuckern. Letzteres gelingt, indem man etwas Zucker in die Förmchen gibt, sie schräg hält und in den Händen dreht, bis die Innenwände komplett mit einer feinen Schicht Zucker bedeckt sind. Verbleibenden Zucker entfernen. ☛ Die Förmchen mit der Schokoladenmasse füllen, ins Wasserbad stellen und im Ofen 20 bis 25 Minuten lang garen.

Vanillesauce

Für 4 Dessertportionen benötigen Sie
500 ml Milch,
3 Eigelb,
70 g Zucker,
1 Vanilleschote.

Vanillesauce ist ein Klassiker der süßen Küche. Sie passt zu fast allen Obstzubereitungen, zu vielen anderen Süßspeisen oder zu Eis. In Supermärkten sind viele Instantprodukte im Angebot, doch eine Vanillesauce ist so einfach selbst gemacht, dass man sie zumindest zu gehobenen Desserts dem Fertigprodukt vorziehen kann. Einzige Hürde fürs Gelingen ist das Aufschlagen über einem heißen Wasserbad (siehe Seite 188).

Vanille ist die Frucht einer exotischen Orchidee, die erst nach einem vielstufigen Reifeprozess ihr süßliches Aroma erhält. Die Reste einer ausgekratzten Vanilleschote wären viel zu wertvoll, um sie wegzuwerfen. Geben Sie die holzigen Teile in die Zuckerdose, und sie sorgen für lange Zeit für einen feinen Duft des Zuckers. Neuerdings propagieren einige TV-Köche sogar Vanillesalz, das man ebenfalls mit den Resten einer Vanilleschote selbst aromatisieren kann.

Zubereitung: Vanilleschote auskratzen, das Mark zusammen mit der Milch einmal aufkochen und 10 Minuten ziehen lassen. Die 3 Eier trennen, das Eiweiß anderweitig verwenden. ☛ Das Eigelb zusammen mit dem Zucker in einer Rührschüssel schaumig schlagen. Die abgekühlte, lauwarme Milch durch ein Sieb in die Rührschüssel gießen und die Masse bei mittlerer Hitze über einem Wasserbad mit dem Schneebesen zu einer zähflüssigen Sauce aufschlagen. Mit ein bisschen Übung und einem lockeren Handgelenk für das Aufschlagen gelingt die Vanillesauce leicht.

Waffeln

Ein Waffeleisen gehörte früher zu jedem schwäbischen Haushalt. Waffeln waren nicht nur Dessert, man machte sie zur Freude der Kinder sehr gerne auch als süße Hauptspeise. Beim Drumherum und Dazu sind der Phantasie kaum Grenzen gesetzt. Waffeln schmecken pur mit Puderzucker, sie schmecken mit Kompott, mit Sahne oder mit Eis. Als süße Hauptspeise bereitet, sollten Sie die angegebenen Mengen verdoppeln. Der Waffelteig lässt sich nach Belieben zusätzlich aromatisieren: mit mehr gemahlenem Zimt, mit fein geraspeltem Ingwer, mit Piment, Gewürznelken oder Anis – ganz nach Geschmack und Beilagen.

Als Dessert für 4 Personen benötigen Sie
100 g Mehl,
40 g flüssige Butter,
30 g Zucker,
100 ml Schlagsahne,
3 Eier,
1 Messerspitze Backpulver,
1 Prise Zimt,
½ Vanilleschote,
1 Prise Salz,
Abrieb von ½ unbehandelten Zitrone,
Butterschmalz.

Zubereitung: Die Vanilleschote auskratzen, die Eier trennen. Das Eigelb mit Sahne, Zitronenabrieb, Zimt, Vanillemark und der zerlassenen Butter glattrühren. Das Mehl samt Backpulver in eine Schüssel sieben und die verquirlte Flüssigkeit gut unterrühren. Den Teig 20 bis 30 Minuten ruhen lassen, damit das Mehl quellen kann. ☛ In der Zwischenzeit das Eiweiß zusammen mit der Prise Salz und etwas Zucker aufschlagen und unter sukzessiver Zugabe des restlichen Zuckers steif schlagen. Mit einem Spatel zunächst ⅓ des Eischnees unter den gequollenen Waffelteig heben, dann den Rest unterziehen. ☛ Das Waffeleisen anheizen, mit Butterschmalz leicht einfetten, mit einer Schöpfkelle Teig hineingeben und gleichmäßig verteilen. Das Waffeleisen schließen und die Waffeln goldbraun backen. ☛ Im auf 80 Grad temperierten Backofen auf einem Kuchengitter warm halten, bis alle Waffeln gebacken sind.

Waldmeisterparfait

Für 4 Personen benötigen Sie
125 g Zucker,
5 Eigelb,
300 ml Sahne,
30 ml Wasser,
10 ml Waldmeistersirup,
5 bis 6 Stängel Waldmeister.

Der Waldmeister ist, wie der Name sagt, ein Kraut des Waldes, das im Mai an feuchten Tagen weithin vernehmbar süßlich duftet. Waldmeisterbowle ist ein wenig aus der Mode gekommen, weshalb man auf dem Markt frischen Waldmeister nicht mehr allzu oft findet. Auch nach echtem Waldmeistersirup muss man ein wenig suchen. Das ganz besondere Aroma dieses Wildkrauts ist die Mühe aber wert. Wir servieren es in einem Parfait, also einer gefrorenen Creme. Sollten Sie keine frischen Blätter bekommen, funktioniert das Rezept auch, indem Sie die doppelte Menge Sirup verwenden.

Zubereitung: Die Waldmeisterblätter von den Stängeln zupfen, fein hacken und einige Stunden antrocknen lassen. Die Sahne schlagen. Zucker und Wasser zu einem zähen Sirup einkochen und etwas abkühlen lassen. ☛ In einer Rührschüssel das Eigelb schaumig rühren und den Zuckersirup unter ständigem Rühren zugießen. Den Waldmeistersirup sowie die Waldmeisterblätter zugeben und die Masse über einer größeren Schüssel mit sehr kaltem Wasser kaltrühren. ☛ Dann die geschlagene Sahne vorsichtig unterheben und die Masse in geeignete, zuvor mit kaltem Wasser ausgespülte Förmchen oder eine kleine Kastenform, die mit Klarsichtfolie ausgelegt wurde, verteilen und 3 bis 4 Stunden gefrieren. ☛ Dazu passt Erdbeerragout oder eine Fruchtsauce aus Erdbeeren (siehe Seite 201).

Weinschaumsauce, Sabayon

Für 4 Dessertportionen benötigen Sie
50 g Zucker,
3 Eigelb,
100 ml trockenen Weißwein,
20 ml Weinbrand oder Cognac.

Weinschaumsauce ist eine sehr präzise Beschreibung dieser Dessertsauce oder -creme, die allerdings sehr technisch klingt. Wieviel verführerischer und weltgewandter ist da eine französische Sabayon oder eine italienische Zabaione. Und trotzdem nichts anderes. Sabayon, auch Chaudeausauce genannt, und Weinschaumsauce sind relativ einfache Dessertsaucen aus Eigelb und Zucker, die zusammen mit aromatisierenden alkoholischen Zutaten über einem Bad aus heißem Wasser (eau chaud) schaumig gerührt werden. Diese Dessertsauce trägt auch einen schwäbischen Namen: Schoddo-Soße, was ganz einfach die Aussprache des französischen »Chaudeau« nachahmt. Mit mehr Ei beziehungsweise weniger Flüssigkeit angerührt, kann ein Sabayon auch eine Dessertcreme sein, die man zusammen mit frischen Früchten löffelt. Als Weinschaumsauce passt sie zu Apfelküchle, Waffeln oder zu einer Eiscreme. Statt Weißwein kann auch trockener Sekt oder Champagner verwendet werden, dann unter Zugabe von etwas mehr Zucker.

Zubereitung: Die Zutaten in einer Rührschüssel mit dem Schneebesen verrühren und über einem heißen Wasserbad aufschlagen, bis eine dickliche Creme entsteht (siehe Seite 188). Schon fertig.

Register